李彦宏与百度

（汉英双语）

郭宏文　著
李伟艳　王雨婷　译

中国出版集团
中译出版社

图书在版编目（CIP）数据

李彦宏与百度 = ROBIN LI & BAIDU : 汉英对照 / 郭宏文著 ; 李伟艳，王雨婷译. -- 北京 : 中译出版社，2021.9
（“中国著名企业家与企业”丛书. 第二辑）
ISBN 978-7-5001-6748-8

Ⅰ. ①李… Ⅱ. ①郭… ②李… ③王… Ⅲ. ①李彦宏－生平事迹－汉、英②网络企业－企业管理－经验－中国－汉、英 Ⅳ. ①K825.38 ②F279.244.4

中国版本图书馆CIP数据核字（2021）第188738号

出版发行：中译出版社
地　　址：北京市西城区车公庄大街甲4号物华大厦6层
电　　话：（010）68005858，68358224（编辑部）
传　　真：（010）68357870
邮　　编：100044
电子邮箱：book@ctph.com.cn
网　　址：http://www.ctph.com.cn

策划编辑：刘永淳　范　伟
责任编辑：范　伟　郑　南
封面设计：潘　峰

排　　版：孙艳武
印　　刷：山东华立印务有限公司
经　　销：新华书店

规　　格：710毫米×1000毫米　1/16
印　　张：24.25
字　　数：350千字
版　　次：2021年9月第1版
印　　次：2021年9月第1次

ISBN 978-7-5001-6748-8　　定价：89.00元

目　录

序　言

2018年12月18日，在人民大会堂召开的庆祝改革开放40周年大会上，国家隆重表彰了“改革开放40周年100名杰出贡献人员”，百度公司创始人、董事长兼首席执行官李彦宏，以海归创业报国推动科技创新的优秀代表身份，被授予“改革先锋”称号，并获得改革先锋奖章。2018年10月24日，全国工商联发布了“改革开放40周年100名杰出民营企业家名单”，李彦宏赫然名列其中。

2015年9月23日，中国国家主席习近平在访美行程中，出席了西雅图中美企业家座谈会，与会者包括15位中国企业家和15位美国企业家，李彦宏就是15位中国企业家中的一位。座谈会上，李彦宏与马云、马化腾作为中国互联网公司“三巨头”（百度、阿里巴巴、腾讯，简称BAT）格外吸引媒体记者的眼球。

1991年，李彦宏从北京大学信息管理专业毕业后，进入美国布法罗纽约州立大学攻读计算机系硕士学位，先后担任道·琼斯公司高级顾问、《华尔街日报》网络版实时金融信息系统设计者和Infoseek公司资深工程师。在此期间，李彦宏作为发明者，所持有的“超链分析”技术专利，奠定了整个现代搜索引擎的发展趋势和方向，是一项具有里程碑意义的发明。

2000年1月，李彦宏回国开始创业。“让人们最平等便捷地获取信息，找到所求”是他创业的初衷，也是百度最初的使命，如今百度的使命已经迭代为“用科技让复杂的世界更简单”。李彦宏创立百度之初，谷歌、雅虎在中国搜索引擎市场已占主流地位，初出茅庐的百度在两个国际巨头面前，起初过着一种“阴影下”的生活。但是，志向高远的李彦宏克服种种困难，用技术和服务两大利器为自己鸣锣开道，最后终于拿下了中国搜索引擎市场 70% 的份额。

2005 年 8 月 5 日，百度在美国纳斯达克成功上市，并成为首家进入纳斯达克成分股的中国公司。上市当天，百度股票发行价为 27 美元，开盘价为 66 美元，报收于 122.54 美元，涨幅达到了惊人的 353.85%，从而缔造了纳斯达克神话。

当时，李彦宏在纳斯达克的交易大厅骄傲地说：“我们做到了，我们为祖国争光了！”这虽然看似一句简单的话，但传递出来的，却是一种深厚的中华民族情感。“我们做到了”，是李彦宏和所有百度人用忘我的工作换来的；“我们为祖国争光了”，是李彦宏和所有百度人用辛苦的努力换来的。经过近 20 年的发展，百度已经发展成为全球第二大独立搜索引擎和最大的中文搜索引擎。百度的成功，也使中国成为美国、俄罗斯和韩国之外，全球仅有的 4 个拥有搜索引擎核心技术的国家之一，百度已经成为中国互联网界最具价值的品牌之一。

2014 年 7 月，李彦宏先后两次作为中国企业家的代表，随同习近平主席出访韩国和巴西。也从那时起，李彦宏已升格为国事活动的主角之一，百度的声誉也随之越来越大。

2014 年 7 月 3 日，李彦宏跟随习近平主席出访韩国时，作为中国互联网企业家唯一的代表，在中韩经贸论坛上发表了“技术创新撬动‘亚洲新时代’”的演讲。当时，李彦宏能代表中国企业家做演讲，是因为百度作为一家互联网公司最符合互联网新经济的效率原则，最能体现中国互联网的企业状况，被誉为新技术企业的“国家标杆”。同时，作为一家以技术创新为主要驱动力的公司，百度在中国互联网界还拥有无可争议的“高科技企业”称号。

从韩国归来后仅仅过了两周，李彦宏又随习近平主席访问巴西。2014年7月17日，习近平与巴西总统罗塞夫共同在电脑前按下键盘，正式启动百度巴西葡语版搜索引擎，标志着葡语版搜索在巴西正式上线并提供服务，成为中巴两国加强技术创新领域合作的一个重要标志。

李彦宏在巴西宣布：在未来的三年内，百度将在巴西建设一个世界级的研发中心，致力于开展巴西互联网科技与服务的研究、发展与创新，推动巴西互联网市场创新、创业、专业才能建设，为巴西互联网产业培养科技人才、扶持创业团队，帮助巴西互联网产业创造更为健康的生态系统，并由此带动两国产业领域的技术和人才交流不断加深，从而提高巴西互联网产业的国际竞争力。

李彦宏在巴西得到的一系列礼遇，已不限于单纯的企业家身份，而更像是代表中国技术创新形象的国家“大使”。

李彦宏不仅是一位优秀的企业家，还是一位非常出色的社会活动家，他担任全国政协委员、全国工商联副主席、中国互联网协会副理事长、北京科协副主席、武汉大学客座教授、中国科学技术大学客座教授、南开大学兼职教授、联合国艾滋病规划署全球委员及爱佑华夏慈善基金会理事会理事、联合国世界环境日环保公益大使，在各种职位上发挥着非常突出的作用。

李彦宏在创业过程中，运用了神奇的秘密“武器”，实现了“七招”制胜。第一招：向前看两年；第二招：少许诺，多兑现；第三招：在不需要钱的时候借钱；第四招：分散客户；第五招：不要过早地追求营利；第六招：专注自己的领域；第七招：保持激情。这既是李彦宏的人生哲学，也是百度的企业精神。这神奇的七招，开创了一个让所有中国人为之骄傲的百度帝国，缔造了中国搜索引擎的传奇。

百度已经走过了近 20 年的发展历程，实现了从小到大、从弱到强、从量变到质变、从渐进到辉煌，为中国崛起、民族振兴加油助力。李彦宏在面对百度员工发表演讲时说：“我们将继续在使命和责任的道路上前行，我们也将收获更多的感动、更多的成长和更多的幸福时刻！”李彦宏和他的百度员工永远在前行中收获，在收获中前行。

1

第一章

勤奋学习，
夯实基础蓄势待发

成绩优异，高考状元入北大

1968年11月17日，李彦宏出生在山西省阳泉市一个普通的工人家庭，在家中排行第四。几个姐姐都非常懂事，不仅带着他做游戏，还给他唱歌、讲故事。

1976年，年满8岁的李彦宏进入晋东化工厂子弟学校读书。李彦宏天资聪颖，经常受到老师的表扬，也得到同学们的崇拜。李彦宏放学后，父亲常常带着他到厂里的俱乐部去看戏曲、电影，这也是父亲对他功课好的一种奖赏。由于李彦宏天生有一副好嗓音，便渐渐地迷上了戏曲。

李彦宏9岁那年，山西阳泉晋剧院公开招收学员，他高兴地报名参加了考试。负责招生的剧院老师听李彦宏一亮嗓音，就知道他是一个搞曲艺的好苗子，很快就决定录取他。可剧院的决定，被他的父亲拒绝了。他父亲所想的，是让自己的儿子好好学习，将来找份好工作。

恰在此时，李彦宏的姐姐在高考制度刚刚恢复后，考入了晋中师专，给一家人带来了极大的欢喜。这更造成了李彦宏学习戏剧的事彻底搁浅。“塞翁失马，焉知非福”，李彦宏没能进入剧院学习，使当时的曲艺界少了一个好苗子，但却让后来的信心技术（IT）产业多了一个巨头。

读小学时，李彦宏总是习惯缠着姐姐们给他讲高年级学生的一些事情，也总是喜欢看姐姐们所学习的课本。看着姐姐们的知识越来越丰富，他总是表现出羡慕的神情。

初中阶段，李彦宏在山西阳泉兵工厂的子弟学校就读。这是一所比较普通的初级中学，教学质量一般。在这所学校学习的学生，大多选择报考技校，然后走接父母班的人生道路，很少有学生选择报考重点高中。在这所学校里读书，也着实让父亲为他多了一份担心。

果然，不出父亲所料，受同学们的影响，李彦宏变成了一个贪玩的孩子。在老师的眼里，李彦宏天资聪颖，是考取重点高中的苗子。如果按当时的态势发展下去，李彦宏不可能考上重点高中。因此，老师对他的要求非常严格，对他的批评也越来越严厉。

终于，他的父亲到了忍无可忍的程度。初二下学期的一天，父亲狠狠地打了贪玩的李彦宏两个耳光，这是他第一次打儿子，也是他一生唯一一次打儿子。李彦宏的父亲语重心长地对他说："你马上就要升初三了，如果再不树立考高中、考大学的目标，再不努力学习，你今后只能接我的班，去当一个锅炉工，当一辈子工人。"

父亲一反常态的暴怒，深深地刺痛了李彦宏的心。他深知父亲的用心良苦，不该辜负父亲对他的期望。李彦宏后来回忆说，父亲的那两个耳光打得好、打得及时。从此，李彦宏像换了一个人似的，知道努力学习了。

终于，在这一年的中考中，李彦宏以全校排名第二的成绩被阳泉一中录取。阳泉一中是一所在整个山西省都赫赫有名的重点高中，当时的高考升学率达80%。能考上这所高中，上重点大学就有了希望。

有了初三养成的学习习惯，李彦宏的学习步入了一个良性轨道。进入高一不久，李彦宏在已经考入北京大学的姐姐带领下参观了北大校园。这次参观，极大地激发了李彦宏的斗志。他暗暗发誓，一定要向姐姐学习，考取北京大学，给父母，更给自己争口气。

在高二临近分科时，因为各科成绩都很好，李彦宏举棋不定。这时，父亲坚决支持他选理科，理由是："学好数理化，走遍天下都不怕。"李彦宏听了父亲的话，成为阳泉一中的一名理科生。父亲的建议，再一次为李彦宏后来创造中国商业传奇埋下了伏笔。

当时，作为山西省内的重点高中，阳泉一中配备了阳泉市第一个计算机教室。由于超级喜欢计算机，李彦宏报名参加了电脑兴趣班。为了能经常到机房上机学习，李彦宏常常围着老师软磨硬泡，希望能在机房多坐一会儿。这种积极进取的学习态度，让李彦宏的计算机水平高出同学一大截。

到了高三，李彦宏几乎每天都挑灯夜战，认真地应对着每一次模拟考试。功夫不负有心人，在这一年的高考中，李彦宏成为山西省阳泉市的高考状元，如愿以偿地被北京大学录取。从此，19岁的李彦宏开始了一个崭新的旅程。

出国留学，就读布法罗大学

1987年9月，李彦宏心怀无限的憧憬进入北大，开始了大学阶段的求学生涯。入学初期，李彦宏对学校的一切充满了好奇心。他充满激情地参加各种社团活动，学习舞蹈，发表演讲，参与大学生辩论赛，让好奇心旺盛的李彦宏展示了与众不同的综合素质。

但是，入学时的那种兴奋，很快被图书情报专业的枯燥乏味感所取代。最初，李彦宏对图书情报专业充满期待，可是，当他真正接触这一专业之后，才发现图书情报专业属于文科类专业，和他原本喜欢的计算机科学没有多大的关系。

不久，李彦宏的姐姐从北京大学硕士毕业考到美国攻读博士，李彦宏也决定像姐姐一样去美国进修。从大三开始，李彦宏就买来考托福和研究生的学习资料疯狂地学起来，过起了从教室——图书馆——宿舍三点一线的生活。他的目标只有一个，就是到美国去留学，攻读自己喜欢的计算机专业。

为了学好计算机专业知识，李彦宏几乎选修了北大计算机专业所有的课程。他暗下决心：计算机专业的学生学什么我就学什么，而且一定要和他们学得一样好，甚至要学得比他们好。虽然计算机系的学习是非常辛苦的，但李彦宏没有因此轻视图书情报专业的学习。于是，托福考试学习、计算机专业学习、本专业的学习“三剑”齐舞。那段时间里，李彦宏承受着一般本科生三倍的压力，可坚强的他一直在咬牙坚持。

后来，他向美国十多所有知名度的大学提交了留学申请。功夫不负有心人，1991 年，23 岁的李彦宏享受到了成功的喜悦，美国布法罗纽约州立大学计算机专业向他发来了录取通知书。这所大学的计算机专业在全美国排名前 20 位，很有名气。当李彦宏身边的同学得知他被布法罗大学录取后，都感到万分惊喜，纷纷向他表示祝贺。同学们觉得，“半路出家”的李彦宏，能够获得如此优秀的大学计算机专业的入学通知书，简直是一个奇迹。

李彦宏进入布法罗大学后，开始了攻读计算机专业的留学生活。由于是第一次来到美国，李彦宏在师生面前显得有些拘谨，可这并不能阻止他刻苦求学。为了尽快赶超那些学习比较优异的同学，他不惜挑灯夜战。由于自己的刻苦表现，他被学校聘为计算机实验室主管助理员。这个职位，除享受免学费的待遇外，每年还得到校方 8 500 ～ 9 500 美元的资助。从某种意义上说，他在布法罗大学留学的两年，是拿薪水的，这是一般美国本土的学生无法做到的。

后来，本科教育背景不是计算机专业的李彦宏，仅用了两年时间就顺利拿到了布法罗大学计算机系的硕士文凭。

倍加勤奋，学习永远在路上

从高中开始，李彦宏就把学习当成了自己生命中的一部分，从没轻视过学习，从没放弃过学习。学习让他成长，学习让他充实，学习让他收获，学习让他快乐。尤其是在布法罗大学留学期间，他在学习上更是达到了近乎疯狂的程度，不让一分一秒在他的眼前白白地流失，是典型的“学霸”作风。

进入布法罗大学一年后，李彦宏感觉学校的课程远远满足不了他的求知欲望，就另辟蹊径，以便更好地丰富阅历，开阔眼界。在暑假来临之前，李彦宏以“广种薄收”的心态，向一些与计算机有着紧密联系的企业投放实习求职简历。

看到李彦宏的实习求职简历后，大名鼎鼎的日本松下电子公司很快作出回应，欢迎李彦宏来该公司实习，并答应给李彦宏的实习报酬是每小时25美元。也许，谁也不会料到，李彦宏进入日本松下电子公司，竟然磨砺出一位未来中国搜索引擎的巨头。

在继续担任计算机实验室主管助理员职务的基础上，李彦宏开始了在日本松下电子公司的学习和实习。按照自己的目标，他如饥似渴地专注于光学符号识别领域的研究。这是一种高科技技术，是指对文本资料扫描后，针对图像文件分析处理，最后获取版面及版面信息的过程。李彦宏一头钻进去，很快就达到了忘我的程度。

不久，他提出了一种提高识别率的算法，因而引起了公司高层的极大关注。就在他即将结束暑假实习必须回到学校时，松下公司高层决定，打破常规，在他返回布法罗大学学习后，继续聘用他在公司兼职实习，人可以不到公司来，但报酬照常发。公司高层鼓励李彦宏把提高识别率的算法这一研究成果写成论文，并发表。后来，李彦宏在一次国际学术会议上宣读了自己的研究成果，得到了国际光学符号识别领域一位著名专家的赏识。在这位专家的极力推荐下，李彦宏的论文顺利发表在国际权威学术期刊《模式识别与机器智能》上，受到业界众多人士的一致好评。

看到李彦宏的论文，他的导师认定他拿到博士学位只是个时间问题。同时，他的导师还信心满满地认定，如果不出意外，松下公司一定会在他博士毕业后，高薪聘请他去公司任职。由此，李彦宏的美国留学之路自然是一片坦途。

李彦宏留学期间，正值美国总统克林顿大力倡导建设信息高速公路的时候，美国出现了以互联网技术为先导，大批公司上市圈钱热潮。这时，各个公司人才流动异常活跃，尤其是计算机人才炙手可热。受计算机人才需求量猛增的影响，一些计算机专业的中国留学生拿到硕士学位后，就放弃拿博士学位的机会，走人求职，谋求个人的发展。这种态势，对李彦宏不能不产生影响。

就在李彦宏拿到硕士学位，准备拿下博士学位时，位于华尔街的道·琼斯旗下的一家子公司向他发出了加盟的邀请。这家公司的老板对他非常欣赏，也非常热情，而且两个人在学术上谈得非常投机，很有些相见恨晚之感。于是，李彦宏决定放弃拿博士学位的机会，到这家公司去做“高级顾问”，去学习和研究更尖端的技术。因为硅谷的崛起告诉他，比起学校，产业界更能让技术脚踏实地地改变人们的生活、改变世界。

对于李彦宏来说，研究和学习都比挣钱重要。他在担任《华尔街日报》网络版实时金融信息系统设计人员时，刻苦钻研，精益求精，成为创建控制驱动技术的第一人，并将这一技术成功地应用于 Infoseek/Go.com 的搜索引擎中。Go.com 的图像搜索引擎，是李彦宏的第一项极具应用价值的技术专利。1996 年，他又率先解决了如何将基于网页质量的排序与基于相关性排序完美结合的问题，并因此获得了美国专利，也就是“超链分析”技术专利。

在美国留学和工作期间，李彦宏总是静下心来，做扎实的技术知识积累。他通过学习来提振自已，因此有足够的底气相信自已是对的，他拥有长远的目光，也总能做出正确的选择。

善于学习、重于积累一直是李彦宏的制胜法宝。当百度已经成了中文搜索引擎的行业老大时，李彦宏的学习始终没有停止过。

不管是年轻时期的博闻强识，还是求学道路上的专心致志，或者说是创业之后的日理万机，李彦宏一直都在学习着，通过各种各样的学习方式不断完善自己。

养成习惯，靠阅读丰富知识

在李彦宏看来，阅读是获得知识的一种最基本、最重要的途径。阅读可以增加知识积累，开阔视野，丰富想象力，改善思维品质，提升创造能力。养成良好的阅读习惯，是影响人生历程的重要因素。

当今社会，有许多的年轻人在走出校门之后，便放弃了阅读的习惯。还有些人，为了应付某些考试，囫囵吞枣地学习一些应试的知识。这样的阅读，非但不能收到良好的效果，还会影响良好阅读习惯的养成。而李彦宏却不是这样，他对阅读总是非常专注，如同“苦行僧”一样，以阅读为乐趣。他通过大量的阅读，在所读的书籍中汲取养料，来丰富自己的头脑，从中积累经验，为谋事创业搭建阶梯。

李彦宏出生在一个非常普通的工人家庭，经济条件虽然一般，但是整个家庭充满浓厚的书香气。李彦宏的父亲虽然只是一名普通工人，却有着极为良好的阅读习惯，喜欢收藏书籍。闲暇之时，他的手里总是离不开书。在他的影响下，李家的孩子都养成了喜欢读书的习惯。后来，李家的几个孩子先后考上了大学，而且几乎都是名牌大学，在当地传为佳话。

在阅读的过程中，李彦宏有着这样的体会：养成经常阅读的好习惯，不仅能够使青少年更好地掌握读书技巧，而且还能迅速提高理解能力和思考能力。小时候的李彦宏虽然是个贪玩的孩子，但他对读书却一直保持着极大的热情。随着他认识的文字越来越多，读书的兴趣也越来越浓厚。于是，他开始琢磨着阅读那些大人们都很难读懂的古诗词。一个偶然的机会，他在读辛弃疾的《青玉案·元夕》时，被“众里寻他千百度。蓦然回首，那人却在，灯火阑珊处”一句所吸引，并对“百度”一词产生了浓厚的兴趣。可谁也没想到，就是这一次的阅读，竟成为他后来创建“百度”的智慧来源。

进入高年级以后，李彦宏学习的科目增加了，时间也就相对变得紧张起来。但这丝毫没有影响他的阅读习惯，相反，他的阅读量还有所增加。丰富的阅读，让他的学习能力越来越强。

在读大学的几年时间里，北大图书馆几乎成了李彦宏的“营地”。图书馆丰富的藏书，一度让李彦宏欣喜若狂。坐在图书馆里看书，是他人生的最大乐趣。

李彦宏的阅读，大多集中在书籍上，而不是那些实时消息。相比而言，他更愿意阅读一些有价值的、有深度的、值得思考的、能够震撼精神世界的文学作品，而不是阅读那些无用的、八卦的、没有任何营养的花边消息。李彦宏觉得，读书是一种放松、休闲的方式，那些书中的精华，只有在安静的品味之下，才能悟得其中的精髓。这样，知识就会在日积月累中发挥其独特的作用。

李彦宏被日本松下电子公司以高额报酬录用后，更是孜孜不倦地投入阅读之中，广泛涉猎那些关于计算机领域方面的相关成果。在日本松下电子公司，李彦宏从事的是光学字符识别领域的研究，他正是通过大量的阅读，才在光学字符识别领域取得了新的研究成果，创造了一种新的提高识别效率的算法。这一研究成果让松下电子公司的高层管理者对他的能力有了全新的认识，这也是他事业上的第一个高峰。

作为中国乃至世界互联网技术的尖端人物，李彦宏并没有表现出那些天才的张扬怪诞，相反，他的言谈举止和处事行为，都有着一种儒雅风度。由此，他赢得了许多的支持者和追随者，成为事业成功的保障要素。李彦宏虽没对管理学和经济学做过专门研究，可“百度”飞速而有序的发展，却是社会对他管理能力的一种认同。同时，李彦宏还将自己在硅谷闯荡时所经历的事情，采用章回体小说的方式，非常详尽地描绘了美国几家高尖端技术公司的明争暗斗，这就是被许多人所喜爱的《硅谷商战》。可以说，丰富的阅读，不仅使李彦宏积累了大量的知识财富，而且让他拥有了更为开阔的眼界与谋略，为事业的成功奠定了坚实的基础。

保持清醒，正确地认识自己

从李彦宏对外接受采访时的言谈可以看出，他认为，正确地认识自己非常重要。正确地认识自己，是把握自己、发展自己和超越自己的前提和基础。只有正确地认识自己，才能在谋事和做事时更好地做到该出手时就出手，正所谓知己知彼、百战不殆。了解别人容易做到，了解自己却不容易做到。这就如同我们每个人的两只眼睛，总能轻易地看到别人，而不容易看到自己。所以，要想看到自己，就要加一面镜子，用这面镜子来反照自己。

李彦宏之所以能够成为中国乃至世界 IT 界的领军人物，恰恰是因为他能够正确地认识自己，把握自己的现在和未来，知道自己适合做什么，不适合做什么，恰到好处地按照自己的人生观和价值观来行事，并能脚踏实地朝着自己认定的目标迈进。

当年，李彦宏在布法罗纽约州立大学攻读计算机科学硕士学位期间，就非常勤奋好学，总是虚心地向导师请教，不断地给自己充电，日常表现十分出色。李彦宏刻苦学习的目的就是将来能干一番事业，为国家振兴尽自己的一份力量。他利用暑假时间，进入日本松下电子公司实习取经，把从校园里学到的理论知识，完美地与公司的生产实践相结合，并虚心向公司内的知名人士学习、请教。这期间，李彦宏经过缜密的研究、深入的探索和不断的尝试，进而提出了一种提高识别率的算法，取得了在计算机领域的独特创新成果，让日本松下电子公司的高层领导对他刮目相看。李彦宏通过正确认识自己，扬自己之所长，避自己之所短，为自己铺平了通往成功的道路。

当李彦宏获得计算机科学硕士学位后，便意识到自己真正喜欢什么，更喜欢做哪些事。他毅然放弃了攻读博士学位的机会，进入工业界，开始朝着自己设定的“用技术改变世界，改变普通人生活”的人生目标迈进。正是李彦宏能够正确认识自己，坚持自己的理想，从而义无反顾地投身到了搜索引擎的领域。

李彦宏在山西阳泉一中读书时，是他人生第一次接触计算机，立即被计算机这种奇妙的科学所吸引，从而开启了他研究计算机的历程。为了实现在计算机领域有所作为的梦想，他参加了太原的全国中学生计算机比赛，却以失败收场。正是这次失败，让他明白了什么叫作人外有人，天外有天。自己的实力，与那些大城市的计算机同龄高手相差甚远，根本就没有可比性。

从李彦宏多次放弃任职的机会来看，他并不关注别人对他所做抉择的看法。他总是敞开心扉，把自己置身于一个辩证的环境当中，进而去剖析自己、审视自己。也就是在这样的一个过程中，李彦宏可以清晰地看到自己的内心世界，看到心底对于这个世界的客观认识。他为自己制订了一系列合理的计划，然后按照自己设定的计划一步步地朝着目标前行。

其实，李彦宏了解自己的过程，也是认知客观实体的过程。他认为，客观实体的必然存在性，决定于施加在客观实体之上的意识是否强烈。如果强烈，那么就能令客观实体变成“庞然大物”。如果想获得成功，就必须让意识变得足够强大，而方法之一就是认识和了解自己的内心世界，能够一分为二地对个人的理想进行认真的剖析规划，从而达到预定的宏伟目标。

李彦宏的成功，其实是一种必然性，因为他在踏上通往成功的道路之前，就非常清楚地认识了自己，知道自己将选择怎样的生活方式，过怎样的生活。他把自己应该具备的素质和条件加以锻炼和提升，从而获得了巨大的成功。

第二章

脚踏实地，
坚持不懈稳扎稳打

精益求精，用技术改变世界

李彦宏曾数次在公开场合表达自己对技术改变世界的坚持，在他的认知里，一个人也好，一家企业也好，最好的创业积累不是资金，而是科学技术。进入21世纪以来，科学技术，尤其是计算机网络技术、电子信息技术的飞速发展，使得手机、电脑等昂贵的奢侈品步入寻常百姓家，成为人们生活的必需品。如今，如果没有手机，人们就不可能随时随地、随心所欲地与亲朋好友保持联系。如果没有网络，人们就不可能随时随地、随心所欲地与远在异国他乡的朋友谈天论地。不可否认，科学技术在一定程度上改变着人们的生活方式，改变着人们的文化行为。

当浩瀚的互联网资源聚集在百度的旗下，而且渗透到每个人生活的点点滴滴之中时，如果人们能够用好搜索这个工具，就等于是打开了慧眼，能够让人们走进历史，通晓地理，融入自然，博览文化，把整个世界看得更加清楚，让人们尽享科学技术所带来的实惠。

李彦宏不仅崇尚技术、热爱技术，还专注于技术，在技术层面的追求是脚踏实地和精益求精的。在互联网技术上，他喜欢与别人一起研究讨论，也喜欢与别人共同分享技术成果。在他的眼里，只有应用到生活当中，帮助人们解决日常生活中遇到的实际问题，才是真正具有效用的技术，才是真正对人类有意义的技术，才是有生命力的技术。

提起百度对于人们日常生活的有效帮助，让人们印象深刻的事例可以说是举不胜举。有一次，一个号称是某知名杂志主编的人找到了漫画家猫小乐。这个人对猫小乐表示，最近他们杂志要进行一次全新的改版，想请猫小乐制作几幅漫画刊登在杂志上，而且报酬从优。如果出单行本，将以版税的方式向他支付报酬。因为猫小乐看中了这家杂志的知名度，就非常高兴地表达了愿意合作的想法。双方经过初步沟通后，很快达成了合作构想。

几天之后，猫小乐又接到了那位主编的电话。那位主编称，杂志在当月就要刊登猫小乐的漫画，希望他能够在一周的时间内把漫画画好，直接交给他。挂断电话之后，猫小乐感觉那位主编的表现有些不大对头，就决定到网上查一查，了解一下这家杂志社的最新动向。

让猫小乐意想不到的是，当他登录百度搜索这家杂志时，才发现这家杂志采用的作品在支付稿酬上根本没有版税一说。于是，满腹狐疑的猫小乐再一次用百度搜索了该杂志的主编，结果，在他搜索出来的数千篇网页当中，这位主编的详细介绍、专栏作品和本人照片一应俱全。而这些搜索到的信息和那天与他见面的主编“相差甚远”。这个时候，猫小乐才知道自己上当了。

“还好，我有使用百度搜索的习惯，这让我避免了遭受损失。”猫小乐在事发之后对记者说：“我平时上网的时候，习惯用百度来搜索素材，从中寻找灵感。久而久之，我养成了不管在什么情况下都要‘百度一下’的习惯。没想到，这一次百度一下，真的帮我识破了一个骗子。”猫小乐还说：“在做任何事情之前，先上百度搜索一下相关信息，绝对不是多此一举的事情，而是对做事非常有帮助的。”

可以说，像猫小乐一样运用百度，从而显现百度“神威”的例子比比皆是，如网上订票、网上购物、网上交友、网上寻找生活窍门等。百度更加贴近生活、更加贴近普通人的需要，这也是李彦宏最想看到的。一个真正能够改变人们生活的技术，才是真正的技术。李彦宏的个人理想，就是“用技术改变世界，改变普通人的生活”。如今，百度搜索已经成为广大网友离不开的好伙伴。

当李彦宏锁定“用技术改变世界，改变普通人的生活”这一目标后，他紧紧地依靠“实用”二字，来发展、壮大自己的事业。正像他自己所说的那样：“我崇尚和关注的，并不是一个世界上只有5个人能够懂得的技术，而是一个能够深入更多人的日常生活、服务更多人的日常生活的尖端技术。”

百度搜索之所以能够获得今天这样的辉煌成就，得益于李彦宏和所有百度人在技术上的孜孜以求，不断地推陈出新。更重要的是，百度人懂得将一项项尖端、难懂的科学技术简单化，让它们能够更好地为大众服务。李彦宏说：不管是一项技术也好，还是一个策略也好，只有服务于大多数人、符合大多数人的意志，它的存在才是真正合理的，也才是最有价值的。

1998年，李彦宏在Infoseek担任核心工程师期间，一边钻研业务，一边刻苦学习，以睿智的头脑管理企业，以务实的眼光洞察世界。Infoseek是早期最重要的搜索引擎之一，为广大的互联网用户提供了非常好的搜索引擎服务。在Infoseek任职期间，李彦宏撰写了一本名为《硅谷商战》的书，以其独到的眼光，从一个旁观者的角度，描述了1994—1998年发生在硅谷的一幕又一幕非常精彩的商战故事。

在李彦宏看来，硅谷这样一片神奇的土地上所演绎的传奇业绩，首先得益于它鼓励冒险、敢破敢立，营造了充满创新气息的大环境。其次，就是硅谷的创新者敢于乐观面对充满风险的混乱局面。李彦宏希望百度搜索也能像硅谷的创业者一样，非常好地适应硅谷式的大环境，开发和传承硅谷式的企业文化。企业文化虽然是无形的，但其激励作用是巨大的。

当今世界，改革是企业运营中最为常见的事情，也是推动企业向前发展的动力源泉。实施改革，也许会出现危机四伏的局面，但如果不进行改革，企业也许会死得更快。许多大型企业的发展历程验证：管理不善，就是一潭死水；墨守成规，不是被强者吞并，就是被迫破产。在李彦宏的眼里，一个优秀的领导者，必须敢于创新，并在创新的激情中保持理性，有着缜密的战略部署，善于发现和控制因为改革所带来的不利因素。

李彦宏觉得，企业中适度的混乱，更有利于吸引员工的注意力，促进员工们突破常规思维，重新定义和解决当前所遇到的疑难问题。这样，就会给公司内外环境的有效互动创造条件。作为在硅谷成长和归来的一员，李彦宏对“创造性的混乱”有着全新的认识。他意识到，百度处于互联网这样一个以改革为最大特点的产业当中，如果不进行改革，就意味着原地踏步、自取灭亡。他总是鼓励员工畅所欲言，及时为企业发展提出建议。他常对员工说：“我说的也不一定是对的。”就因为这句话，他受到了公司员工的拥护，更受到了公司员工的挑战。

对此，有记者问李彦宏：“当你受到公司员工们的挑战，你的内心是一种什么样的感受？”李彦宏非常坦然地回答说：“非常好！而且非常开心！”李彦宏说，受到员工们挑战的工作氛围，是他非常向往的一种公司文化。他认为，一个人的能力即使再强，发挥作用的空间也必定是有限的，而只有组成一个强大的团队，营造一个团结共事的良好氛围，激励团队当中的每一个成员都能竭尽全力地发挥各自的能力，这样的效果才是最好的。当公司的员工敢于当面挑战李彦宏时，他并不觉得这是下属对他的不尊重，而是认为这些敢于挑战的人都是非常敬业的员工，是值得大家学习的员工，是应该被树立效仿典型的员工。

有时，李彦宏在与员工相互争论时，面对不愿意听从他意见的人，或者质疑他的意见，他也显得很生气，但冷静下来后，“我的面子不重要”总是占据上风。因此，公司的员工都愿意向他挑战。久而久之，百度内部逐渐形成平等的文化氛围。

抓住核心，为客户需求服务

当今时代，只保持技术领先，而不注重为客户需求服务是无法真正保证企业在竞争中立于不败之地。在美国布法罗大学读硕士期间，李彦宏就一直喜欢阅读《华尔街日报》，喜欢在《华尔街日报》上看一些有关互联网方面的新闻，喜欢了解和琢磨 IT 界一些风云变幻的行业变迁。其中，在读报时所了解到的一个有关 IBM（美国万国商业机器公司）与微软公司的新闻内容，让李彦宏一直记忆如新。

IBM 是一家提供信息服务的跨国公司，公司动用 3 000 名工程师花费好几年时间，于 20 世纪 80 年代开发研制出了 OS/2 操作系统。这一成果虽然在技术方面超越了微软的视窗系统，但由于微机操作系统的市场早已经被微软所独霸，微软的产品被广大用户所认可，IBM 想夺回原有的市场，已经不是一件容易的事情。

OS/2 是 Operating System 2（操作系统 2）的缩写，意思就是第二代操作系统，当时堪称世界上最先进的计算机操作系统。而第一代操作系统，指的是 1981 年 IBM 开发出第一台 PC（个人电脑）时，微软专门为 PC 开发的 MS-DOS 操作系统。微软公司研发的 MS-DOS 操作系统，在很多家公司被特许使用，渐渐地成为 PC 机的标准操作系统，微软也因此在 20 世纪 80 年代开始发展壮大。也正是 MS-DOS 的成功，促使 IBM 下定决心要继续和微软进行合作，开发拥有图形化桌面的 OS/2 新一代操作系统。

1987 年，IBM 推出了基于 OS/2 系统的 PC，这时，其他的用户软件系统是不能够兼容的。IBM 采取此项举措，其目的是想独霸 PC 市场，而后来，业界却认为这是 IMB 在 20 世纪 80 年代犯下的最严重的错误。

20 世纪 90 年代初，OS/2 已经推出了它的第三个版本，号称王牌操作系统的 OS/2。由于号称王牌操作系统的 OS/2 拥有了更强大的功能，从而受到一些用户的推崇。但眼光独到的比尔·盖茨，偏偏在这时将更多的精力放在 Windows 3.0 系统的研发上，结果，比尔·盖茨与 IBM 的合作出现了裂痕。

1990 年 5 月 22 日，微软推出的 Windows 3.0 系统，是在 MS-DOS 基础上开发出来的操作系统，其功能并不优于 IBM 的 OS/2，但它突出强调了产品的大众化，增加了产品的实用功能。Windows 3.0 系统与 OS/2 系统相比，在界面、人性化和内存管理等方面，都有了非常明显的改进，所以，Windows 3.0 系统最终获得了更多用户的认可，微软也因此迅速成功进入了电脑操作系统的市场。

之后，微软完全放弃了 OS/2 系统，相继推出了 Windows 系统的多个升级版本。1995 年，微软推出了 Windows 95 系统。可以说，Windows 95 系统带来了更加强大、更加稳定、更加实用的桌面图形用户界面。这款产品上市之后，迅速获得了决定性的成功，并被誉为“有史以来最成功的操作系统”。Windows 95 系统的问世，结束了桌面操作系统之间的竞争局面。

美国 PC 系统产品的竞争现象，让技术出身的李彦宏悟出了一个道理，客户的感受和需求与科学研究和技术开发同样重要，是企业发展的两条腿。他的这一结论，成功地帮助百度在中国互联网经受住了第一次泡沫破灭危机的考验，不仅避免了百度倒下的命运，还促使百度在中国互联网界牢牢地站稳了脚跟。

2000 年，谷歌虽然推出了它的中文版，但这个中文版并没有提供搜索技术的相关服务。而当时比较著名的搜狐和网易等其他几大门户网站，所使用的搜索技术主要是由美国公司或者是台湾地区的互联网公司提供的，这就给百度留下了很大的发展空间。于是，李彦宏把目光瞄准了门户网站。他发现，国内的门户网站虽然使用的都是号称最先进的搜索技术，但却一直被售后维护问题所困扰。更为重要的是，这些门户网站都不愿意一次性拿出一大笔钱，来购买整套的搜索技术。

为迎合这些门户网站，李彦宏采用了一种新的收费模式，就是按照客户网站的访问量进行收费。这一策略，实际就是让客户采取分期付款的办法，大大地减少了客户的资金压力。不仅如此，百度从诞生的第一天起就定位为“中文搜索技术”的提供商。在公司创建最初的 4 个多月里，李彦宏亲自担任产品经理的角色，并带领百度团队夜以继日地开发出百度的第一代中文搜索引擎，使百度可以提供搜索的中文网页迅速达到了 500 万个。

依靠着技术的领先优势以及非常灵活的收费模式，百度很快赢得客户的青睐。2001 年前后，在互联网最为严峻的低谷时期，一大批中国互联网公司因为支撑不住而纷纷倒下。而当时，百度却拿下了中国搜索技术服务市场 80% 的份额，可以说，几乎垄断了中国搜索技术服务的市场，把国内其他搜索公司远远地抛在身后。

步步为营，抓实阶段性重点

在李彦宏的心中，百度在什么时间修炼内功、在什么时间拓展外力、在什么时间获得利润、在什么时间挂牌上市，都有着清晰明朗的规划。一个企业的成长和一个人的成长一样，在每一个阶段都会有各自的战略重点。

只有抓住阶段性的重点，步步为营，攻坚克难，企业才能够健康茁壮地成长。

李彦宏说，在需要投入提升企业实力、增强企业发展后劲时，在需要扩大企业的影响和知名度、优化企业发展环境时，就不要过度关注企业的盈利问题，全力以赴做好起到牵一发而动全身作用的大事。也就是说，必须在正确的时间去做正确的事，不能畏首畏尾。

从 2002 年开始，百度的经营收入方式开始变得多元化。公司为各种门户网站提供搜索服务，收取服务费；公司将搜索软件以成本价销售给政府网站和企业内部网站，从而获得收入；公司在自己的搜索网站上进行互联网广告投放，从而增加收入。

挣钱的路子虽然变得多了、广了，但是李彦宏却没有“见钱眼开”急于赚钱。当新浪、搜狐和网易三大门户网站把实现盈利的消息昭告天下时，李彦宏没有跟风发布相关消息，而是非常坦率地说：“百度还没有盈利。在这方面，我不怕告诉别人，就好像我们不害怕告诉别人我们是互联网公司一样。但盈利对于我们不是什么问题，只要控制好成本，我们也是非常容易就能盈利的。因为我们希望百度有更加高速的发展，便把挣到的钱投入研发和市场推广上面去了，因此没有盈利。但我们相信，在需要时，百度必然会有一个良好和稳定的盈利。”

2003 年，李彦宏率领百度公司员工发起了一场声势浩大的“9 月营销革命”，将“互联网广告投放”付费搜索服务在全国近百个城市全面铺开，让 IT 界同行们大为震惊。因为费用低，且“不点击不收费”，互联网广告投放比较受一些中小企业欢迎，被称为“企业玩得起的营销”。

李彦宏宣布将“互联网广告投放”付费搜索服务全面铺开后，百度很快就进入了盈利状态。经过近三年稳打稳扎的经营和积累，百度已经度过了生存和积累期，开启了快速发展的新里程。2004 年 9 月，百度的广告费收入达到了每日每字千金，这是一个令人惊讶的数字，书写了中国互联网史上网络广告的天价传奇。

对于李彦宏而言，采取不冒进、不急于求成的策略，是为了韬光养晦，立足长远，谋求更大的发展。

2000 年，百度安身立业；2001 年，百度转型独立；2002 年，百度“闪电计划”技术攻关；2003 年，百度增加流量初步盈利；2004 年，百度扩大影响树立品牌……李彦宏有条不紊地向前走着，这种步步为营的打法，让百度驶入了一个健康发展的轨道。

2004 年 4 月，中国搜索引擎调查结果表明，百度已经垄断了中文搜索市场；Alexa 排名（网站的世界排名）也同时显示，百度已经成为全球第四大网站。

之后一年，就在百度上市筹备进入倒计时的时候，谷歌的首席执行官埃里克·施密特悄然来到百度。而那一次埃里克来百度的唯一目的就是劝告百度不要上市。埃里克告诉李彦宏，百度如果缺钱，需要多少，谷歌就可以给多少。面对竞争对手的如此挑战，李彦宏很有礼貌地对埃里克表示，百度已经启动了上市程序，上市是肯定的。百度上市 不是因为需要钱，而是百度成长过程中的一个必然步骤。言外之意，百度将与谷歌竞争到底，不会屈服。埃里克立即明白了李彦宏的意思，脸色凝重，遗憾地走了。

在百度发展初期，李彦宏要求员工人手一本《硅谷商战》。李彦宏把他在《硅谷商战》中总结出来的商业策略，淋漓尽致地运用到百度的发展和经营中。李彦宏创业以来，韬光养晦就是他所奉行的商业策略。抓实阶段性重点，该出手时才出手，在正确的时候做正确的事，不管是盈利还是上市，对于百度和李彦宏而言，都是水到渠成的事。

集中资源，用好凸透镜法则

商界著名的“凸透镜法则”主要是指：在资源有限的条件下，能够把所有的力量都集中到一个目标上，从而让其释放出最大的能量。一般情况下，太阳光直射不会点燃纸片，但是经过凸透镜的太阳光，就可以把纸片点燃。做企业也是这样。企业需要集中有限的资源，尤其是人才资源、技术资源和资金资源，选择一个合适的焦点，集中发力，强势击破，从而实现超低成本做大、做强企业。

李彦宏专注搜索、中文、技术，百度锁定的焦点就是中文搜索。在李彦宏看来，作为百分百的本土化企业，只要自己保持对本土文化的专注，那么，对于中文的理解程度，自始至终会比非本土化的企业更胜一筹。

在百度面前，谷歌一直都是最为强劲的对手。在全世界，没有哪个企业不垂涎中国这样一个拥有 13 亿人口的大市场。2005 年，当谷歌任命李开复为大中华区总裁，并且大张旗鼓地准备和百度一决雌雄时，很多人开始为百度的命运担心。而自 2005 年 8 月在美国纳斯达克上市以来，百度在中国市场与谷歌的竞争可以说是节节胜利，中国搜索引擎市场迅速飙升到了 70% 以上，大有一骑绝尘之势。

李彦宏是一个乐于参与竞争而不惧怕竞争对手的人，对手越强大，他的自信心也越强大。百度之所以能在与谷歌的竞争中大获全胜，用李彦宏的话来说，就是“百度更懂中文”。百度一直以开发真正符合中国人习惯的、可扩展的互联网核心技术为使命，所坚持的目标就是为提高中国互联网的技术成分、帮助中国互联网更快发展而努力。

百度自2000年1月创建以来，经过近20年的打拼，PC端和移动端市场份额总量达73.5%，覆盖了中国97.5%的网民，拥有6亿用户，日均响应搜索60亿次。

2019年新年伊始，百度公司再次将发展愿景定位为：成为最懂用户，并能帮助人们成长的全球顶级高科技公司。之所以敢于这样定位，就是因为百度拥有数以千计的研发工程师，拥有中国乃至全球最为优秀的技术团队，掌握着世界上最为先进的搜索引擎技术，这些资源使百度成为中国掌握世界尖端科学核心技术的中国高科技企业。

百度能够获得“全球最大中文搜索引擎”的桂冠，最根本的原因还是百度中文搜索在语言上所具有的独特优势。李彦宏曾用一个非常生动的例子来说明百度中文搜索的优势：“比如，我的名字叫李彦宏，可是如果网友想要在搜索引擎上面寻找‘李彦’，那么一般情况下我的名字就会大量出现，严重干扰了搜索结果，百度就是要让引擎自己学会中文断句，从而保证精准定位用户的搜索目标。”

李彦宏用于展示百度优势的杀手锏就是“更懂中文”，更懂中文也是百度所特有的企业文化。不用说“百度”两个字是出自辛弃疾《青玉案·元夕》中的“众里寻他千百度。蓦然回首，那人却在，灯火阑珊处”，百度大厦会议室内，也都是以“满江红”“庆千秋”等词牌名来命名的。这些，都是为了彰显百度对于中国文字的理解与重视。

很多竞争对手为了更好地抢夺市场，也通过实施员工本土化等模式来实现对中国的了解、对中文的熟悉，但是李彦宏始终相信，作为百分之百的本土化的企业，只要能够自己保持对本土文化的专注，那么，对于中文的理解自然会自始至终更胜一筹。专注搜索，让李彦宏抓住了打开未来成功大门的钥匙；专注中文搜索，让百度占据了庞大的中国市场。使用最小的成本，打败了最强劲的竞争对手，专注带给了李彦宏和百度无穷的力量。

第三章

做大品牌，
强势出击为国争光

坚持原则，百度不能够便宜

2015年4月24日，李彦宏应邀前往中国证监会发表演讲时说："百度有15年的历史，应该算是一个相对比较年轻的公司，但是作为一个上市公司，我们也是有一定历史的公司。今年是百度上市的第十年。我们在美国纳斯达克上市时，有很多人有印象，上市当天股票涨了350%多，很多投资人都因此非常高兴。事实上，我们上市时的市值是8亿美元，现在接近800亿美元，是10年100倍的回报。"

2005年8月5日，李彦宏携百度公司赴美国纳斯达克上市，一夜之间股价暴涨，创造的纪录至今无人能破。此后10年，百度蔚然壮大，成为互联网企业的领跑者。在互联网时代，10年可以造就许多传奇。中国互联网不再是水泊梁山，从大数据应用到人工智能，已开始傲居世界。

2005年，中国GDP列世界第五位，还不到第二名日本的一半。而到2015年，中国GDP达到了11万亿美元，已经是世界第二；日本为4.4万亿美元，已不到中国的一半。十年巨变，沧海桑田。

从百度的身上，我们不仅看到了一个企业实现数十倍上百倍增长的故事，也见证了中国互联网产业从比特世界的边缘走向舞台中央的历史。百度作为中国互联网崛起的代表公司赴美上市，已经成为当之无愧的"纳斯达克的中国名片"。

2005年8月5日，站在著名的曼哈顿时代广场，看着身后巨大的显示屏上百度的股票价格几十倍甚至上百倍地攀升，热血沸腾的李彦宏再也抑制不住激动的泪水。这时，一直以稳重冷静著称的李彦宏打通了守候在国内的百度时任首席技术官（CTO）刘建国的电话，用几近沙哑的声音说："我们做到了，我们为祖国争光了！”纽约的白天正是北京的夜晚，这一天成为当时 700 多名百度人的不眠之夜。

当时，在北京的百度总部，所有的百度人都和远在纳斯达克的李彦宏有着同样激动的心情。百度在上市当天，股票由最初定价的 27 美元，最高冲到了 151.2 美元，最后以 122.54 美元收盘，李彦宏用事实证明了中国技术是具有强大实力的。

从决定百度上市的那一天开始，李彦宏就一直坚持中国不能够打折、百度不能够便宜的原则。在抱有成见的美国投资人眼中，中国是一个缺少知识产权的技术弱国，所以在美国，中国的股票一直都是折扣发行的。但李彦宏强烈坚持“中国不打折”“百度不能够便宜”，无疑开了中国股票发行的先例。虽然遭到了投资人的质疑，但事实却证明李彦宏是对的，他和他的百度一起为中国争了光！

为走好百度的上市之路，李彦宏当时搭设了两个“天桥”：一是不廉价兜售百度；二是保证百度的控制权握在自己手中。这两大原则，无异于把很多投资人伸出的热情而洋溢的橄榄枝硬生生地拒绝了。这两大原则，虽然为百度的上市之路增添了很多的困难，可李彦宏相信困难只是一时的，巨大的喜悦一定会接踵而来。

李彦宏所拥有的必胜信心，无疑来自他的超级智慧。面对当时中国上市公司股价低廉的现象，李彦宏坚定地说：“凭什么我是中国公司，我就要定低点，我就要打折？百度是个青苹果，现在还没熟，你现在拥有它，未来成熟了，它就会更漂亮，就更有魅力。”

针对百度上市后可能发生恶意收购问题，李彦宏在中国赴美上市公司中首家推行了“牛卡计划”。牛卡计划是指公司在招股中，提供双重级别的普通股，这两种股具有两种级别完全不同的投票权，原始股东具有极大的投票权，包括董事选举和重要的公司交易等。这一计划，有效遏制了谷歌对百度的收购和控制，李彦宏的商业智慧让美国人咂舌称赞。最终，谷歌不得不抛售了手中的百度股权。

从纳斯达克凯旋后，李彦宏在接受国内媒体采访时说："人们投资百度，并不是投资百度这一家网站，而是投资整个中国互联网；买百度股票，不是买某一支股票，而是买整个中国互联网指数！"2005 年 12 月 28 日，李彦宏当之无愧地荣获了"2005 CCTV 中国经济年度人物"称号。

凸显亮点，贴吧成为大哥大

在李彦宏看来，与其他的跨国公司相比，百度不仅在更加懂中文上有优势，而且在更加懂中国的用户上有优势。百度拥有一批真正懂市场、懂用户的优秀人才，能够深入研究和把握中国用户的喜好和习惯，并能开发出满足用户需求和喜好的产品。

李彦宏在一次演讲中说，大家每天都在使用百度，但百度有很多产品大家是不熟悉的。比如我们有个百度翻译，它大概能翻译 28 种语言，有 750 多个翻译方向。语言互译的组合是很多的，比如从希腊语翻译成日语，而我们的工程师既不懂希腊语，也不懂日语，他怎么能够做到这种翻译呢？如果两种语言都不懂，还要让它实现相互之间的翻译，那就需要技术了。这种技术可以让计算机完成翻译。

百度贴吧也是李彦宏经常提起的例子，他喜欢用百度贴吧这个成功的产品来说明"百度更懂中国的用户"给企业带来的发展。

2003年12月，百度不声不响地推出贴吧，经过一年多的运营后，每天为百度带来数百万的流量。特别是在一些重要事件发生的日子，流量更是剧增。不管是2005年的超级女声巡回演唱会，还是2008年的北京奥运会，百度贴吧上的人气都让人叹为观止。于是，李彦宏将贴吧称为“成就百度市场地位的一个非常重要的产品”。

而这个被李彦宏非常看重的产品，其内在的技术含量并不高深。贴吧之所以能够拥有如此旺盛的人气，主要是因为它迎合了当前广大用户更加现实、更加具体的互动信息交流需求。

贴吧刚刚推出时，只算是一个简单的留言板。在百度贴吧的负责人、时任百度产品总监俞军的构思中，贴吧应该成为一个在线的交流平台，聚集起那些对于某一个话题感兴趣的网民进行互相交流。

后来，百度贴吧不断进行改进，逐渐推出了一套系统的管理机制和激励机制。百度贴吧推出两年后，一跃成为全球最大的互联网中文互动平台。

在李彦宏看来，百度之所以能够发展到今天，其最核心的竞争优势除了始终坚信技术改变世界的初心，也在于百度更加懂中国的用户。李彦宏说，我觉得，我们最强大的地方，是对于产品和市场的把握。我们以前讲“从用户角度考虑，就是一切”。在硅谷，人们崇尚的是技术至上，所以在谷歌公司，产品要做成什么样子，都是由技术人员决定。他们的技术做得非常好，其发展方向主要是做一些网络应用和办公软件。当然，谷歌的这些产品做到最后，都是希望可以卖出一个好的价钱。可对于百度而言，我自己本身就是工程师出身，对技术非常重视，但这并不等于百度需要由工程师来决定发展方向。我的理念是要让真正懂产品、懂市场、懂用户的人来决定产品。

2005年，百度准备在美国纳斯达克上市时，为了向投资者解释在中文搜索市场上百度为什么要比谷歌做得好，李彦宏只用了一句非常简单的话："百度更懂中文。"仅仅这六个字，李彦宏就觉得已经足够了。

在百度的招股书中，李彦宏用一张非常形象的图片来说明"百度更懂中文"。这个图案，左边是一个大大的英文字母"I"，右边是一个从上到下排列的中文文字柱，图案的下方非常巧妙地加了注释："在中文里，至少有38种表达'我'的方法，中文搜索是一件复杂烦琐的事情。"这句话的意思是不言而喻的，美国投资者们对此非常信服。

品牌营销：有问题百度一下

李彦宏认为，营销的最高境界，绝对不是建立在庞大的营销网络和团队当中的，真正有魅力的品牌是通过无形的营销，通过一种潜移默化的方式进入公众的心目当中，并且根深蒂固。

百度在美国纳斯达克上市后，"有问题百度一下"就渐渐在中国开始风行，百度也因此成为搜索的代名词。"百度"以其超大量的信息与快捷的检索方式，在广大网民中享有极高的人气，"有问题百度一下"也自然成为在广大网民中非常流行的说法。正是由于百度的信息覆盖了生活的方方面面，现代社会中的人们，如果不能掌握百度的搜索方式，想获得信息那就要比别人麻烦好几倍。

百度成立初期，由于所面对的是硅谷动力、新浪等诸如此类的大客户，数量十分有限，因此，所采取的是比较合理的直销模式。2001年，百度开始独立门户，特别是互联网广告正式推出之后，众多名气不大但有出名欲望的中小企业成为百度的目标客户，这样，直销模式就显得有些力不从心。

2002 年 5 月，百度第一位职业经理人朱洪波正式加入百度，他的首要任务就是为百度建立营销渠道，广招各地代理商。2002 年 10 月，百度互联网广告业务全国代理商大会召开，百度的营销渠道得以迅速扩展，从而掀开了百度发展的新篇章。2002 年，百度全年收入为 580 万美元，而 2004 年，百度全年收入达到了 1 000 万美元。尤其是各地的代理商，成为百度收入的主要来源。

2005 年 8 月上市后，百度迫切需要找到品牌营销的办法，从而建立一个高知名度、高美誉度、高忠诚度的品牌形象。于是，在百度“品牌教父”梁冬近两年的主导运营下，百度的品牌营销日臻完善，成为一个深入人心的成熟品牌，从而达到了让大众认识、使用、认同并爱上这个品牌的目的。为此，“有问题百度一下”逐渐深入网民的心。

美国上市后，有了资金、名气的百度，再次集中精力解决营销渠道的问题。李彦宏将上海、广州的代理商取消后，进一步加大投入，开始发展直销模式，把关系重大的北京市场改变成公司的直接营销。2007 年年初，百度的营销最终形成了以直销为主的模式，在北京、上海和广州都建立了自己的分公司。就这样，渠道营销在基本完成使命后，逐渐淡出了百度发展的历史舞台。

在梁冬的主持下，百度品牌的知名度、美誉度、忠诚度发展得非常理想，逐渐形成了平台成熟、资金充裕、人员齐备的良好局面。公司直接领导的销售团队，能够非常好地开始销售前的市场调研，也能更好地做好售后市场服务。

后来，梁冬在自己的《相信中国——寻找·百度》一书中回忆说，在李彦宏游说他加入百度的见面过程中，他就建设性地提出了“有问题百度一下”的品牌营销建议。梁冬加入百度后实现人生转型，为百度的品牌建设做出了贡献。在李彦宏的支持下，2007 年 2 月，百度首页的标题就由“全球最大的中文搜索引擎——百度”改为“百度一下，你就知道”。2007 年 5 月，百度首页的“百度搜索”改为“百度一下”。经过几年的推广，“百度一下”成为街头巷尾时尚一族的口头禅。由此，百度的品牌营销达到了一个顶峰。

李彦宏又适时将“百度更懂中文”的系列视频广告上传到网络上，并很快风靡起来。从《唐伯虎篇》，到《刀客篇》，到《孟姜女篇》，再到《神捕篇》，让网民们大饱眼福，惊喜之极。“百度更懂中文”的营销案例，也成为互联网营销的经典案例，更是被写进了广告营销的教材，在全世界获得了无数的嘉奖。

坚定信心，必须做行业第一

2015 年 6 月 30 日，李彦宏在百度糯米“会员 +”战略发布会上发表豪言：“我昨天看了一下，百度账上还有 500 多亿元的现金，先拿出来 200 亿元把糯米做好。”

2014 年年初，百度全资收购糯米网，糯米从此成为“百度糯米”。此番豪掷 200 亿元，李彦宏想要的就是让糯米成为行业老大。

2010 年 6 月 23 日上线的糯米网，先前是人人网旗下的团购网站，也是最早的几家团购网站之一。自 2010 年年初我国第一家团购网站上线以来的不到两年时间，团购网站的数量迅速超过了 5 000 家，其中，不乏各大门户网站的加入，也有新生的团购网站。新浪、腾讯、开心网、人人网等平台型互联网公司先后进入团购领域，团购几乎成为互联网公司的标配功能。为争夺国内的团购市场，各家团购网站开始变相竞争。由此，行业发展迅速进入瓶颈，风投开始转战其他领域，资金链断裂导致的结果不言而喻。于是，一场被称为“千团大战”的团购网站之战在国内燃起。在经过了“千团大战”血洗之后，糯米是为数不多的幸存者，在团购网站市场排名第三，但距离“老大”美团和“老二”大众点评还有很大的差距。

2013 年 8 月，百度向糯米网战略投资 1.6 亿美元，获得约 59% 的股份，成为糯米网的第一大股东。2014 年 1 月，百度收购了人人网所持的全部糯米网股份。从此，糯米网变成了百度糯米。而后，百度分三个阶段对糯米进行了整合：一是品牌整合，重新打造百度糯米品牌；二是技术整合，让糯米能够承载更大的流量；三是管理团队整合，将大量百度的优秀人才引入百度糯米。

李彦宏在实施 200 亿元投资计划时说：“我们要用两年的时间，把百度从以 PC 互联网为主的搜索引擎，换成以移动互联网为主的搜索引擎。经过两年转型期后，2014 年年底，百度的收入已有 50% 以上是来自移动端。这在主流的互联网公司里是没有过的，我们是第一个。而接下来，我们要做下一个转型，从连接人和信息到连接人和服务，这也是一个比较大的转型，因为连接人和服务更有价值。”

百度的目标，就是做行业中的老大，做业内第一，当领跑者，不当跟随者。虽然第一名和第二名只是一步之遥，但是在别人的眼中，第二名永远是跟随者。无论是在行业趋势的把握上，还是在产品潮流的引领上，第二名都难以拿到最大的市场话语权。由此，李彦宏带领他的团队誓言要继续保持和扩大百度已经形成的竞争优势，不仅要确保在国内市场第一名的地位，还要将这种优势逐步扩大到海外市场，成为亚洲的第一名，甚至是世界的第一名。

在市场中，有两种可以获得暴利的方式。一种方式是，在产业的初期，很多人都没有发现这个机会，而你发现了，就有机会获得暴利。比如，20世纪80年代在北京中关村倒卖PC，倒一把就能够赚几万块钱，但是现在也就能赚几十块钱。因此，随着时间的推移，这种获得暴利的方式已经消失了。另一种方式是，你能够做的东西别人却不能够做，这样获得暴利的方式能长期持续。比如微软，虽然处在科技飞速发展的时代，但它已经足够强大了，所以它不但没有被淘汰，还依旧能够获得暴利。其他公司想要推出一个新的操作系统，能不能打开市场都是一个难题，更不用说和微软抗衡了。由此可见，一旦变成行业第一，就可以长期立于不败之地。

李彦宏认为，当企业能够成为市场上的第一时，即使所处的产业已经趋向成熟，即使企业能在某一阶段遇到成长的瓶颈，但由于企业已经建立起绝对的领导者优势，它依旧能够获得高额利润。在IT软件产业，微软就是这样的企业，它屹立30年不倒的传奇经历，正是得益于它占据行业第一的领导者优势。

李彦宏深知获得行业的领先优势对企业发展的重要性，因此，他一再强调要把百度做成第一名，做成冠军。2007年以来，他在公司的内部会议上多次阐明他对百度未来的定位："我们必须要做第一名，你只有做第一名了，才会有真正的实力。如果你成了第二名，那么你就会越做越累，这样就没有意义了。"

认真纠错，在争议中求完善

百度成立以来，虽然取得了辉煌的经营成绩，并于2005年在美国纳斯达克成功上市，但企业在发展的过程中，也曾遇到过诸多的挑战。曾经面临的最大争议，主要集中在竞价的广告问题上。面对争议，李彦宏不是被动地应付，而是主动面对纠纷和危机，在争议中努力实现自我完善。

百度互联网广告，就是把企业的产品、服务等，以关键词的形式，在百度搜索引擎平台上做推广。互联网广告是一种按效果付费的新型而成熟的搜索引擎服务。企业可以用少量的投入，带来大量的潜在客户，从而有效提升企业销售额。企业在购买该项服务后，通过注册一定数量的关键词，所推广的信息就会率先出现在网民相应的搜索结果中。

2001年，百度推出互联网广告后，为广大中小企业的成长提供了助力，但也引起了一部分中小企业网站的抨击，从而引发了一个名为“反百度联盟”签名网站的成立。

2004年，没有经济实力参与百度互联网广告的“美人鱼”文学网站，面对网站冷清的局面，站长“踏雪无痕”心生一计，在网站上使用了一个关键字生成工具。这样一来，网站就非常容易地被百度搜索引擎抓取，因而使网站的点击率迅速提升。针对这一作弊行为，百度采取了屏蔽该网站的处罚手段。于是，“美人鱼”网站多次与百度交涉，但百度丝毫没有让步，“踏雪无痕”以百度的行为践踏了中小网站的利益为由，联合了具有同样遭遇的网站站长，于2005年发起成立了“反百度联盟”网站。后来，反百度联盟悄然消失，国内第一个最强大的反百度群体也随之消失。

一场风波过后，百度的互联网广告于2006年5月进行了升级，推出了“智能起价系统”。智能起价系统能够综合各方面的因素，去考虑关键词的各种相关因素，从而改变了互联网广告的固定起价的模式，并针对不同关键词的火热程度，设定了不同的起价。

2009年12月，百度推广系统全面启动“凤巢”系统，而为百度立下过汗马功劳的互联网广告系统从此退出百度搜索的舞台。

百度推广是百度国内首创的一种按效果付费的网络推广方式，简单便捷的网页操作可给企业带来大量潜在客户，有效提升企业知名度及销售额。每天有超过1亿人次在百度查找信息，企业在百度注册与产品相关的关键词后，就会被主动查找这些产品的潜在客户找到。

比较百度互联网广告，百度推广有着三大领先优势：一是全球最大的中文网站。百度推广覆盖138个国家，每天响应数亿次搜索请求。据艾瑞的调研数据显示，2008年，中国用户最常使用的搜索引擎为百度，份额达73.2%，领先优势非常明显。二是按效果付费。百度推广完全按照给企业带来的潜在客户点击计费，没有点击不计费。费用统计报告使投入明明白白。三是针对性强，轻松锁定目标客户。通过关键词帮助锁定有需求的客户，通过地域筛选、时间筛选，帮助锁定最需要的客户。

第四章

匠心营造，
企业文化顺势而为

温文尔雅，浓厚的文人气质

李彦宏虽然是一个技术型的IT界领袖，却有着浓厚的文人气质。他儒雅、淡定，爱好中国古典文学，喜欢写作。他的文章才思敏捷，情文并茂，内涵丰富。

曾担任过百度副总裁的梁冬在《相信中国——寻找·百度》一书中说，他见过李彦宏为数不多的两次激动，一次是百度在美国纳斯达克上市时，另一次是李彦宏回忆起自己在北京大学读《精神的魅力》这本书时。《精神的魅力》是北京大学校刊编辑部编辑出版的励志书。2008年，李彦宏重回母校发表演讲时，再次深情地背诵了书中的一段话："这真是一块圣地，近百年来，这里成长着数代中国最优秀的学者，渊博的学识，闪光的才智，庄严无畏的独立思想，这一切又与耿介不阿的人的操守和抗争相结合，构成了一种独特的精神魅力值。科学与民主，已成为这圣地不朽的魂灵。"

1998年，在美国学习工作8年时间的李彦宏根据自己的观察和工作实践，撰写了《硅谷商战》一书。这本书，采用了中国古代小说常用的章回体形式，翔实地讲述了发生在美国硅谷的真实故事，充分地展示了高科技企业间惊心动魄、风云变幻的现代商战情节，同时，把现代企业的新技术、新概念和新思路做了全面的解读，并诠释了商业竞争的新游戏规则。这本总共十五回的书，反映的都是真实的人物故事，充分展示了李彦宏雄厚的中文写作功底。由此，李彦宏获得了"文学青年"的称号。

李彦宏创立百度之后，依旧保持着对写作的爱好，写作成为李彦宏必不可少的一种表达方式。他经常在百度贴吧发表文章，去大学校园里给大学生们做演讲。李彦宏在自己的贴吧里，充分展示了自己的写作才能。

在应邀到北京大学、武汉大学、上海交通大学、华中科技大学等大学校园演讲时，李彦宏备感亲切。他曾在演讲时激动地说："一个有事业追求的人，可以把梦想做得高一些。虽然开始时是梦想，但只要不停地做下去，不言轻易放弃，梦想终能成真。回溯梦想的起点，它在当时也许并不容易被察觉，当蓦然回首时，却发现那个最初的梦想，就隐藏在灯火阑珊处。"

2003 年年底，李彦宏接受北京大学一个学生社团的邀请，开办了李彦宏专题讲座。他在讲座中，对创业是这样阐述的："有志，谁都想创业；赚钱，谁都想做老板。在如今大学生就业越来越难的时候，更多的学生开始盘算着自己创业，有些学生甚至在校园里的时候就开始和同学合作打造自己的事业。在很多青年人的眼中创业是一条捷径，可以绕开大学就业难的现状，从而更快地到达事业的顶峰，但选择创业同样预示着选择了艰辛，一旦开始，就很难抽身而退。今天的青年创业者很可能就是明天的成功企业家，而在创业之路上达到成功却并不是每一个人都能达到的，在创业过程中除了毅力等一些自身的因素外，更要掌握创业的技巧，学会创业的方法。我选择放弃博士学位来进行创业，并不是为了钱，而是真的出于对这个行业的热爱。同时，我也并非完全不考虑钱的因素，但我始终坚信：在今天的社会中，只要你给了社会好的产品，社会一定给你更多的回报。"

在网络上被转载数以万次的《李彦宏教你创业七大招》一文，是李彦宏在北京大学的第四次演讲时所发表的。李彦宏所说的七大招是：第一招，向前看两年；第二招，少许诺，多兑现；第三招，在不需要钱的时候借钱；第四招，分散客户；第五招，不要过早地追求盈利；第六招，专注自己的领域；第七招，保持激情。

作为北京大学信息管理系 87 级的毕业生，北京大学"文理兼修，兼容并包”的传统早已渗透到李彦宏的处事风格中，进而直接影响着百度的企业文化。“百度”名字的由来，最能反映李彦宏的文人情结。

在李彦宏的性格上，也能看出他浓厚的文人气质。他冷静、淡定，甚至还有一些慢性子。他对员工和蔼可亲，员工都很少看到他发脾气。在公众面前，他也从来没有咄咄逼人的强势，更没有财大气粗的傲气。

坚韧不拔，奋起直追赶谷歌

李彦宏所具备的儒雅之风，恰好和坚韧不拔这种成功者应该必备的素质相吻合。李彦宏就是凭着自身的高学历，凭着自己在华尔街和硅谷闯荡的经历，凭着善于捕捉机会的才智，凭着势不可当的进取心，尤其是凭着不达目的誓不罢休的坚韧不拔的品格，让自己登上了事业的巅峰。

1998 年 9 月创立的谷歌，是一家私有股份的上市公司，也是全球最大的搜索引擎公司，总部位于加利福尼亚山景城。当谷歌迅速壮大后，国际化发展战略被提上了日程，地大物博的中国就自然成为谷歌最为关注的一个市场。

2000 年，谷歌宣布在谷歌 .com 增加简体及繁体两种中文版本，开始为全球中文用户提供搜索服务，谷歌中国也在几年后宣告成立。而用户在使用谷歌中国所提供的中文搜索引擎过程中，由于不能像国际简体中文版 i 谷歌那样支持用户账户登录，在更换电脑后还需要重新设置页面，从而出现“水土不服”现象，使用户的体验感不尽如人意，使用率大打折扣。谷歌自身存在的“软肋”，正好给刚刚成立的百度带来了千载难逢的良机。

2000 年 1 月，刚刚成立的百度在李彦宏的带领下，把目标锁定在中文搜索引擎，并频频挥出重拳，以良好的服务和精湛的技术，迅速抢占了全国的大部分市场份额。而谷歌中国也不甘示弱，致力于改善用户的搜索体验，全力争取用户满意。进入2001年，谷歌中国的努力出现成效，口碑越来越好，市场份额也出现了快速增长的态势。

李彦宏马上拥有了强烈的危机感和紧迫感。他深知，在市场竞争如此激烈的阶段，如果不能尽快拿出有效的应对办法，那么，事态的发展就会对百度越来越不利，必将被谷歌远远地甩在后面，后果不堪设想。他养精蓄锐，不断完善公司发展的创新模式。

2002年春节，李彦宏是在美国度过的。他的心思不在过节上，而是在了解和掌握谷歌的发展策略上。近两年来，百度在与谷歌中国的交手中，深感自身的功力明显不足。自从谷歌推出中文版搜索引擎后，中国至少有500万网民开始用谷歌。李彦宏在美国只待了10天，就匆匆告别了妻子和孩子，返回北京，百度的团队也随之进入工作状态。李彦宏和他的助手们，制订了一套高效的“闪电计划”，即在9个月内，完成百度搜索技术的全面升级，推进百度引擎在技术上全面与谷歌抗衡，部分指标还要领先于谷歌，切实把技术赶超计划提上了日程。

这项计划由李彦宏亲自带领实施。李彦宏以技术工程师的身份参与其中，主要目的就是快速提升百度的技术，从而高效点燃百度团队的激情，以迅雷不及掩耳之势，把百度打造成全世界最出色的中文搜索引擎。

其间，李彦宏每周都会召开两次核心会议，研究解决相关问题。那是一段非常时期，百度人俨然重新回到了当初的创业阶段。勇敢而坚强的百度人咬紧牙关，攻克了一个又一个的技术难关。经过百度人的不懈努力，“闪电计划”终于取得了辉煌的胜利。

艰苦的“闪电计划”结束后，李彦宏和全体百度人的付出得到了应有的回报。2003 年 5 月 28 日至 6 月 4 日，《中国电脑教育报》主办了声势浩大的“万人公测”活动，从用户的角度，为百度和谷歌进行民意投票。参加测评的用户，选择“百度比谷歌好”的达到了 55%，选择“百度和谷歌差不多”的为 10%，选择“谷歌比百度好”的为 35%。这个结果，足以说明百度在中国市场已经压倒了谷歌。

之后，百度又奋起直追，推出了各种各样的新产品。这一年，百度的流量直线上涨，被人们称为百度的“流量年”。

事实上，时刻具备危机意识的人才有可能成就一番大事业。在李彦宏的心中，总是埋藏着一股时时都在流淌的“危机流”，就是在事业发展得非常顺利时，依旧丝毫不敢放松。因此，李彦宏总能及时而妥善地化解危机，克服困难。他所依靠的，就是坚韧不拔的意志品格。李彦宏虽然时时意识到压力和危机的存在，但从来不急躁和盲从，总是静下心来，细心研究，稳妥部署，恰当应对，从而获得出人意料的成功。

人生信条，干事不做平庸人

我国著名作家、编剧麦家说：“平庸的人只有一条命，叫性命；优秀的人会有两条命，即性命和生命；卓越的人则有三条命，性命、生命和使命。这三条命，也分别代表着生存、生活和责任。”李彦宏完全可以称得上是一个卓越的人，他的信条是：干事不做平庸人。他选择了一条属于自己的非同寻常的道路，从而铸就了自己多彩的人生。

李彦宏在创建百度时，将公司定位为一个后台技术的供应商，主要是为新浪、搜狐等门户网站提供搜索技术，收取技术服务费。

在 2001 年 9 月之前，李彦宏一直打着“在你成功的背后”这一口号，为中国几乎所有的主流门户网站提供搜索技术，很快占领了中国市场 80% 左右的份额。而随着时间的推移，李彦宏发现，百度的市场虽然越做越大，但公司却一直在维持成本经营，没有盈利。虽然在风险投资商眼里刚刚成立一年多的百度不赚钱是正常的，但李彦宏认为，如果百度沿着现有的模式走下去，三五年后都不会获得盈利。

在李彦宏看来，百度在运营模式中主要存在着两大问题：

一是百度的市场太小。百度作为中文搜索技术的供应商，当时的客户只有十几家，而且都是大型的公司，小公司是不会去购买搜索技术的。这样一来，只有十几家客户的百度，某一个大客户所带来的收入，就可以占到百度总收入的 10% 以上。这些大客户完全按照自己的利益需求行事，要你降价你就必须降价，否则人家就会一走了之。所以，百度一直处于很被动的地位。如果这个大客户不用百度的搜索技术，那么，百度百分之十几的收入就丢掉了。一个正常运营的公司，突然有一天失去了百分之十几的收入，绝对是一个很大的影响。所以，市场过小是百度面临的一个非常明显的问题。

二是百度的回报太少。因为客户是买家，他知道你的产品不会只卖给他一家，因而，他对产品的质量要求不会很高，只需要和其他客户质量一样就可以了。而他关注的是，你的产品给他的价格是多少，他所希望的，就是越便宜越好。而对于李彦宏来说，希望依靠过硬的产品质量，获得更高的利益回报。于是，李彦宏把大量的资金投入研发当中，做出更好的搜索引擎来满足用户需求。一方面是客户的廉价需求，另一方面是百度的巨额投入，二者存在巨大的利益冲突。

李彦宏意识到，百度投入大量的资金搞研发，去创新更优秀、更先进的技术，但最终这些投入需要有回报来支撑。如果百度的客户只关心把价格压低，就会产生一个恶性循环。因此，百度必须要进行一次大型的战略转型。当初，李彦宏毅然辞去原有的工作，放弃了很多股票期权，并不是想做一家平庸的公司，做一个平庸生存的人。李彦宏想要做的是一家真正能够产生一定社会影响力、对人们的生活有巨大贡献的公司。

2001 年 9 月，李彦宏做出了一个惊人的决定：百度要做出一个从后台走向前台、面向用户的独立网站，也就是 www.baidu.com。这一转型，无疑成为百度成立以来的一次空前的转型。虽然百度在转型期间遇到了许多艰难险阻，但李彦宏带领百度的精英们披荆斩棘，突破一个又一个难关，最终成功地完成了百度的一次巨变。

不久，百度首次推出了面向终端网民的搜索服务，同时又推出了互联网广告服务。李彦宏后来回忆说："在 2001 年那次关乎百度未来命运的董事会电话会议上，我刚刚出院，孤身作战，并且以少有的强硬态度，坚持必须实行经营模式的转型。"在这次会议上，百度的上层人士争论得非常激烈。在整整三个小时的时间里，几乎所有的董事会成员都对经营模式转型充满担忧。最后，李彦宏非常激动地说："我们不做了，大家也都别做了，把公司关闭了拉倒。"

面对李彦宏如此强硬的态度，董事会被他的决心和坚持所震动，只好做出妥协。李彦宏以一种不做平庸人、不做平庸公司的专业权威和坚持精神，终于赢得了经营模式转型的良机。

李彦宏说："如果一只鸟仅仅安于平稳地飞行，那么它永远只是一只平凡的鸟而已；如果一尾鱼仅仅安于浅水的游弋，那么它永远看不到深海醉人的湛蓝。人，因有梦想而不平庸。一个人，没有办法选择自己的出身，但有办法拒绝走一条平庸的道路。当一个人拒绝平庸后，他的创造精神和进取精神都将被充分地调动起来，在人生的路上自如地挥洒自己的豪迈，最终创造一个不平庸的人生历程。”

团队精神，崇尚集体的成功

李彦宏在一次演讲时说：团队合作是一家公司成功的保证，也是个人成功的前提。即使一个人是天才，如果其团队精神较差，他也不会受到公司的欢迎。以IT业为例，中国有很多这方面的人才，个人的聪明才智都没有问题，但是团队精神却不够，他们编单个的简单程序都能编得很好，但编大型程序就不行了。现在，大多数企业在招聘员工时，都把“是否崇尚团队合作”当作一个重要的衡量指标。不能与同事友好合作、没有团队意识的人，是很难在职场中立足的。

缺乏大局观的公司往往会陷入内耗的斗争中，大多数时间都在解决个人之间、部门之间的摩擦。在西方国家的公司里几个人就能管好几万人，而不过只有几十人或一百来人的中国小公司却会乱成一盘散沙，大多数人私心过重，你争我斗，最后搞垮公司。李彦宏深有感触地说：西方国家的公司虽然崇尚个体价值，但是在组织里非常遵循个体服从整体的准则。而有些中国的公司就不同了，私心重、视野窄、眼光短是队伍的通病。很多中国公司的员工，常常把个人或部门的利益凌驾于整个团队、组织或公司的利益之上，开会时说话都是我们部门怎样、他们部门怎样，听起来不像是一个公司的，不像是合作者，而像是对手。

李彦宏23岁时拿到奖学金，被美国布法罗大学计算机系录取。研究生还没有毕业，李彦宏就进入日本松下公司实习。实习期间，李彦宏的报酬达到了每小时25美元。

在很多人的眼里，李彦宏似乎是一路高歌、春风得意，很多人梦寐以求的东西，他轻易就得到了。可是，谁又能知道，在这些光鲜的背后，李彦宏曾经历过怎样的曲折历程呢?

李彦宏刚刚来到布法罗大学时，得知学校里有一个计算机图形学研究小组，便跃跃欲试要参加这个小组。面试时，教授询问了李彦宏一些关于计算机方面的问题。当时，由于李彦宏对一些问题没有听懂，所以他的回答并不能让教授满意。而当教授知道他来自中国后，便以非常蔑视的表情问他，你们中国有没有计算机。

教授的这一提问，不仅让李彦宏难以回答，还让他的心里产生了一种被羞辱的感觉。他虽没和教授争辩，但内心却暗自发誓：有一天，我一定要让全世界的人，特别是美国人都知道，中国在计算机方面是强大的，我们可以做出自己的东西来。

1999年，李彦宏毅然放弃在美国优厚的年薪待遇，回到祖国开始创业。短短的几年时间里，李彦宏就率领百度员工在搜索引擎领域，打下了一片属于自己的疆土，甚至战胜了国际搜索巨头谷歌。这样的业绩，不仅让美国人对中国刮目相看，更让世界为中国动容。

当一个人在为理想而奋斗的时候，任何困难都无法阻止他的前行。李彦宏以“用技术改变世界，改变普通人生活”的信念为依托，树立报效祖国、为祖国争光的崇高理想。同时，他也通过自己的实际行动，完美诠释了他强烈的集体荣辱感。

百度的成长历程，让李彦宏深深地体会到：个人利益自然是重要的，它是个人生存于社会的一种保障，但它绝对不是最重要的。一个有集体荣辱感的人，其精神境界早已经凌驾于个人得失之上。个体作为社会当中一个最小的单位，只有依托在社会这个最大单位中，才可以生存、发展、辉煌。这其中的关键，就是以集体作为个人思想的主导，以集体作为个人展现才能的平台。也只有这样，才能实现个人的最好发展。甚至可以说，个人的成功取决于集体的成功。一个集体强大了、自主了、富强了，个人才会随之强大、自主、富强。反之，如果一个集体饱受发展的局限、外界不良因素的困扰，那么，个人在这样的境况下，就不可能取得较大的成就。

在百度不断成长发展的过程中，不仅担负起教育客户的责任，还帮助中小企业学习如何通过互联网营销来提升自身的效益。后来，李彦宏还打造了“百度联盟”，并成为国内最大规模的搜索联盟。百度每年都召开一次联盟峰会，与合作伙伴们一起分享百度在搜索引擎方面取得的最新成果，并带领大家一起展望未来，探讨更高效的合作模式。

李彦宏在发表庆祝百度上市十周年讲话时，曾非常动情地说：“一个成功的企业应该注重营造这样一种氛围，让每一个员工都觉得自己是企业的主人，将个人的事业发展融入企业目标中，与企业荣辱与共。”

勇于担当，用搜索填补鸿沟

1999 年，美国国家远程通信和信息管理局在名为《在网络中落伍：定义数字鸿沟》的报告中，首次定义了“数字鸿沟”的概念。“数字鸿沟”

也称“信息鸿沟”。美国商务部的数字鸿沟网把“数字鸿沟”概括为：“在所有的国家，总有一些人拥有社会提供的最好的信息技术。他们有最强大的计算机、最好的电话服务、最快的网络服务，也受到了这方面最好的教育。另外有一部分人，他们出于各种原因不能接入最新的或最好的计算机、最可靠的电话服务或最快最方便的网络服务。这两部分人之间的差别，就是所谓的‘数字鸿沟’。处于这一鸿沟的不幸一边，就意味着他们很少有机会参与到我们以信息为基础的新经济当中，也很少有机会参与到在线的教育、培训、购物、娱乐和交往当中。”

在中国，研究资料表明，“数字鸿沟”所造成的差别，正在成为中国继城乡差别、工农差别、脑体差别这“三大差别”之后的“第四大差别”。“数字鸿沟”本身已不仅仅是一个技术问题，正在成为一个社会问题。网络用户虽然持续增长，但其普及和应用主要发生在城市，网络用户中只有0.3%是农民，城市普及率为农村普及率的740倍还多。

“修身齐家治国平天下”，这是儒家思想下传统知识分子所遵循的信条，“平天下”更是从古至今许多仁人志士共同追求的最高理想境界。而受过高等教育又曾出国深造的李彦宏，恰恰有着“平天下”的强烈担当。

李彦宏出生在山西阳泉，曾经一度因为信息落后而遭受挫折。推己及人，在信息化快速发展、信息就是金钱的当今时代，还有很多人因为信息的缺失而得不到学习、成长、致富的机会。信息的鸿沟，无疑造成了一种创造财富能力上的巨大差距。致力于打造最大的中文搜索平台的李彦宏，就是要及早实现信息获取上的无障碍，实现信息面前的人人平等。关注信息边缘群体，弥补巨大的知识鸿沟，让信息通天下，成为李彦宏的事业理想。

当“信息鸿沟”被IT界广泛关注和研究时，李彦宏已处于信息搜索的最尖端。李彦宏非常清楚“信息鸿沟”给社会带来的不平等，“信息鸿沟”在他的家乡、在他的祖国、在世界各地到处存在。用技术改变世界、用搜索填补鸿沟，也就成为李彦宏为天下人增添福祉的强烈追求。

经过团队的攻关努力，百度在搜索技术上每时每刻都在进行着创新和升级，并且拥有非常强大的信息库存，拥有点击率非常高的信息平台。就这样，李彦宏消除“信息鸿沟”、实现“信息通天下”的计划，开始利用百度这一平台一步一步加以实施。

2007 年，百度“盲道”让盲人朋友与世界加强了沟通；2009 年百度“老年搜索”让老年朋友也跟上了信息时代的潮流。与此同时，百度开始特别关注边远地区的农民群体。为了做好这件事，百度公司成立了企业社会责任指导委员会，李彦宏亲自担任主席，下设专门的企业社会责任部，负责具体的项目执行和组织协调，为实现信息无障碍出谋划策，并通过具体的措施，一步步帮助信息边缘群体早日走出信息盲区，缩小“信息鸿沟”的差距。

为了弥合“信息鸿沟”，百度多次发挥自身号召力，集合广大网友的力量，多年坚持“小橘灯”公益捐书助学活动。为了加速中国农村信息化进程，百度举办了“全国大学生乡村信息化创新大赛”，积极参与到中国绿色电脑扶贫行动当中。特别是 2010 年 10 月，在“第七届中国信息无障碍论坛”上，由于多年来在助推“信息无障碍”领域的突出表现，百度荣获了“中国信息无障碍建设优秀单位”的光荣称号。

在 2013 年成都财富全球论坛上，李彦宏在对话《财富》杂志副总编梅思梵时说：“我上大学时选择的专业就是信息管理，从那一天开始，我就有一个梦想，有一个愿景目标，就是要让人们最平等便捷地获取信息，找到所求，从而让世界更有效，让人们更公平。不管你是边陲小镇的农民，还是残障人士，通过百度搜索，每个人离信息的距离都是一样的。”

李彦宏说得好，做得更好！

第五章

精细管理，
数据说话随机应变

解决问题，善用简单的方式

在百度员工的心目中，李彦宏一向是温和民主的。他常常用很简单的管理方式，就能把全体百度人拧成了一股绳，员工之间没有尔虞我诈、钩心斗角，都是在一片和谐、温馨的氛围中做着各自应该做的事。李彦宏说，管理者不过是给大家提供了一个良好的工作环境和工作氛围，让有才华的人在愉悦的氛围中充分发挥自己的潜力。

在百度公司，只要是工作上的事情，李彦宏总是鼓励员工们各抒己见，从来不搞“一言堂”。如果意见有分歧，哪怕是当着李彦宏的面，员工们照样可以毫无顾忌地发表自己的见解。而这时，李彦宏会以旁观者的姿态，冷静地听取并认真地分析员工们的意见和建议，从来不会因此生气和发怒。在平时开会时，李彦宏也会经常说那句“我说的不一定是对的”，言外之意是，大家有不同意见可以尽情地提。因此，在百度的内部会议上，提反对意见并不是什么新鲜事。

李彦宏从来都喜欢直截了当，不喜欢拐弯抹角。刚开始时，李彦宏发现那些刚刚进入百度的职业经理人，总是在发言之前利用几分钟时间说一些冠冕堂皇的套话，然后才转入正题阐述自己的观点。于是，李彦宏在一次会议上公开表示，以后大家的发言都要开门见山，直奔主题，套话和客气话都免了。

李彦宏推行这种直接而简单的管理办法，公司一部分人士担心会使领导丢面子，甚至失去领导者的威严。对此，李彦宏非常理解，可他还是说：“我认为我的面子并不重要，在百度，大家想说什么就说什么，各抒己见，畅所欲言。当然，在意见不一致、不统一的时候，就要由我来拍板决定，这就叫既有统一意志，又有个人心情舒畅。”

在李彦宏身边的人，都知道他有这样一个工作流程，就是首先听取大多数人的意见，博采众长，然后再与公司上层的少数人商量，最终才自己做出决定。而正是这种简单的管理方式，取得了工作上的高效率。

工作时间内，李彦宏与员工们打成一片，融洽到不分你我的程度；而业余时间，李彦宏与员工们也是正常往来，绝不掺杂任何复杂的人际关系。李彦宏习惯在百度内部的食堂就餐，如果他到得晚，会跟普通员工一样站在旁边等座位，不允许员工站起来给他让座，也不允许员工们对他过分点头哈腰。在百度人的心目中，包括李彦宏以及百度的其他高层人事在内，大家的关系都是平等的。这种平等而简单的人际关系，就是百度“简单、可依赖”的核心文化，进而给技术出身而不十分擅长管理的李彦宏带来了很多的方便。

这种简单的人际关系和管理方式，在百度内部形成了一个非常透明的规则，就是员工的职务升迁凭能力说话，与其他因素无关。所以，员工之间极少出现尔虞我诈和钩心斗角的事情，极大地调动了广大员工的工作积极性和主动性，大家和谐、温馨、愉快地相处在一起，形成了所有百度人上下一心、团结一致拧成一股绳的职场氛围。

在李彦宏看来，最简单的管理方式，就是最接近于完美的方式。创新思维是简单管理的前提。传统的定式思维不突破，就无法简单管理。有很多人经常被眼前的问题弄得焦头烂额，在解决问题的时候总是找不到方法，越搞就越复杂，因为他们总是在传统的经验和思路里面去找方法。

也许李彦宏的管理不是最出色的，但他能让所有追随他的人都紧密团结在他的周围，依靠的就是简单而又有些随性的管理方式。正如李彦宏自己所说："多数情况下，直接向我汇报的人，他们每天在哪里，我根本就不知道，他们一天到晚忙着各自的事情，有事情才会来找我，没有事情就各干各的。"正是这样一种简单到任何人都感觉没有被束缚的管理方式，彻底解放了人的思想，让所有人的潜能都发挥到了极致。

百度的成功，不单单是李彦宏个人的成功，更是全体百度人的成功。百度的成功是多方面原因促成的，其中包括社会趋势、难得的机遇、敢想敢闯的勇气以及务实肯干的精神等，但是，最重要的一点是，作为领导者的李彦宏以自身温和而谦逊的性格，实施了简单而随性的管理。所以，百度的成功不是一种偶然，而是一种必然。

作风扎实，坚持用数据说话

在百度，有一条不成文的规定，那就是用数据和事实说话。这里所说的数据，指的是"关于自然、社会现象和科学试验的定量或者定性的记录，是科学研究最重要的基础；研究数据就是对数据进行采集、分类、录入、储存、统计分析、统计检验等一系列活动的统称"。在当今社会，更加广义的数据就是信息。

百度"让数据说话"的法则，有着三个关键点：其一，为一个伟大的创意欢呼之前，要先通过数据来证明其可行性和对用户的价值所在；其二，百度对各项工作的考核，都以量化的数据为标准；其三，在数据面前，必须做到人人平等。

1991年7月，李彦宏从北京大学毕业后，在一个广告调查公司找到了平生的第一份工作。他所做的工作，就是发放填写调查问卷，统计整理数据，然后得出一些总结性的结论。尽管是一份临时工作，并且仅仅持续了四个月，但他却从中总结出一个经验，就是重视调查、重视数据。从那时起，李彦宏就认识到数据的重要性。

李彦宏留学美国后，开始学习计算机、研究搜索引擎，从而掌握最先进的信息搜索和处理技术，并获得了美国专利。他在美国布法罗大学获得硕士学位后，不论是在华尔街收集整理金融系统的信息，还是在硅谷道·琼斯公司做工程师，始终在进行数据研究和信息处理，因此拥有了“信息之王，数据之子”的美称。

在百度，调查意见统计数据是一项万能的方法论，这其中包括：从一项新产品上线后相关数据的变化，可以判断其是否可行；从员工投票的票数多少，可以判断一项决策的执行方法；从网站的流量，可以判断百度与竞争对手的胜负程度；等等。百度的一位网络工程师曾经写过这样一句话：“我很看重对技术实事求是的态度，作任何决策、下任何结论，都要拿出数字再说话。”

为了推进百度在纳斯达克顺利上市，百度于2004年8月31日成功收购了大型门户网站Hao123网址之家。但刚收购来的Hao123网址之家并没受到百度的足够重视，只是单纯地将Hao123网址之家的用户转移到了百度平台上来。直到两年之后的统计数据显示，Hao123网址之家在为百度带来流量的同时，它自身的流量也在与日俱增。

随后的一系列数据调查显示：与把百度设为首页相比，更多的中国用户习惯把Hao123网址之家设为首页。因此，李彦宏直到收购Hao123网址之家两年后，才猛然感觉到：Hao123自身拥有着无穷的魅力，应该进行独立推广。从那以后，李彦宏开始重视和关注Hao123网址之家，并且逐渐把

Hao123 网址之家发展成为中国互联网网址导航的第一品牌，成为千万用户上网的第一站。

市场调查就是对市场进行详尽的了解，统计就是对市场调查所得出的数据进行分析。市场调查和统计分析所得到的信息和数据，是一切市场营销活动的依据和起点。李彦宏曾经非常肯定地说：“网络的核心资产就是数据。”由此，2007 年 11 月，百度统计数据正式上线。百度统计数据就是利用百度平台自身得天独厚的网络资源，建立一个统计数据的平台，为广大用户进行统计数据搜索和数据研究提供便利。

说起收集市场数据，李彦宏可谓这方面的老手和行家。他曾经利用自己的贴吧，发出过很多意见征集令，如“一个成功的贴吧的判断标准”“贴吧的吧主是否应该选举产生以及如何考核”“百度是否应该开发邮箱”等。每一个问题的提出，都会得到成千上万的回复，这些都是最有效的数据。在新版贴吧推出后，使用后的网友纷纷提出了各种各样的意见和建议。面对这些市场的真实反馈，李彦宏非常重视，他甚至在贴吧里直接回复表示：“我不会坐视不管的。”

百度作为一个信息平台，对数据的尊重程度是有目共睹的。在网络上，或许是出于同行业之间的互相竞争和互相排挤，各种反对、诋毁、攻击百度的帖子比比皆是，甚至，有很多信息就是专门攻击、辱骂李彦宏本人的，而且通过百度的搜索，一下子就可以搜索到这些负面的数据。可李彦宏为了保持数据的真实性，从来不对这些负面信息做删除处理。而这恰恰说明了百度具有“数据面前，人人平等”的正确态度，没有任何个人或权威可以凌驾于真实的数据之上。

灵活把握，途径可随机应变

百度自创立以来，始终将“2017 发布新使命：用科技让复杂的世界更简单”作为自己的使命，秉承“以用户为导向”的理念，不断坚持技术创新，致力于为用户提供“简单，可依赖”的互联网搜索产品及服务，其中包括：以网络搜索为主的功能性搜索，以贴吧为主的社区搜索，针对各区域、行业所需的垂直搜索，如 MP3 搜索，以及门户频道、即时通讯（IM）等，全面覆盖了中文网络世界所有的搜索需求。根据第三方的权威数据，百度在中国的搜索份额超过 80%。

近 20 年来，李彦宏带领百度人，一直按着自己确定的目标一路前行。但是，在前行的进程中，道路并不总是那么平坦、顺畅，有时会出现曲折、坎坷。但对于百度来说，不管是曲折，还是坎坷，李彦宏都能通过自身的预测、判断、决策，不断地调整发展的策略，矫正前行的方向，以最快的速度向成功迈进。

2015 年 4 月，李彦宏在一次演讲时说：“最近几年移动互联网的兴起，产生了过去很多没有的需求，也给了我们很多创新的机会。其实我们早期的时候并没有意识到这些问题，一开始我觉得，现在手机也可以上网了，无非就是屏幕小了点、速度慢了点。我们当时想到的都是不好的，我觉得大家在 PC 上搜索，现在到户外去了，没有 PC 在身边，那么拿出手机来搜索也是一样的，搜索引擎给出的内容也应该是一样的。因为手机的速度慢、屏幕小，那就把这里面的图片都拿掉，只提供文字，但结果是手机上的排版很难看。这样的思维方式，实际上导致我们在一段时间里丢掉了一些机会。所以在 2013 年的时候，我就下决心说，我们要转型，就是从 PC 互联网向移动互联网的转型。”

2009年，在金融危机的大漩涡中，李彦宏在中国IT领袖峰会上提出了“创新求变”的理论。他说，创新求变是彻底摆脱金融危机这个大漩涡的关键策略。变化和创新不会简单地摆在那里，而是需要企业能够拿出选择创新的勇气。只有主动地去适应变化，积极寻求创新，才能赢得企业发展的主动权和决定权。在那次峰会上，李彦宏再一次重申了放弃幻想的理念：“网络泡沫带给很多人一些不切实际的幻想，也迫使很多公司改变了他们原来的做法。百度成立于2000年1月，我们也赶上了网络泡沫最后几个月的时间，我们当时也有一些不切实际的幻想。”

李彦宏所说的百度幻想，发生在2001年的夏天。百度在成立之初进行风险投资融资时，所建立的商业模式是给所有的主流网站提供搜索服务，立志于做互联网的幕后英雄。但是，等到网络泡沫破灭的时候，百度以提供搜索服务，收取昂贵的技术服务费的想法，就成了不切实际的幻想。于是，李彦宏被迫做出了改变，战术性地放弃了“为门户网站提供服务”，由幕后走到台前。可以说，这是在百度发展史上最大的一次变化。

百度一直保持着持续不断的变化和更新。2002年“闪电计划”全面提升搜索质量，2003年推出新闻搜索，2003年发布贴吧，2005年百度知道出台，2006年百度百科亮相，2007年视频搜索诞生，2008年进军日本，之后又做阿拉丁、框计算，通过不断地出炉新鲜产品，百度一直保持着持久的活力和创新。此外，原本的项目也在不断地更新、提升。百度的盈利模式，也从最初的收取服务费，到互联网广告，到智能排名，再到凤巢，都在不断地进行着升级换代，并且在不断地完善。

从表面上看，百度成立之初的搜索引擎和今天的几乎没有任何区别，但隐藏在搜索框背后的技术，却几乎是每天都在进化。据统计，百度平均每天有 30 项技术正式升级上线。就是凭借着这种快速更新，百度才无限满足着网友们日益增长的信息搜索需求。

2008 年 10 月，百度旗下的电子商务平台“有啊”正式上线时，李彦宏专注搜索的说法遭到了外界的质疑。对此，李彦宏说：“其实多元化只是百度的一种尝试，我们要做什么不是憋在办公室里面想出来的，而是根据市场和用户的需求去做的。”

2011 年 3 月，百度“有啊”缩减了服务的种类，主营婚嫁、母婴、家庭服务、教育培训、丽人、运动休闲、医疗健康、演出票 8 个分类，致力打造一个具有特色的本地生活信息服务平台。相关专家认为，“有啊”砍掉 C2C 转向 B2C 业务，对于百度来说是一条更为光明的道路。

做事低调，少说多做不许诺

在《论语》中，孔子不仅先后两次提到“敏于事而慎于言”，还强调“讷于言而敏于行，敏于事而慎于言”，可见圣人对少说多做的重视程度。少说多做，少承诺、多兑现，是李彦宏一直秉承的行事作风。

在很多人的眼中，百度一直都非常低调。百度在美国纳斯达克挂牌上市时，发行股价是 27 美元，2010 年，百度股票实行了 1 拆 10，到 2015 年 11 月，百度股价在 210 美元上下徘徊，10 年时间，百度的股价实际上涨了 67 倍多。即使是这样，百度依然是埋头做事，很少张扬。这种低调的作风，无疑与李彦宏本人的个性有关。他从来不做没有把握的事情，更不许诺没有把握的事情。有时，甚至对有把握的事情，李彦宏也不会轻易说出来。

少说多做，少许诺、多兑现的风格，还体现在百度公司内部的管理上。百度成立初期，李彦宏在和员工交谈时，虽然经常谈到中国搜索引擎的现状和未来，但他从不吹嘘未来有多么辉煌。他总是恰当地让员工了解他所确定的搜索引擎的前景是不错的，但他从不承诺以后百度一定会怎么样。有时，他会用激励的语言来调动员工的积极性，但他只会说，现在百度给你的薪水并不高，但会给你股权，如果公司能够上市，也许会是一笔很大的财富，而前提必须是我们大家一起努力。

李彦宏做事低调的风格，还体现在“先研发，后宣传”上。2003年以后，百度研发了许多社区产品，包括百度贴吧、百度知道、百度百科等。这些产品，都是先研发、后宣传。李彦宏做事情就是这样，默不作声地把研发工作做好之后再悄无声息地借助百度的平台推广出去，经过市场的验证，证明它们是成功的产品、成熟的产品，最后才进行一些相关的宣传。而在宣传时，符合用户需求的产品早已具有了旺盛的人气。

对于百度国际化这样重要的事情，李彦宏等公司高层已谋划许久，但在正式启动前，却只限于公司高层知道这一战略，基层员工都不知晓此事。尤其是对百度实施的“2012，划洋而治”这一战略，2006年年初就已在总监层面提出来了，但在没有特别大的把握的情况下，李彦宏一直没和员工讲这件事。而过了一年后，李彦宏认为形势已经比较明朗了，百度进军国际市场的条件已经成熟，才在百度公司的年会上明确提出了“2012，划洋而治”的计划，正式吹响了百度国际化的号角。

互联网进入中国后，一批有识之士开始大展拳脚。2003年，中国电信宽带网络扩容后，网站数量和网民数量激增。在如此庞大的市场面前，互联网界的巨头们纷纷抢滩登陆，向中国这片广袤的热土拼杀而来，百度也自然而然地加入了争夺之中。2003 年 7 月，百度蓄力已久后，推出了新闻搜索和图片搜索两个技术化搜索引擎。凭借尖端的技术，百度推出的图片搜索很快成为互联网上最大的中文图片库。

百度推出的新闻搜索，是对网页搜索的一种细分，是一种 24 小时的自动新闻服务系统。表面看来，百度新闻搜索与其他新闻服务类似，但其却有着明显的特色。百度新闻每天抓取近 10 万条新闻，其新闻来源于 500 多个新闻站点，包括政府机构、各类媒体网站以及专业的新闻网站。除了海量的新闻资源，百度新闻搜索还能在后台自动计算某条新闻被转载或引用的次数。当一条新闻被转载或引用次数达到一定数量时，新闻就会自动标记为红色，称为“热点新闻”。

在百度新闻频道的搜索栏下边，还有“新闻全文检索”“新闻标题检索”两个功能选项，而特殊符号查询、多关键词查询等技术，一样可以在新闻搜索中实现。同时，百度新闻搜索还采用了“相关度识别”的特殊技术，节省了网民的浏览时间。

李彦宏以少说多做，少许诺、多兑现的做事风格，每天都在关注着百度各个方面的变化，并试图寻找百度无法为自己做到的事情。一旦发觉有疏漏点，他马上将其列为重点攻克对象，而后带领技术团队迎难而上。他这种急用户之所急的心态和作风，彻底把百度灵动、多变的细胞激活了。了解需求，满足需求，并在了解需求的同时彻底解放需求，百度做得非常完美。

凝聚智慧，全力依靠工程师

2015 年 6 月 24 日，百度正式宣布，此前担任亚马逊营销服务部门全球负责人的陆复斌，以副总裁身份加盟百度，并担任百度贴吧事业部总经理，将向百度首席财务官王湛生直接汇报工作。这位贴吧的新掌门，早年曾在美国航天局担任软件工程师，他当年所编写的软件程序，至今还在登陆火星的航天器上运行。

陆复斌毕业于美国密歇根大学，获得电机工程和计算机专业硕士学位。他曾是全球排名第一的教科书租赁网站 Chegg.com 的早期创始人之一，并担任产品总监。2006 年，陆复斌参与创办了友林网，并担任公司首席执行官。在随后的一年时间里，友林网快速覆盖了全球 6 000 多所大学，成为当时全球最有影响力的海外华人平台之一。

从陆复斌的职业生涯可以看到，他拥有多年的互联网行业工作经验，其间不仅在跨国互联网公司担任重要管理职位，同时还拥有国际化平台的创业和管理经验，在互联网社交与广告业务，以及互联网产品研发和管理方面，拥有独特的战略视角和丰富的从业经历。

陆复斌的倾情加入是因为他了解了工程师在百度公司享受着至高无上的地位，经过深思熟虑做出的决定。当然，这也离不开李彦宏的盛情之邀。

在百度，工程师一直享受着至高无上的地位，即便在公司员工人数不断剧增、专业人才越来越多的情况下，工程师依旧是构成百度核心竞争力的最为重要的组成部分。百度公司的很多政策，都明显向工程师倾斜。除了薪酬、自由的工作时间、自由的着装、简单的人际关系之外，李彦宏还专门为工程师们提供了功能多样化的娱乐休息室。工程师们可以在这里的按摩椅上放松身体，可以在这里的游戏机上放松心情，可以在这里的阅读室里安静地学习知识……

而最为重要的是百度为工程师们提供了一个独一无二的、可以全方位施展才华的大平台。对于技术人员而言，在百度这样的一个优秀的平台上，可以让他们接触最为先进的核心技术，这些技术绝对不是放在那里的一种摆设，每天都会有上亿人在使用。当一名工程师所编写的一个程序，一下子被上亿人使用，或者因为一个算法的改变，可以为公司带来上千万的收入。这样的成就感，相信对于每一位技术人员来说，都是最大的诱惑。百度自成立以来，这种工程师文化已经使百度成为众多技术人才向往的工作乐园。

聚集在百度的工程师与很多在硅谷的工程师一样，都怀有用技术来改变世界的梦想。李彦宏曾经无比自豪地说，百度聚集了国内 75% 以上的顶尖搜索人才，而且，这个数字一直在不断增加。

因为有了工程师文化的强力支撑，李彦宏在纪念公司上市十周年讲话时说："对于百度来说，就是希望未来能够利用技术，更好地为用户服务。过去十几年我们做的最重要的事情，就是'连接人与信息'。但是，我们认为未来有一个更加让人兴奋的可能性，就是我们不仅可以'连接人与信息'，还可以'连接人与服务'。以前的百度，可以告诉你 108 000 日元等于多少美元，明天的天气怎么样；而现在和未来的百度，可以满足你更多的需求。"

他还说："大家现在用搜索引擎，用百度用得非常频繁，主要输入方式是文字。其实用手机输入文字是很痛苦的事情，随着技术的成熟，以后用语音、图片搜索也可以马上满足需求。所以，我认为五年以后，会有 50% 以上的搜索请求是图像、语音形式的，而不是现在常用的文字形式。未来，百度将从人与信息的连接，转向人和服务的连接，当然人和信息的连接仍然存在，而计算机、手机也越来越能清晰地理解人的意图，并且更好地满足用户需求。我们也希望百度能够通过自己的技术，通过努力，在这个伟大的人类历史变革时期，做我们应该做的、能够做的贡献。”

李彦宏的自信，除了来自自身外，更来自凝聚在他身边的一支强大的工程师队伍。

第六章

凝心聚力，
尊重员工快乐工作

营造和谐，给员工轻松自由

李彦宏是一个比较自由且随性的人，虽然他是百度的创始人和掌舵者，但他身上无时不在彰显着轻松自在的气质。他总是一身休闲装的打扮，一点儿也看不出领导的架子。

在李彦宏的影响带动下，百度的办公环境总是让人觉得个性十足，工作氛围也是轻松自在。在百度，没有冰冷的制服和习惯性的笑容，大家都是在自由自在地工作，把自己的随意和自由发挥到了极致。

李彦宏非常重视在企业内部营造一个和谐的人事关系，让每一名员工都享受到和谐、轻松、自由的快乐。和谐的人际关系是营造宽松的工作环境和良好的工作氛围的最基本要素。同事之间的和谐友善，不仅能提高工作效率，还能使人与人之间彼此放松心态，消除对立紧张感，也因此促成了各自身心怡然地开展工作的良好氛围。

在李彦宏的心目中，和谐的人际关系对打造新型的企业文化有着非常重要的作用。一是和谐的人际关系有利于员工增强团结、产生合力；二是和谐的人际关系有助于员工的身心健康；三是和谐的人际关系有助于员工之间形成互补；四是和谐的人际关系有利于提高员工的工作效率。

李彦宏认为，营造和谐的人际关系，形成宽松自由的企业文化环境，对促进企业的健康发展是非常重要的。在百度公司里面，员工们想要睡觉就可以睡觉，想要玩游戏就可以玩游戏，甚至还可以穿着拖鞋大大咧咧地往桌子上坐，与公司高层人士讨论问题的时候，可以畅所欲言，表现得相当随意。可以说，百度的员工已经都把自己的随意和自由发挥到了极致。

李彦宏之所以要打造这样一种看似闲散的工作环境，主要目的是让那些高素质、高水平、能力强的员工，永远都能在百度无拘无束地思考和工作。而李彦宏本身低姿态的温和，也充分说明在百度的日常管理当中，这种宽松自由的管理形式由来已久。

这就是百度的自由，也是百度全体员工的自由。但是，百度的员工没有因为工作环境的宽松自由而工作懈怠。这样的工作环境激发出员工们许许多多的新点子，从而推动了百度的迅猛发展。

2008年5月12日，四川汶川发生了里氏8.0级的强烈地震。消息一传出，整个中国乃至整个世界都为之震惊。全国各地的企业和个人都在第一时间伸出援助之手，百度也不例外。5月14日晚，“汶川地震寻人吧”正式创建。百度推出这一服务是为与亲人、朋友失去联系者提供一个可以寻找亲人朋友的平台。截至2008年5月20日，这个意义非凡的特殊贴吧发布了1万多个寻亲和报平安的帖子，并且得到10万多条的回复。李彦宏为全体百度人创造了一个轻松自由的工作环境，百度人也用自己的实际行动来回馈李彦宏、回馈百度、回馈社会。

从表面上看，百度的工作环境非常松散，甚至会有一些人觉得百度员工无组织、无纪律。可一旦工作起来，百度人都能够团结起来，集思广益，发挥集体的智慧，攻克技术难关。这种效果，恰恰是李彦宏打造宽松自由工作环境的初衷。李彦宏说：“我希望聪明而又有抱负的人，永远都能在百度里面无拘无束地思考和工作，为百度贡献超乎他们想象的能力。”

营造良好的企业文化环境，对一个企业健康发展是非常重要的。每一个企业领导者都应该在这方面下功夫，能够让员工觉得离开了企业将是一生当中最大的损失。如果能做到这一点，这个企业就一定会发展得越来越好。李彦宏说：想要达到这种状态，需要企业的领导者能够用心去关爱员工，用心去聆听员工的心声，用心去感受员工。只有这样，企业的领导者才能洞悉员工的内心，了解他们的需求，从而有的放矢地制定合适的策略、营造良好的氛围来吸引员工，让他们真正融入企业中，真正成为企业的一部分。

通力合作，拥有强大的团队

李彦宏深知团队对于一个企业的重要性。作为全球最大的中文搜索引擎，百度的事业绝对不是一两个人之力便可以完成的。百度今天所取得的辉煌成就是百度团队共同拼搏的结果。百度能一直保持快速健康发展的态势，最主要的原因是百度拥有一支特别团结、特别能战斗的强大团队。李彦宏心中的百度，从来不是他一个人的百度，而是全体百度人的百度。

一个人的力量是有限的，而一个团队的力量是无限的，有限的力量只有在无限力量的庇护下才能持久地发挥出来。李彦宏在技术上的出类拔萃是人所共知的，他在经营和战略制定上也是颇有建树的，但如果把所有的事情都压在他一个人的身上，他自然是分身乏术，而团队的分工与合作让他游刃有余。

2004 年 12 月，百度的创业元老徐勇从百度辞职，没能等到公司上市的那一天。公司上市刚刚一年后，百度的几位元老级重量人物也相继离开百度。这些变动，让李彦宏痛心不已。李彦宏在接受采访时表示：“其实，当时我并没有料到高管团队的那些大的变化。”最初，李彦宏对高管团队的变动一直不解，但他后来发现，不单单是互联网公司的高管团队在变动，其他行业的很多公司在快速发展的过程中同样经历高管团队的变动。

于是，李彦宏感觉到，高管团队的变动是公司快速发展过程的共性问题，不足以大惊小怪，一个人另谋高就或者独自创业，都是正常的事情。当初，他自己也是从美国辞职回国创业的。难能可贵的是，百度高管团队发生变动后，李彦宏能够正确对待，以积极的态度寻找合适的人才补充职位的空缺，为百度的持续发展提供新的力量。

2007 年 6 月，沈浩瑜被任命为百度商业运营副总裁。沈浩瑜 1997 年获得美国艾奥瓦大学工商管理硕士学位，先后担任美国运通公司个人卡发行部副总裁、中国化工进出口公司项目经理、麦肯锡公司咨询顾问和项目经理、美国运通公司战略规划和业务发展部项目经理及全球预付卡部副总裁，拥有深厚的国际化背景，非常符合百度商业运营副总裁一职的岗位要求。随后的 2008 年 3 月 21 日，通用公司前高管李昕晢出任百度首席执行官；4 月 2 日，苹果公司前中国区总经理叶朋出任百度首席运营官；10 月 6 日，华为公司前副总裁李一男加入百度，任首席技术官。如此显赫的团队，让李彦宏不禁发出这样的感慨："我觉得面前的高管团队质量非常高，他们的加入使我对百度的未来更有信心了。"

以首席技术官身份加入百度的李一男，曾对其他创业者形象地说了这样一段话："百慕大三角是一个非常神秘和漂亮的地方，但是它是一个魔鬼三角，很容易你就掉下去了，创业也是如此，具有非常高的风险。要走出这样一个大三角，那么需要三大力量，其中最重要的就是团队的力量。"

在百度的内部，搜索的用户体验和质量保证由所有百度人共同承担。百度有一个对外界公开的"欢迎找碴儿"的邮箱：bugs@bai.com。在众多的邮件当中，有很多是来自百度员工的。百度内部还有一个特殊的名字——"春霞姐"，这其实是一个代称，具体是指所有主动为百度搜索的品质保证提出意见的员工。

李彦宏更是以身作则。每当他在使用百度搜索感到不满意时，他就以一个普通用户的身份提出建议。bugs@bai.com 邮件组的负责人发现，收到最多的邮件就是李彦宏发出的，李彦宏是最敬业和最严苛的找碴儿者。李彦宏以身作则的姿态无疑激发了全体员工的积极性和主动性。

百度每年的年度大奖里都设有“最佳百度团队”这个奖项，而打破部门界限、跨部门通力合作，成为这个奖项的主要考核指标。部门合作共享的前提是拥有共同的利益。李彦宏说：“很少有一家公司能像百度这样，7 000 人只做一件事，那就是搜索，所以我们之间没有部门利益，只有整体利益。请大家时时记住打破所有的墙。”

特殊运作，让员工资本保值、增值

对于任何一个企业来说，员工都是最为重要的资本。没有员工的努力工作，就不可能有企业的兴旺发达。采取有效的应对措施，让员工资本保值、增值是一直被李彦宏重视的问题。

2009 年 4 月，李彦宏在做客新华网时说：“作为公司的管理者，每天都要面临很多问题。一方面，市场迅速变化，要求你把方向看得非常准，不能错失任何一个属于自己的机会；另一方面，又要在员工不断增加的情况下，维持很好的、健康的公司文化，让大家每天都充满信心，相互之间的工作关系都很好、很愉快，并且在执行力上保持很强的想法或者目的。实际上做起来还是很困难的，尤其作为一个创业者，我在成立百度之前没有管过什么人，从 20 人到 40 人，到 160 人，到现在接近 7 000 人的规模，每一天对我来说都是新的，都有很多新的挑战。”

此时，李彦宏切身感到百度的成长遇到新的问题。公司越来越大，员工越来越多，无法避免效率下降的问题。不同的渠道和部门都反映，在百度内部想推动一件事情已经变得越来越不容易。另外，百度在公司规模较小时，由于积累比较浅，管理相对粗放，在成本控制和经济管理上都不是很到位。

在2009年百度第二季度战略沟通会上，李彦宏从百度文化建设和企业管理提升两个角度，与百度人分享了该如何保持公司的效率。一是切实向文化建设要效率，实现跨部门无障碍沟通。员工要把公司成功作为已任，拥有同一个使命、同一个愿景、同一种文化。管理者要以身作则、言传身教。百度文化不是说的，身边的员工在看管理者在做什么、怎样做、遇到问题的时候怎么处理？这样的东西，才是真正的百度文化。要想优秀的百度文化能够传承，就要让下属和新来的员工看到，管理层的每一个人是怎么做的，这是能够使企业文化传承和发扬光大的一件事情，我们是一家人。二是切实向企业管理要效率，实行事业部制、轮岗以及重要岗位双打制。百度对更多产品的尝试以建立事业部的方式来运营，有助于明确负责人，使责权利统一，从而减少流程，提高效率。积极推进轮岗制。轮岗实际是帮助员工换位思考，成为团结协作的催化剂。实行重要岗位双打制，就是一方面要求每一个管理者都需要培养自己的接班人，同时在一个岗位上可以设立副职。在这方面，腾讯公司就有首席执行官和总裁以及两个首席技术官。

李彦宏还强调，百度要坚持从内部培养优秀人才，加强对员工的培训，激励员工自觉学习，让员工这一公司最大的资本更加保值。广大员工要把每一天都当成新的一天，调整好心态迎接新挑战，竭尽全力维护公司每一天的发展。在人才选拔的判断标准上，百度要坚持“三个不重要”和“三个重要”：你是什么背景不重要，你是新老员工不重要，你以前是不是犯过错误也不重要；重要的是你是否符合百度文化，是不是能力出众，是不是有学习的心态。

从凤凰卫视来到百度的梁冬，可以称得上是一位经过风雨、见过世面的人，抗压能力也应该是非常强大的。进入百度后，梁冬曾经在接受媒体访问时多次表示：“我每天都觉得非常失败。我碰到了一个专业非常厉害的老板。因为他是做搜索引擎出身的，他总是习惯提问。我常常被他问得手忙脚乱，内心非常不爽。”提问，恰恰是李彦宏督促和鞭策公司高管及全体员工不断学习的方式。

李彦宏邀请梁冬加入百度的时候，梁冬从媒体公关宣传等角度提出了百度品牌发展的一些建议。梁冬的有关信息传播学方面的观点，让李彦宏感觉非常新颖。交谈之中李彦宏一直保持着沉默，认真地听着梁冬在说。

没承想，当梁冬再次见到李彦宏时，李彦宏居然根据上一次谈话的内容向梁冬发出一连串的提问，让梁冬在心中大吃一惊。两个人交换意见后，李彦宏半开玩笑地说：“我可不是一个好糊弄的人。”听了李彦宏的话，梁冬感到，在李彦宏的身边，必须加强自身的学习，否则就跟不上李彦宏的步伐。

2010年，李彦宏带领着百度团队参加湖南卫视《天天向上》节目。当他谈到百度的用人标准时，把学习能力作为第一位来考虑。他说，员工长本事的速度，决定百度未来的前途。因此，保持学习的心态成为百度内部提拔人才的三大标准之一。

在一次总监会议上，李彦宏说：“当我们满足于现状的时候，倒退、挫折就会随之而来。每一个百度人，永远不能满足，永远要记住始终保持求知若渴、虚心若愚的心态，让自己能够不断学习、不断进取。只有这样，公司才能更加迅速地发展，每一个百度人也才能跟上公司的成长。如果我们不去学习，就会被市场淘汰。”

内心强大，自信决定判断力

李彦宏与许许多多的总裁和首席执行官一样，有着超乎寻常的判断力。判断力是人对现实产生什么样的态度、表现出什么样的行为方式的决定因素。判断力是一个人诸多能力的综合体，包括感知能力、记忆、思想、警觉、演绎、预知、推理、判断等。判断，对任何人来说都是重要的。准确的判断，有利于掌握事物的发展趋势，并作出正确决策。

百度今天获得的巨大成功，主要来自李彦宏具有超强的判断力。他审时度势，抓住机遇，总能在准确判断形势的基础上，作出相应的决策。李彦宏正确的判断力，无疑是他自身强大自信心的表现。他说：“事情是自己要面对的，问题迟早需要自己解决，人云亦云，毫无主见，对于解决事情毫无意义。任何事情都要自己去分析判断，这样的结果才最适合你自己。”

百度能成为全球最大的中文搜索引擎，与李彦宏在技术上的自信是密不可分的。在每一次转折的道路上，李彦宏都是非常自信地进行着相应的判断和选择，为百度带来一个又一个成功的喜悦。一个商业模式的建立，其实就是企业家创造的一个有趣的游戏规则，然后设法让游戏可以玩儿得漂亮、玩儿得开心，于是大家就开始抛弃旧的游戏，一起玩儿新游戏。

2010 年 1 月 12 日，百度历史上的一件大事发生了。当天一大早，百度的首页无法正常登录，直到上午 10 点左右，百度相关负责人仍在对外表示，目前故障原因还没有查明。对此，网友们早就意识到：百度遭遇黑客袭击了。作为全球最大的中文搜索网站，居然遭受了如此长时间的攻击，社会各界对百度的安全防御能力和应急处理能力表现出极大的质疑。经过紧急处置，上午约 11 点起，百度陆续恢复正常访问。中午，李彦宏亲自在贴吧感慨地留言：“史无前例，史无前例啊！”

尽管这一事件非常令人震惊，但不管情况多么紧急，也没有人看到李彦宏表现出惊慌失措的神态。在百度遭袭的当天下午，李彦宏出现在“百度大学生乡村信息化创新大赛”的决赛现场。他站在舞台上，笑容亲切，表情从容轻松，亲自为在大赛中获得冠军的团队颁发 20 万元奖金。这就是李彦宏的自信，在他内心深处对百度的技术、团队的力量永远充满信心。

其实，不法分子并没有攻击百度的服务器，而是选取美国域名注册服务商作为攻击对象。后来，美国域名注册服务商 Register 公司对百度的全部损失做出赔偿，并正式向百度公司发布公开道歉声明。Register 公司表示，对由于自身安全漏洞遭黑客攻击，导致百度域名无法访问而给百度公司带来的严重影响致以诚挚歉意。

从 2001 年 9 月到当年年底，百度在互联网广告上的收入仅仅是 12 万元。而在制订第二年的销售计划时，李彦宏提出了 600 万元的目标。这一目标，让百度上上下下的员工震惊不已，认为李彦宏过于自信，甚至是“狂妄”。而到 2002 年年底统计表明，全年百度创下了 580 万的销售业绩，仅比李彦宏提出的目标差了 20 万元。这就是强大的自信心带来的正确判断力。

这种自信心定律是李彦宏在百度的发展中始终遵循的。百度上市前夕，李彦宏曾经自信地说：“对于百度股票来说，200 倍的市盈率也不是泡沫。”他还自信地坚持百度的高股价不打折。强大的自信心让李彦宏为百度制定了自己的游戏规则。

面对华尔街对业绩增长的要求，李彦宏没有丝毫的压力与焦虑，反而显得非常淡定。他说：“这个也是很多人对我的一个误解，包括很多百度员工都会觉得百度面临着来自华尔街的很大压力，百度面临很高的成长压力，大多数情况下，很多事情就睁一只眼闭一只眼让它过去了。其实不是这样子的，在我心目当中，我从来没有觉得我要为华尔街打工，因为我不是一个打工者的心态。我做百度的原动力也绝对不是为了挣钱，到现在我也不需要为挣钱而工作了。所以从这个意义上而言，我并没有真正觉得华尔街给我带来了多大的压力，而且更多的是，我自己看到了这个市场的潜力，百度的影响力变得更大。”

百度上市后，《福布斯》杂志记者巴特尔在采访李彦宏时问：有许多企业家，如果有人提出要他们拿出一大笔钱来，他们会说不。而在你身上，他们主动拿一大笔钱而且已经发生过多次了吧？巴特尔所指的“拿钱”，是谷歌、雅虎和微软都曾经提出要拿出 15 亿美元投资给百度。面对巴特尔的提问，李彦宏非常不谦虚地回答：“我认为，百度的潜力不止 10 亿或者是 20 亿美元。”

关爱员工，生活品质是基础

深受硅谷文化熏陶的李彦宏，不管公司的工作有多忙，都非常重视保持一个良好的生活品质。在李彦宏看来，生活品质不是名牌的堆积，不是奢华无度，而是一种生活的圆满和丰富多彩。保证了生活品质的优越，才能够有开心工作、努力工作的不竭动力。

百度在美国纳斯达克上市以来，李彦宏曾经在相当长的一段时间内担任公司的首席执行官。他谦虚地说："我是一个木讷的技术人员，搞技术攻关是我的特长，我不是一名管理型人才，不擅长做公司的管理工作。百度上市之前，我就一直在寻找合适的人才带领百度前进。公司上市之后，因为财务程序，我担任了首席执行官。但是，我仍然在抓紧寻找最好的人才来担任首席执行官，更好地领导百度前行。"

其实，李彦宏根本不像自己所说的那样是木讷的技术人员，他的兴趣非常广泛，而且个性阳光，自由随性，是一个非常注重生活品质的人。他爱好高尔夫、滑雪、游泳等多项运动。不仅如此，他还是一名文艺活动爱好者，百度员工调侃地说："他唱歌都带着《三百六十五里路》的调，跳舞看起来好像是在擦玻璃。"李彦宏还喜欢玩"杀人"游戏，据说，北京IT界的"杀人"游戏风潮，就是源自李彦宏和百度员工。

即使在创业初期最忙时，李彦宏也会坚持每三个月给自己放假一次，飞到美国去看望妻子和女儿。当妻子和女儿回到国内后，李彦宏每周坚持有五天时间在家里吃晚饭。对于家庭的幸福，李彦宏觉得非常骄傲，他风趣地说："回国创业的海归中，离婚率是很高的，但我太太和孩子都已经回国了。"

在追求个人生活品质的同时，李彦宏更愿意为百度员工提供有品质的工作环境，包括优越的福利待遇、完善的休假制度、免费的体育活动等，切实提升广大员工的生活品质。

2005年6月百度上市前夕，公司人力资源部做了一项非常特殊的工作，就是招聘健康辅导师，而且还开出了"10万年薪+期权"的诱人条件。这一策略，完全是为公司员工制定和出台的。一时间，百度关心员工健康的企业行为被传为美谈。

当时，百度员工数量已发展到400多人，人员结构以工程师为主。员工长时间在电脑屏幕前工作，工作压力非常大。由于长期脑力支出过度，而且缺少体育锻炼，身体健康方面出现了很多问题。就在这一时期，“硅谷综合征”作为IT行业的职业病，已经开始在中关村蔓延，而且呈现越来越严重的态势，人们把“硅谷综合征”戏称为有中国特色的“中关村综合征”。

百度花10万年薪招聘的健康辅导师很快就到位了。健康辅导师针对百度员工的具体情况，制订了员工健康辅导计划，对百度员工普遍存在的“中关村综合征”问题，提出了非常好的防治和康复方案。由此，百度的员工尊称这位健康辅导师为“神医”。

2010年，百度的员工队伍突破了10 000人，以后几乎以每年1 000人的数量增加，百度的健康辅导师已经不可能顾及每位员工。于是，百度与爱康网签订了外包协议，为百度的员工提供贴身的健康咨询服务。爱康网是一家专门的健康服务网站，隶属于北京禹讯信息技术有限公司。

在中国追求效率和速度的现代企业中，无限制的加班、空前的工作压力，让整个白领阶层感受到一种喘不过气来的抑郁感。而李彦宏一手创建的百度，却越来越关注员工的工作环境和身心健康。李彦宏说：“在企业的运营过程中，我觉得保留中国传统文化的色彩和现代企业制度的机制是不矛盾的，百度从成立的时候就定位了我们要做一个中文搜索的公司，是一个中国的互联网公司。如果说搜索、互联网代表着先进的技术和现代企业制度，而中文代表着传统文化的话，那么，百度就必须要把二者结合起来。”

百度在提供舒适的工作环境方面为国内的企业做了表率。百度员工在自创的抒情小诗中写道：

“工作是为了提高生活的质量与乐趣，

办公室是我发挥无限创意的舞台。

早餐、宵夜由公司埋单，

24小时香浓的咖啡和零食任我享用，

生日Party，蛋糕好吃，绝对Happy。

办公室里随时可以召集电子竞技大赛，

每周都有丰富精彩的体育活动，

神奇的健康辅导师，

随时为我提供健康咨询和辅导，

还有舒服的按摩。

远足、行走、草场、沙滩、阳光、度假村、

无数的BG（报告）和PT（旁听）机会，

只要我愿意。”

李彦宏总是鼓励百度员工去创造和享受丰富的业余生活。他认为，只有注重自己的生活品质，才能够更好地进行工作，才可能让每一个员工保持激情去工作，做到工作、生活两不误。

第七章

创新理念，
在竞争中保持领先

时刻着急，危机感激增潜力

孟子在《孟子·告子下》中说：“然后知生于忧患，而死于安乐也。”其中的意思是，这样，就知道忧愁患害足以使人生存，安逸享乐足以使人灭亡的道理了。而李彦宏就是一个深刻理解“生于忧患，死于安乐”的人。他从一名技术工程师，而后变身为创业者，又由创业者变身为上市公司总裁，一直到最后变身为中国IT界的“大英雄”和众人的“偶像”，总是保持着一种“饥饿”和不满足的状态，总是把自己放在一个模拟被追赶、被超越的被逼境地，时刻让自己保持一种危机感。这种危机感让李彦宏更具发展和赶超的潜力，让他拥有持久奋斗的动力，成为百度事业长期立于不败之地的秘诀。

自2000年1月创立百度以来，李彦宏时刻怀有一种危机感，大事小事都不敢有一丝一毫的懈怠。2005年8月5日，百度在纳斯达克成功上市后，百度和李彦宏都被业界称为“神话”和“奇迹”，甚至有人说：“李彦宏扇了扇百度的翅膀，就在纳斯达克掀起了一场风暴。”一时间，人们把百度和李彦宏描述得神乎其神。在之后相当长的一段时间里，无穷无尽的溢美之词朝着百度和李彦宏铺天盖地席卷而来，实在让李彦宏有些难以招架。

面对这一切，李彦宏表现得坦然自若，没有丝毫的骄傲自大和沾沾自喜。相反，在他的内心，一种危机感越来越强烈。他知道，在光鲜的背后总会隐藏着难以预料的危机，一旦掉以轻心就会让自己连同百度坠入万劫不复的深渊。

对于李彦宏的这种危机感，百度的一位资深老员工深有感触地说：“李彦宏是一个冷静得非常可怕的人，而且我可以肯定，李彦宏永远不会有任何成功者所表现出来的那种飘飘然，因为他存在着非常深重的危机感。”

今天的李彦宏，依旧以小心翼翼的心态驾驶着百度这艘巨轮稳健前行。他知道，在中国的互联网界，由于网民的迅速增长，随时都可能出现新的市场以及新的需求，甚至还有可能会出现一系列颠覆百度的新产品，也许一不小心，百度瞬间就有可能滑向深渊。

在这种强烈的危机感的促使下，百度得到了平稳健康的发展，而且每前进一步，李彦宏都要确保不会退回半步。在李彦宏心中，有这样一个信条："任何时候，都必须保持高度的危机感。”所以，无论是应对挑战，还是面对胜利，在李彦宏心中，永恒不变的就是时刻保持强烈的危机感。

百度上市后，一夜之间曾经创造了许多的百万富翁甚至是千万富翁。对此，李彦宏却是一笑置之。对李彦宏来说，百度上市仅仅是创业的一个开始，在今后的日子里，肯定还会有更大的辉煌向他招手，同时，也必然会有更大的磨难在等待着他、等待着百度。高兴的同时他更要保持冷静。

李彦宏凭借超链分析在美国获得个人专利的时候，在业内得到了很高的荣誉，可谓功成名就。但他没有陶醉其中，他所想到的是怎样早早地将技术运用到生活当中，更好地改变人们的生活方式。如果不能造福于人，再好的专利也是毫无意义的。恰恰是这种危机意识，让李彦宏抓住了人们对互联网市场的需求机遇，实现了创业的梦想。

当年，李彦宏借助硅谷模式，在国内创办了新的搜索引擎商业方式。他想到的并不是持续地模仿下去，而是选择了适当地转型，从而让百度摆脱“寄人篱下”的被动局面，不看门户网站的脸色过日子。李彦宏摸准了人们日益增长的物质文化需求的脉搏，采取了对症下药的发展策略。

2013 年 3 月，李彦宏作为全国政协委员在参加全国政协会议时说：“我认为2013年的移动互联网，非常像1999年的PC互联网。此时，如果我们抓住机会，能够满足用户的需求，把体验做得更好，那我们的地位就稳固了。如果我们不能够满足用户的需求，没有做好，我们的地位就会动摇。所以非常关键，我既紧张，又着急。但是，我想说的是我一直都很着急，整个百度创业的13年，我没有不着急的时候。大家跟我接触的时候，觉得Robin是个慢性子，但其实我内心是很急的。我总觉得我们的产品怎么做得这么慢，拿出每一个百度产品来，我都能在一分钟之内给它挑出毛病来。我给它挑出毛病后，可能过了一两天我就会问那件事改了没有。我在这方面其实很着急，我还是那句话，只要把这些东西做好了，和谁竞争我都不怕。”

因为有了这种危机感，所以百度才是永远前进的百度。

竞争之中，尊重并学习对手

2010百度世界大会期间，李彦宏接受了《外滩画报》记者的采访。

记者：很奇怪，百度为什么曾经会有谷歌的投资？

李彦宏：在百度的第三轮投资者中有谷歌。2004年，他们通过第三方传话，说有意来投资。我的第一反应就是，这怎么能行啊？后来，我想还应该为下一年的上市考虑。如果全球最大的搜索引擎来投资，这是对我们的肯定。但是，我从来没有说，要把百度卖给它。2005年5月，谷歌执行董事长埃里克·施密特带了一大批人来百度参观、考察。他说：“你们要上市了？我来介绍经验。这个不好玩，约束很多。我们可以把你收购掉，或者增加投资。”我当时就回答说：“我要上市，水都已经泼出去了。”谷歌值得我们学习，也值得我们尊重，但我们不屈服于它。后来，我们也得到了对手的尊重。

记者：谷歌退出中国后风云突起。今后几年，你最大的竞争对手会是谁？是微软、阿里巴巴，还是腾讯？

李彦宏：十年来，我们换过很多个所谓的“竞争对手”。我觉得，还是我们自己把该做的事情做好了，才会有一个好的发展，而不是想办法把竞争对手卡死，我们就好了，这种看法不对。我们也看到很多其他领域里，有人把竞争对手弄死了，自己也没有什么好结果。

2015 年 3 月，李彦宏作为全国政协委员做客 2015 全国“两会”高端访谈节目。在谈到百度与阿里巴巴两家之间的关系时，李彦宏说，有强大的竞争对手是好事。对手强大，自己也会干得更好，现在百度成功转型移动互联网就是明证。其实，百度、阿里巴巴和腾讯三大互联网公司在战略上各有侧重，各有价值观，所以没有必要分出谁是第一、谁是第二。

正确认识对手，正确看待对手，是李彦宏一贯的风格。百度在与对手的竞争过程中，得到的最大收获并非是获胜的快感，而是尊重和学习的最高境界。

百度贴吧这一产品诞生后，成为百度朝着社区化发展迈进的标志性一步。此后，百度知道、百度百科两大产品又相继出炉，为百度走好社区化发展道路增添了亮丽的风景。随着百度社区化的快速发展，一个非常强大的竞争对手也慢慢浮出水面。这个竞争对手，就是以即时通信软件 QQ 为依托的腾讯。

腾讯是中国最大的互联网综合服务提供商之一，也是中国服务用户最多的互联网企业之一。2004 年 6 月 16 日，腾讯公司在香港联交所主板公开上市。2017 年，腾讯全年总收入 2 377.60 亿元，同比增长 56%；经营盈利

903.02 亿元，同比增长 61%。

2006 年 3 月，腾讯推出了独立搜索引擎——搜搜。腾讯在推出了搜搜后，马化腾一再强调搜搜与其他搜索引擎是不同的，主要是针对年轻的用户，但腾讯向搜索进军的动作，立刻引起了李彦宏的高度重视和密切关注。而在 2006 年年初，百度就已悄悄向社区进军，而社区是属于腾讯的领地。在 MP3 搜索和百度贴吧获得巨大成功的基础上，百度空间的成立更是证明了百度朝着社区进军的坚定态度。由此，百度与腾讯博弈的局面就此拉开。

百度在与腾讯角逐的过程中促使自己的技术和产品获得了巨大的提升。在搜索引擎领域，腾讯是没有办法超越百度的，而在即时通信领域，百度也无法占得上风。但二者在博弈的过程中，自身的能量都在不断地积蓄。这种良性竞争，最后达到“双赢”的结果。

向社区化迈进已成为百度发展的一个方向。可是如果在这一领域的竞争中没有参照物，李彦宏就没有赶超的目标。而多年以来在社区领域打拼的马化腾，就是李彦宏学习的“老师”，李彦宏也确实从与马化腾的博弈中找到了感觉，摸索出了门道，一步步地完善社区产品，为百度综合竞争能力的提升加载新的动力。

经过近 20 年的发展，百度已经成为世界上最大的中文搜索引擎，李彦宏的竞争对手大多数是全球最优秀的技术公司。在这样一种大环境下，李彦宏和百度人时时刻刻紧绷心中的弦，对每一个产品都高度重视，这也让李彦宏和百度人拥有了战胜强劲对手的实力。

在李彦宏看来，击倒竞争对手绝对不是目的，也不是博弈的最高境界，要让对手紧紧地跟随在你身后，具备赶超你的心。这样一来，营造出来的紧迫感和压力感就会让你更加努力地去做出改变，寻求新的发展方向。所以说，对手越强大，证明你的实力也越强。企业经营者一定要善于为自己制造竞争对手，让自己有赶超的目标。

开拓前行，做好打持久战准备

李彦宏在拓展每一个新市场之前，总是要求百度的团队做好持久战准备。在当今市场极度发达的时代，随着思想意识形态领域的进一步解放，社会意识形态也逐渐朝着多元化方向发展，消费意识和消费方式都不容易找出共同的出发点和归宿。要占领并赢得一个市场，绝非是一件容易的事情。2008 年年初，在百度日本分公司开始运营时，李彦宏就公开宣称：百度已经做好了打持久战的准备。

李彦宏提出做好打持久战的准备，主要是源于两个因素：一是投资资金的数额大。日本市场作为百度投资的第一个海外经营重点，李彦宏很早就做出承诺，“需要花多少钱就花多少钱，需要投入多少人就投入多少人。”2007 年，百度第一期向日本市场投入了 1 000 多万美元；2008 年年初，2 500 万美元的第二期投资计划开始实施。后来，李彦宏又表示，如果有需要，在 2 500 万美元的基础上还可以另外增加投入。而百度总公司成立的前三年，全部投入还不到 1 000 万美元。二是获得利润的周期长。李彦宏深知，日本分公司不可能在一两年内获得盈利，他说：“这和搜索引擎的发展规律是密切相关的。无论是百度还是其他的主流搜索引擎公司，在最初向终端网民提供服务的时候，都没有着急去盈利。我们在日本的市场才刚刚起步，当前的重点并不是尽早地挣钱，百度现在资金上并不紧张，我们的主要着眼点是给日本本土消费者提供真正需要的服务。”

百度日本分公司在日文搜索市场最大的竞争对手是雅虎和谷歌。雅虎和谷歌凭借各自在日本市场的先发优势，已经分别拥有了50%和47%的市场占有率，几乎瓜分了日本的搜索市场。在业务上，二者之间虽然有着互相渗透的部分，但又各自割据一方优势市场。而百度进入后要想在日本市场上复制在中国市场的胜利，将雅虎和谷歌两雄相争的格局改变为三足鼎立，绝对不是轻而易举的事情。

但是善于发现和捕捉机遇的李彦宏更喜欢从另一个角度来看待与雅虎和谷歌的竞争问题。

李彦宏认为，日本互联网的早期发展，基本上是雅虎一家独大，后来谷歌杀入日本市场后，才改变了原有的格局。但是，它们在中国市场的排名列于百度之后，分别居第二位和第三位。既然百度在中国市场上能够引领行业，那么在日本市场上，李彦宏也是非常有信心做到这一点的。实际上，百度在中国市场也曾经是后来者，谷歌先于百度一年多杀入中国市场，而雅虎和其他搜索引擎在中国启动得更早。但百度毅然做到了后来者居上，通过追赶，实现了从无到有、从小到大的蜕变，市场份额一度超过75%。2014年以后，一直稳定在51%以上，稳坐中国搜索引擎的第一把交椅。

李彦宏相信，百度在日本市场同样要经历从无到有、从小到大的追赶过程。他说："百度在搜索领域具有明显的技术优势，这是百度进军日本市场的源动力。"但是，想要从目前日本市场最强大的两个对手中分一杯羹，甚至分碗干饭，百度必须做好打持久战的准备。

2015年6月30日，李彦宏在百度糯米O2O生态战略发布会上当场宣布，百度的账上还有500多亿元，未来三年内，百度将向糯米业务增加投入200亿元。7月份的DCM大会上，李彦宏详细介绍了百度的O2O发展战略。

在他看来，百度能否追赶谷歌变得不再重要，两家公司未来发展方向会越来越不同，百度大多数的资源将用于连接人与服务。显然，李彦宏再一次做好了在实施 O2O 发展战略上打持久战的准备。

李彦宏在发布会上明确指出，百度 200 亿元投向糯米不只是为了烧钱，他说："今天的 O2O 是非常没有技术含量的一个市场。所有的行业要去做，都是我砸钱，我发红包，非常同质化。百度做生活服务要更有技术含量。"百度账上有 500 多亿元，拿出 200 亿元给糯米，差不多是百度一半的库存。如此大手笔投资，其实是投向生活服务市场。

生活服务市场的竞争类似长跑比赛。百度拿出 200 亿元投入未来三年，是在做一个长线投资，说明李彦宏已做好打持久战的准备。对百度糯米的投资，李彦宏强调了技术的重要性。他表示："百度糯米是有技术含量的，是能够调起手机百度搜索、糯米、外卖等各种百度的资源去做事情。能够利用我们的语音识别、我们的图像识别、我们的自然语言理解、我们的人工智能、我们的大数据、我们的深度学习……这些技术，来把这样一个连接人和服务的事情做好。"

虽然前途是无限光明的，但道路将是漫长而艰辛的，百度已经做好迎接新一轮持久战的准备。

对手倒逼，打起精神赢谷歌

2004 年 6 月 15 日，谷歌向百度发起竞争攻势，与其他几家公司组成海外财团，正式向百度注资。谷歌的这一举动，被外界看成是"收购"百度的前兆。2005 年 8 月 5 日，百度在纳斯达克成功上市，而李彦宏所采取的一个“牛卡计划”，彻底粉碎了谷歌的收购念头，让百度成为与谷歌又一轮角逐的胜利者。

百度采用的“牛卡计划”，与之前新浪所采用的“毒丸计划”不同。“牛卡计划”的最终目的是将公司的控制权牢牢掌握在公司高层手中，而“毒丸计划”在触发后，除未经认可的一方股东外，其他所有的股东都有机会以低价买进目标公司新股，这样便大大地稀释了收购方的股权，继而使收购代价变得高昂，从而达到抵制收购的目的。这一计划，并未能加强管理层对公司的控制。

2006 年 6 月 22 日，谷歌宣布，将其持有的 2.6% 的百度股票出售。在某种程度上说，李彦宏能获得今天的成功，有赖于谷歌的存在。换句话说，百度的辉煌发展，是李彦宏拼搏、奋斗和全体百度人团结一致完成的，也是谷歌的存在所倒逼的结果。

创新求变，先人一步才主动

中国互联网络信息中心发布的第 42 次《中国互联网络发展状况统计报告》显示，截至 2018 年 6 月，中国网民规模达到 8.02 亿人，互联网普及率为 57.7%。其中，手机网民规模达到 7.88 亿人。中国的网民数量在全世界排名第一，远远领先于其他国家。因此，中国互联网肯定会遇到全世界其他国家都没有遇到过的问题。特别是 4G 技术的发展，无线互联网已经出现了一大批用户，他们的网络使用习惯到底是什么？整个无线互联网的信息组织的特点又是什么？人们更习惯于使用什么设备来上网……这一切，都是一个非常大的未知数，也给做事习惯于先人一步的李彦宏提供了更为广阔的空间。

如今的百度，与十年前的百度已经截然不同，与创建之初的百度更是发生了翻天覆地的变化。不管是从商业模式还是战略方向上，现在的百度都有颠覆性的创新改造，用先人一步的策略牢牢把握住自身发展的主动权。早在2014年第三季度，百度移动搜索流量就全面超过PC搜索，移动业务收入在总收入中所占的比重达到了惊人的36%。

2015年11月18日，百度与中信集团联合宣布双方达成战略合作，发起设立百信银行。这是中国首家由互联网公司与传统银行深度合作、强强联合发起的直销银行，标志着百度在金融服务这个容量最大、最具增长潜力的垂直服务领域，迈开了里程碑式的一大步。百信银行的设立，在中国银行业发展过程中具有标志性意义，开创了“互联网+金融”的全新模式。

在百信银行成立仪式上致辞时，李彦宏表示：“移动互联网时代，‘连接人与服务’已成为百度的战略重点，百信银行的设立，使百度在金融服务领域迈开了里程碑式的一大步，开辟了中国‘互联网+金融’的新时代。这是互联网公司和银行之间彼此充分信任的一次坦诚合作，我相信我们的合作能产生化学反应，共同探索互联网金融的未来。百信银行融合了百度与中信银行的优秀基因，从发起设立之日起就是既懂互联网也懂银行业的互联网+银行。我希望百信银行的模式，能给中国互联网金融提供一个有价值的样本和范例。”

而百度钱包作为百度金融服务重要支撑的支付系统，也正式推出了“常年返现计划”，消费者通过百度钱包的每一笔消费，均可以立即得到1%起的现金返还。也就是说，消费者在百度糯米、百度外卖、百度地图、优步、中粮我买网、e袋洗、汉堡王等众多商家进行消费时，使用百度钱包支付，即可享受“单单立返现金1%起，最高免单”的超值优惠。这项返现计划是无限期的，消费者获得返利的现金可实现长期累积。此次，参与百度钱包“常年返现计划”的商家达上百万家。

作为百度O2O服务生态的重要组成部分，百度钱包将与百信银行在数据、用户、商业拓展等层面互为支撑。李彦宏说：“我希望大家把用百度钱包省下来的钱再存到百信银行，通过百信银行的理财产品获得更大的收益，从而使自己和家人的生活更幸福。”

百度创建的前十几年，只做一件事，就是中文搜索，这种专注为百度带来非常丰厚的回报。不过，李彦宏认为，只有解决了“创新求变、先走一步”的问题，才能给企业插上腾飞的翅膀。在百度的发展历程中，创新求变、先行一步已成为企业最核心的竞争力。

先行一步是李彦宏不变的追求。随着新闻搜索、百度贴吧、百度知道、百度百科、视频搜索、百度空间、百度国学频道、百度Hi、手机百度、百度糯米、百度地图、百度外卖等一批创新产品的不断推出，有力助推了企业的快速健康发展。

李彦宏反对盲目创新和为了创新而创新。他认为，技术只有满足需求才有价值。在百度，李彦宏鼓励大家不断研究用户需要、不断揣摩市场方向的创新，这一做法，确保了百度很多搜索产品和服务能够在推出半年、一年的时间内快速进入产业前两名，甚至第一名。

作为一家互联网公司，李彦宏所要做的是随时随地认真地研究市场的变化，争取在别人发现某个变化趋势之前，提早一步发现，提前一步布局。他说：“我想中国的互联网市场有很多很多新的需求会出来，当这些新的需求出来，而我们又能够比较准确地把握这些需求的时候，我们就会有真正有意义的、符合市场的、能够产生比较大影响的创新出来，也只有这样我想中国的互联网企业才有机会走向世界，在其他的国家、在其他的市场上产生相应的影响。”

第八章

咬定青山，
倾力打造百度神奇

发挥优势，咬定搜索不动摇

是什么原因让百度取得了今天的成功呢？答案有两点：一是百度拥有绝对过硬的搜索引擎技术；二是百度咬定搜索引擎不动摇。为此，李彦宏说：不在乎别人的看法，只专注我们自己的搜索领域。

正因为专注搜索引擎，百度一直占据全球中文搜索引擎大哥大的位置。2018年7月，在中国国内搜索引擎市场，百度所占的市场份额为73.84%。同时，在世界搜索引擎排名中，百度也一直排名三到四位。百度的成功，使中国成为全球仅有的4个拥有搜索引擎核心技术的国家之一。

自创建百度以来，李彦宏始终致力搜索引擎技术的研究与应用，并倾力打造中文搜索引擎的神奇公司。

2005年8月5日，百度在美国纳斯达克上市，当时只有750名员工的百度，一夜之间就造就了8个亿万富翁、50个千万富翁和240多个百万富翁，有些富翁甚至还是刚刚走出校门、一脸稚嫩的年轻人。

当时，许多旁观者都在为李彦宏这位富翁领队感到忧虑。大家忧虑的是，一旦套现时机成熟，平均年龄不到40岁的富翁们，很可能集体去过快乐的退休生活，或者手握重金另立山头。那样，将是以掏空百度团队而告终，或者说以百度大厦倾塌而告终。

但李彦宏却信心十足地说：“我在员工面前是有信誉的。五年前，我告诉员工要相信自己手中的股权将来会很值钱，他们信了，并跟随着百度一直奋斗至今。今天，我又告诉他们，要相信中文搜索未来还有很大的发展潜力。我相信同事们会再次相信我说的话，继续帮助我。”

同时，李彦宏表示，百度不会去侵略中国几大门户网站的强势业务领域，他说："短信、游戏、门户，所有这些，百度以前没有，现在也不会去触及，至于新的产业机会，百度不愿去看，因为搜索领域本身已是一个太大的市场。经验证明，过去那些成功的搜索公司，一旦有钱以后不专注做搜索时，最后都以失败告终。"

但是，各大门户网站却悄悄地开始了对百度的围剿，新浪、搜狐甚至腾讯都先后进军搜索引擎市场。2013 年 8 月，搜狐首席执行官张朝阳花 3 000 多万元增持股票，来显示对搜狐旗下搜狗网站"灭掉"百度的信心。张朝阳声称，百度的崛起，并未对中国互联网的产业格局产生根本影响。

面对张朝阳的挑战，李彦宏很温和地说："真正威胁百度的，不是竞争对手，而是市场成熟速度的快慢，后者将决定我们的业绩增长。"

有人会问，为什么成功总是垂青于李彦宏？到底是什么支撑他让百度走得这么远，做得如此成功，如此令世人瞩目？

德丰杰基金首席合伙人张希说："我认为，成功和不成功的创业家都是伟大的，都是英雄。而李彦宏是一个特别的例子，我个人尊敬他。大家都了解百度的故事，他们上市时，投资人意见不同，希望他把公司卖掉，因为有人出非常高的价钱。但李彦宏这么多年走下来，非常专注地做搜索引擎，这一点很值得敬佩。"

李彦宏始终坚信，专注自己最为擅长的搜索技术领域，并且在这一领域充分发挥最大限度的创造力，一定会获得创业的成功。

李彦宏总有独到的见解，从不随波逐流。他经常在反思自己，总结和发现自己的优势与劣势，从而发挥自己的优势，避开自己的劣势。他认为，当一个人专注一件事情，哪怕是一件小事，往往都有意外的收获。百度的成功，不是凭空而来的，它是经过一点一滴的努力得来的。

李彦宏说，一名合格的企业家，必须知道自己最想要的东西是什么，要分而治之，设定一个目标，分解成小目标，再做更大一点的事。

李彦宏觉得，百度在搜索引擎技术领域具有得天独厚的优势，在这个领域内存在着巨大的发展空间和潜力。在瞬息万变的互联网行业里，百度的企业实力是毋庸置疑的，百度在搜索引擎领域还有巨大的提升空间，企业效益更会高速发展。

李彦宏认为，企业也好，个人也好，必须在自己擅长的领域，专注地做好事情。专注，绝对不是单纯的心性修炼，而是能力的打磨和实力的积攒。不能集中精力的人，是永远无法成功的，也唯有专注，才能让人一如既往地认清自己的目标，最终走向成功。

做到极致，一生专注一件事

李彦宏说：人生是短暂的，可以做事业的时间更是有限的，可以支配的各种资源也是非常有限的。能够把一件事情做到极致，需要一种非常专注的精神。只有把主要精力放到一个地方，才能比别人做得更好。李彦宏一直专注于搜索引擎技术，从而达到全球一流水平，进而创造了百度的无限辉煌。

韩愈在《师说》中强调："闻道有先后，术业有专攻"。一个人，在所从事的专业领域，潜心研究专门的知识，潜心攻克难题，是对专注的最好诠释。一个人，能够在自己擅长的领域，一生专注做好一件事，更是难能可贵的。

在创业初期，当李彦宏谈起百度时，许多人都是一脸茫然。在业界，绝大多数人更看好门户网站，尤其是有着“中国互联网第一股”之称的中华网。中华网在美国纳斯达克挂牌上市时，一下子就融资 9 600 万美元。后来，新浪、搜狐和网易等互联网公司也不甘示弱，各自摩拳擦掌，做着在纳斯达克上市的准备。还有一大批从海外回来的创业者，都争先恐后创立了互联网公司。一时间，国内的门户网站像雨后春笋般纷纷涌现。

但李彦宏并不随波逐流。他觉得，搜索引擎一定会有广阔的发展前景。当时，作为互联网巨头的雅虎，专攻邮箱新闻业务领域，并没看好搜索引擎的市场空间和经济价值。在互联网行业内，一边是门户网站的热火朝天，另一边是搜索引擎的冷冷清清。可李彦宏始终坚持“认准了，就去做，不跟风，不动摇”的想法，一门心思地与自己所组建的团队潜心研究搜索引擎技术。

李彦宏认为，如果一个人专心致志做一件事情，那么他取得的成效也一定事半功倍。一心不可二用，就是这个道理。无论是学习，还是工作，都要一心一意。李彦宏想到的就是一门心思地把搜索引擎做好。

百度成立之初，李彦宏带领着百度团队的技术人员夜以继日，埋头苦干，专心研发百度的第一代搜索引擎产品。他和他的助手们仅仅用了 4 个多月的时间，就开始为门户网站提供搜索服务，而硅谷动力恰恰成为百度的第一个大客户，李彦宏收获了第一桶金。

百度自成立以来，李彦宏把业务重心都放在了搜索引擎技术研发上。正是因为他一心一意专注于搜索引擎的升级研发和推广运营，百度公司才得到迅速的发展，从而将一大批互联网公司抛在了身后。

李彦宏认为，当一个人专注于一件事时，必须自己调控好心态。对于一个创业者来说，要学会把压力转化为动力。他在决定做搜索引擎的研发推广时，曾经承受过来自多方面的压力。但是，他全心专注于搜索引擎的研发，把压力变成了创业的动力。

百度上市后，不仅成为中国互联网行业的明星企业，也成为世界互联网行业不可忽视的一员。

李彦宏专注的搜索引擎领域，让百度收获了应有的回报，让百度迅速成为全球最大的中文搜索引擎，在中国的搜索市场获得超过 70% 的市场份额。

从北大读书到旅美深造，从回国创业到影响世界，李彦宏逐渐形成从容于心、淡定于行的做事风格。然而回望他的留学之路、创业之涯，不难发现，外表谦和的李彦宏，其实骨子里一直有着一股桀骜不驯、和而不群的坚持与专注。

北大毕业生、美国海归、华尔街精英、硅谷人才、互联网创业家、纳斯达克上市公司老总……一路走来，李彦宏的履历似乎永远镶着金边。与众多按部就班的留学生不同的是，从上大学开始接触搜索，李彦宏一直专注一件事，那就是搜索。

对李彦宏来说，从硅谷的技术专家到回国创业，是他人生走出的重大一步。他说："当年在硅谷的时候，有最深的技术，我想把它商品化、商业化，让别人去用。"抱着这样朴素的想法，李彦宏把技术上的自信，甚至傲气，转化为回国创业的勇气和信心。他说："说实话，当时没想着挣钱，就觉得我能够把这事做成，能够让很多人用百度的搜索，那我就了却了一桩心愿。"

专注是李彦宏不变的坚持，也是他事业成功的法宝。在美国留学期间，他就暗暗发誓：要在互联网行业有一番作为，彻底改变外国人对中国的认识和印象，用自己掌握的技术来回报社会，用技术创新来改变世界。他做到了，做得非常完美。

适度引导，保持创业的激情

李彦宏说：我的态度一直都非常明确，百度不管长到多大，我们都要保持一个小公司的心态，都必须保持创业的激情。百度公司是技术型公司，技术总是在更新，技术总是在日新月异地发展，人才是技术革新的第一要素。有激情的人才，可以创造出非凡的生产力。

在李彦宏看来，百度员工必须始终保持创业初期的激情、活力，才能在互联网行业占有不可撼动的领先优势。要保持创业初期的企业文化，无论是只有几十个人，还是发展到几千人，甚至发展到几万人，百度都应该保持一贯的创业型公司模式，这样，百度团队才更具激情发展的活力。

李彦宏说："小的公司之所以可以在大公司的夹缝儿中得以生存和发展，主要就是因为大公司打了盹儿，犯了错误。"从某种意义上而言，百度的发展就是中国门户网站犯下错误的结果。正是因为它们忽视了搜索引擎的重要性，才给了百度占领中国市场的机会。更是因为它们小觑了百度，才给了百度转型和整修的机会，也才成就了今天的百度。

如今，百度已成为行业中的大公司，无数的小公司也在期待着百度犯错误。那么，李彦宏应该怎样来避免犯错呢？对此，李彦宏说："不是说我们去做一些与创业初期不同的举措来避免出错。恰恰相反，我们就是要保持当年的心态和激情，才能保证不犯错误。实际上，很多公司做强了之后，心态就变了，或者是不愿意再去冒风险，因而失去了创新能力；或者去寻求多元化，把自己的专业放松了，因此才会犯错误。而对这两点，我的态度一直都是非常明确的：百度不管长到多大，我们都要保持一个小公司的心态，都必须保持创业的激情。"

从李彦宏身上，可以清晰地看到一种中西合璧的创新精神。他崇尚硅谷宽松而自由的创业环境，相信那样的环境更能激发工程师的创作激情。而在中国企业中，像百度这种上下班不打卡、不要求固定着装、员工可以穿着拖鞋走来走去的文化氛围，显然是一道独特的风景。同时李彦宏也不反对维护公司纪律和权威，认为这和百度的宽松文化并不矛盾。

在李彦宏的心目中，维护纪律和权威不是目的，而是一种手段，真正的目的是提高效率、增强竞争力。如果外部环境变化不快，纪律严格、按部就班是能够让效率更高的。但百度所处的市场无时不在发生改变，每一个百度人都有相应的自由度，根据他所负责的工作的变化而随时作出调整。因此，员工的高效业绩不是基于规章制度，而是基于自发的职业冲动和创业的激情。

李彦宏说：对于大多数成功者来讲，聪明不是重要的，重要的是激情与坚守。激情是坚守的基础，激情对于成功者来说是相当重要的。激情是一种意识状态，能够鼓舞和激励一个人对自己的工作主动采取行动。激情并不是一个空洞的名词，它是一种重要的力量。如果一个人富有激情，几乎是所向无敌的。一个管理者能力平凡却有激情，还是可以将有才能的人聚集到身边来的。激情就是成功和成就的源泉。你的意志力、追求成功的激情愈强烈，成功的概率就愈大。

那么，如何让员工永远保持创业的激情呢？特别是当百度的人员规模、业务规模都有了快速的扩张后，如何保持创业文化的纯度？李彦宏每次谈及此事，也说自己面临着巨大的压力。

李彦宏在接受《英才》记者采访时说："我一直非常注意保持百度的这种创业文化，几十个人的时候，它是一个创业型公司；几千人的时候，它还是一个创业型公司；几万人的时候，我依旧希望它是一个创业型公司。从2000年到现在，每一年公司的人数都有着明显的变化，甚至每一年都是新员工比老员工多。这种情况下，怎么样保持原汁原味的创业文化确实是非常难的一个问题。”

为此，百度采取相应的对策，对文化建设、业务拓展等各个方面进行提升，以确保员工的创业激情。一是把公司使命深入人心；二是发扬分享精神；三是为员工提供更大的发展空间，创造更多的发展机会。

与时俱进，必须适应大环境

企业要生存，必须适应外在大环境。外在环境总是在瞬息万变的，并不是个人能力所能掌控的，只有适者才能得以生存。李彦宏说：“外在环境的变化，确实并不在我们的掌控之中，所以，我一直跟我的团队讲，我们必须要营造小环境，适应大环境。小环境就是公司本身的东西，这些我们是可以改变的，也是可以创造的。但外在的大环境，我们的确是没有能力去控制的。所以，我们必须要想办法去适应它。百度公司必须适应互联网业界的风云变幻，没有谁可以控制外在大环境。”

李彦宏认为，企业必须做到与时俱进，在创新中体现企业的经济价值。无论是企业机制的创新，还是企业技术的创新，都是企业发展的动力源泉。百度作为技术型公司，技术革新才会让企业更具生命力和竞争力。企业在技术上不断推陈出新，才可以在市场的竞争中先行一步，抢占商机。

2008年，全球金融危机肆虐蔓延。在这样一个外在大环境下，各国的企业家都在思考如何让自己的企业能够比较顺利地度过危机。许多媒体纷纷报道一些大企业在大肆裁员，以此来缓解效益下滑的压力。李彦宏认为，在企业发展面临困境的低谷期，作为管理者，必须拥有积极向上的健康心态，必须拥有勇往直前的拼搏勇气，不恐惧，不逃避，正确审视企业所面临的困难，从而找出科学合理的解决方法。

一些企业在外在的大环境中，有时就像坐过山车，很神奇，也很惊险。2008 年 11 月，百度由于遭遇“竞价门”事件，加之全球金融危机的影响，股票价格一路下跌了 25%，达到了历史最低点，市值缩水 14 亿美元。由此，百度遇到了前所未有的困难。所谓的“竞价门”事件，指的是 2008 年 11 月 15 日和 16 日两天，中央电视台在“新闻 30 分”节目中，连续报道了百度互联网广告的积弊。

百度成为网民进行网络搜索的重要选择之一，每天都有用户使用百度进行上亿次的搜索，以寻找他们所需要的信息。而百度之所以能够走到今天，很大程度上得益于网络媒体的兴起和互联网广告这一商业模式。由于网络和搜索引擎日益成为人们寻找信息的重要渠道，通过搜索引擎来增加点击率和浏览量，成为很多企业推广自己的新渠道。百度的互联网广告是能够满足用户这一需求的服务，针对某一个关键词，企业支付费用给百度，并提交关键词和企业网页 IP 地址。当用户通过百度搜索这个关键词时，百度将企业提供的网页根据竞价排名在关键词搜索结果的前面。正是依靠这样的商业模式，百度成为耀眼的网络明星企业。

“竞价门”事件出现后，李彦宏积极思考怎样解决百度所遇到的困难，寻求最佳途径，以更好地适应外在大环境，促使百度度过困难期，继续向前发展。

在李彦宏的眼里，百度所处的发展环境一直是非常健康的。搜索引擎是一个年轻、高速发展的产业，有着巨大的发展潜力。各种数据显示，以互联网和搜索引擎为代表的新经济，即使受到金融领域寒流来袭的影响，依旧无法阻挡产业快速发展的步伐，用李彦宏的话说就是“我们才刚上路”。

李彦宏之所以要强调营造小环境，就是因为他相信百度成立以来的基本面是非常良好的，只要能够保证企业在“小环境”中有良好的态势，更好地执行工作，外界即使出现了一些不利因素，对公司的影响也是在可以控制的范围之内。他认为，百度小环境的发展态势是非常良好的。虽然企业遇到了一些不利因素，但对总体发展不会产生颠覆性的影响。

2009 年春节过后，百度迎来了企业发展的利好春天。百度的收入、流量大幅度上涨，公司的股价也开始迅速回升。2009 年 7 月底，随着中国搜索市场开始朝着三级和四级城市的横向拓展，百度继续获得了持续增长的动力。同时，李彦宏推出的凤巢计划按计划替代了互联网广告系统，逐渐消除了“竞价门”给百度带来的不利影响。

改变思路，做好一站式服务

百度搜索是世界上第一个中文搜索引擎，也是目前全球最大的中文搜索引擎，拥有全球最大的中文信息库，根据第三方权威数据，在中国，百度 PC 端和移动端市场份额总量达 73.5%，覆盖了中国 97.5% 的网民，拥有 6 亿用户，日均响应搜索 60 亿次，并且还在保持快速的增长势头。百度搜索引擎具有高准确性、高查全率、更新快以及服务稳定的特点，能够帮助广大网民快速地在浩如烟海的互联网信息中找到自己需要的信息。

在互联网技术迅速发展的时代，一些电子政务、电子商务、企业信息化服务如雨后春笋般应运而生。李彦宏觉得，未来搜索的形态，必然是越来越追求结果的精准，为用户的搜索行为节省时间，使企业广告的营销投放更具效率，这就需要百度及早改变服务策略，采取一站式服务的方式加以应对。

一站式服务实质就是服务的集成和整合，就是只要客户有需求，一旦进入百度，所有的问题都可以解决，没有必要再找第二家。一站式服务在本质上就是系统销售服务。

李彦宏提出的一站式服务，既提高了百度自身的服务质量和服务效率，同时提高了百度客户的满意率。这种做法，对百度的竞争者有着很大的杀伤力。如果没有第二个同样理念和实力的竞争者参与，百度在这个行业很快就会形成垄断地位。因为客户喜欢这样的服务，更喜欢这种专业的划分，客户只要关心自己的需求就可以了，其他的事情都交给百度办理。

2011 年，中国掀起在线旅游热潮时，李彦宏与多家企业强强联手，及时推出百度旅游一站式服务。

百度迅速将之前的旅游信息社区服务网站进行升级。升级后的旅游服务网站，可以为用户提供更为方便快捷的服务，成为行前决策、产品购买、旅游分享一整套流程的旅游服务平台，形成一种新的旅游攻略。

当企业用户感受到百度旅游给他们带来实惠时，客户自然就源源不断。百度先后与去哪儿网、同程网、途牛旅游网、驴妈妈旅行网、中国国际航空公司、南方航空公司等多家企业合作，推出行前决策、机票酒店预订、游记攻略分享等一站式旅游服务平台。尤其在行前决策方面，百度旅游可以为用户提供超过 5 万条信息的路线选择。这些路线，具有多维度的清晰分类以及先进的自动 IP 识别技术。

为更好地做好一站式服务，百度旅游完全做到了面面俱到。就拿门票来说，百度旅游与1 000多个最热门的景点合作，可以为用户提供最优惠的票价。而且有些景点不用支付预订款，可以到景点之后再付款取票。百度旅游与去哪儿网合作，凭借搜索引擎技术优势，在去哪儿网上配置了相应的功能，用户可以在去哪儿网上查询所有的机票信息。不仅如此，百度旅游还在住宿、签证、租车等方面进行了配套服务。此外，百度旅游还加大在移动端的力度，加强无缝对接PC和移动两端的产品，促使其多样化、全流程以及覆盖多终端的联动方式。可以说，百度旅游使用户享受到了真正全方位的一站式服务。

2014年4月，百度又推出了“百度钱包”品牌业务，让百度的一站式服务最终形成“闭环”。百度钱包打通了移动生活服务关键环节，推动移动生态进一步发展，给用户带来非常美好的一站式服务体验。

百度钱包不仅仅是一款移动支付应用。对用户而言，百度钱包是随身随付、让优惠无处不在的钱包，它提供超级转账、付款、缴费、充值等生活服务，同时提供“百度理财”等资产增值工具，让用户轻松步入移动生活。对于百度的合作伙伴而言，百度钱包是一个开放的支付平台，它打通O2O生活消费领域，将各式各样的移动生活服务与普通用户直接对接，帮助商户把信息呈现给真正有需要的消费者，让消费者通过最简单的方式完成对所需商品的购买，让商业变得更加高效。

值得一提的是，百度独有的“拍照付”支付技术也在百度钱包中亮相。未来，如果用户在路边的广告海报上看到心仪的商品，就可以打开手机百度的“轻拍”应用拍照，系统将自动为你匹配出目标商品的商家和价格信息，并通过百度钱包直接下单，完成支付。

对于用户来说，百度钱包是一个“优惠无处不在的钱包”，它就好比一个移动端的“奥特莱斯”，用户在这里可以尽享优惠的商品和服务。通过百度的搜索能力和百度钱包的支付能力，百度仅仅通过搜索就可以变成一家提供商品和服务的电商平台。

9

第九章

敢于担当，
主动承担社会责任

服务大众，社会责任在肩上

互联网时代，用搜索引擎解决遇到的问题，已经成为许多网民的首选方式。截至 2018 年 6 月，中国网民规模达到 8.02 亿人。在这么大规模的网民中，从高级知识分子、研究学者，到普通百姓，几乎每天都无人不“百度”，“百度一下”让每个人都仿佛拥有了一部大型的百科全书、一座超级的图书馆。

在被问及为什么做百度、为什么致力于搜索引擎这样的问题时，李彦宏说，几千年来，中国人获取的信息是不平等的。在搜索引擎出现以前，清华大学和北京大学的教授可以很方便地到国家图书馆或者学校图书馆查阅自己所需要的各种资料。而偏远地区的人们想获取一些资料和信息，费尽力气都未必能够实现愿望。即使他知道国家图书馆有他想要的东西，他也未必能来。但是，搜索引擎的出现彻底改变了这一状况，让知识不再受距离的限制。无论是国家领导人，还是普通农民，相同问题的搜索结果是一样的。让大家在信息面前变得平等，就是百度最大的一个社会责任。

李彦宏说：“对于企业家来说，所谓的企业社会责任不仅仅在于创造就业机会，贡献税收，或是做公益慈善。让人们在信息面前人人平等，是百度所承担的最大的社会责任。”他还说：“从小时候起，自己心里就埋下了一颗种子，要让所有的人，要让全中国的人，不管你在多偏远的地方，都能够像清华北大的教授一样，方便、平等地获取自己所需要的信息。”

2017 年 5 月 4 日百度发布新使命：用科技让复杂的世界更简单。在此前 17 年的时间里，在百度官方网站上，可以看到公司文化使命一栏中写着，百度的使命：让人们最便捷地获取信息，找到所求；百度的责任：让世界更有效，让人们更公平。

对于百度的公司文化使命，李彦宏是这样解释的：搜索引擎几乎是天赋的使命。在搜索引擎出现之前，还从来没有一种力量能让人们如此便利地获取信息，并让每一个人在信息面前都是如此的平等。

2007 年 8 月，百度参与全国文化信息资源共享工程，并成为该项目的独家互联网搜索引擎合作伙伴。随后，百度又发布了相关的文化共享搜索。这是国字号文化建设工程首次与互联网搜索引擎的携手合作，也标志着百度在推动国家数字文化信息的传播和利用方面，走出了至关重要的一步。

百度一直致力于推动中文数字信息的互联网传播，先后联合了国家科学图书馆、北京大学图书馆等数十家国内大型图书馆，以及知名的电子出版商开通了百度图书搜索服务。百度还联合专业国学网站开辟了国学频道，为推广中国的传统文化进行了有效的尝试。

李彦宏是一个敢于担当、善于担当社会责任的企业家，始终不忘把社会责任放在肩上。

2008 年“5·12”汶川大地震抗灾期间，百度搜索引擎几乎圆满地诠释了百度所担负的社会责任。在地震发生之后，因为地理原因，救援人员、器材和药品很难在第一时间到达灾区，当时，有一位四川女孩在百度贴吧发帖，说她知道一个地方非常适合直升机降落。这个消息在网上发布之后，很快得到了有关部门的高度重视，最后为营救争取了宝贵的时间，创造了救援史上的奇迹。

李彦宏说：“让人们最便捷地获取信息，找到所求，这一直是我的梦想，也是百度和百度人这么多年来坚持的理念。而且，这样的一个理念并不局限于中文，也不局限于互联网，我们希望所有的中国人、亚洲人，乃至全世界的人们都能够认同，让人类找到与信息之间最短的距离，让大家能够自由自在地在信息的海洋中畅游，而且还不会被风浪淹没。”

2009 年 4 月，百度发布了“百度老年搜索”，这是百度首个专门为老年人量身定制的公益搜索产品。李彦宏在发布会上表示，百度有责任也有能力通过自身优势为社会做点实事，为老年人群尽一份责任，让老年人的晚年生活更加丰富多彩。

乐于奉献，热心做公益事业

2008 年“5·12”汶川大地震后，为了支持地震重灾区的群众更快地恢复生产，重建家园，百度迅速做出反应，投入了大量的人力、物力，开展相关公益活动。

百度与中国扶贫基金会合作，帮助绵竹的民间年画艺人在百度旗下的网站“百度有啊”开设网店“明生画坊”。同时，聘请专业人员，指导他们制作多样化的年画周边产品。百度先后制作了相关专题页面，在百度的全流量平台上进行搜索推广，全面引发了关注灾区重建、抢购绵竹年画的热潮。2009 年 5 月 12 日，在纪念汶川大地震一周年当天，网店所接到的订单量超过 2008 年一年的销售量。为此，网店特地追加人手赶制商品。

这一次，百度为绵竹年画所提供的网络推广帮助，不仅为灾区人民的自力更生提供了一个有效途径，也极大地拓展了绵竹市政府灾区重建的思路。绵竹市政府希望与百度展开进一步合作，提升绵竹年画的品牌知名度，拓展年画的销售渠道，为绵竹打造出一条完整的文化产业链，加快灾区重建的步伐。

除了帮助地震灾区，百度还力求在公益事业上做出特色。百度经过一番努力，于2009年3月推出“百度星公益”嘉宾互动公益访谈，以明星走到台前现身说法的形式，让公益事业更加亲民。

在第一期“百度星公益”访谈节目中，国际功夫巨星李连杰作为嘉宾出现。李连杰讲述了自己用七年时间，研究人性和如何获得生活快乐的经历。他从最初电影中的小和尚到如今生活中的佛学智者，从享誉世界的国际功夫巨星到创立壹基金的慈善家，李连杰本人的经历，无疑就是一个真实的“公益人生”。创办壹基金后，李连杰全身心地投入到公益事业中，并呼吁更多的人能与他一起在公益事业上略尽绵薄之力，使世界上每个人的生活都充满快乐。

从百度为灾区绵竹人民群众重建精神家园，到推出“百度星公益”可以看出，李彦宏对公益事业是极为热衷的。他希冀百度不但是人们在网上享受便利信息的工具，更是在生活中的贴心朋友，尤其是危难之际可以交心的朋友。在李彦宏的心目中，致力于公益事业，应该是每一个有责任心的企业义不容辞的责任，更是彰显企业亲和力和情感的最佳方式。

2009年，李彦宏向自己的母校北京大学捐赠1 000万元，并设立北京大学“李彦宏回报基金”，用于支持北京大学各项教育建设。李彦宏说，他是北京大学培养出来的，从北京大学出国留学，他的心从未离开过北京大学。2018年北大120周年校庆，他再次捐款人民币6.6亿元。此外，李彦宏对家乡也是情有独钟，怀着浓浓的赤子之心。2010年，李彦宏向山西省阳泉市政府捐款1 000万元，用于支持阳泉市城市智能化建设及升级。

2014年6月，李彦宏受联合国开发计划署之邀，担任联合国世界环境日环保公益大使。这是联合国43年来，首次在全球范围内邀请名人担任这一公益大使。

在联合国开发计划署首次在线发布的公益动画短片《绿》中，李彦宏和时任联合国秘书长潘基文、联合国和平使者郎朗、联合国开发计划署中国亲善大使周迅等人士一道，共同表达对绿色的向往。他们号召人们保护环境，呼吁人们从生活点滴做起，改变过去的生活和消费习惯，用实际行动应对环境问题，保护绿色地球。

联合国开发计划署负责人何佩德表示："李彦宏先生是一位非常有公益心的企业家，一直身体力行、积极倡导更加健康、绿色的生活方式，他所代表的互联网新技术力量正在深刻改变我们的生活和身边的世界。我们期待和李彦宏先生一起，感召更多人关注环保、爱护环境，为人类共有的美好未来贡献自己的一份力量。"

从 2011 年开始，李彦宏就与微软公司前董事长比尔·盖茨携手，连续三年共同倡导无烟环境、全面促进公共健康，共同推动中国与全球健康发展。在 2011 年的签约仪式上，李彦宏教比尔·盖茨用中文说"被吸烟，我不干"的主题口号，被誉为年度最受关注的公益瞬间。2018 年，李彦宏作为全国政协委员，直接提出"应尽快把控烟政策推广到全国"的提案。

创立频道，为国学复兴助力

创立"国学频道"，助力国学复兴是李彦宏一直念念不忘的事情。百度上市后，李彦宏要为国学复兴做点事的愿望越来越强烈。他虽然一直是学理工、做理工的，但他对国学是非常尊崇的。

2006 年 1 月，百度在北京中华世纪坛宣布"国学频道"正式上线。这一消息，意味着国学这一中华文明的主要载体，将通过互联网这一现代载体得以复兴。

国学，指以儒释道三家学问为主干，以文学、艺术、戏剧、音乐、武术、饮食、民俗、礼仪等为枝叶的传统中国文化体系。它是中华文明的主要载体，也是中华民族精神的集中体现。

百度国学频道的数据，主要由专业网站“国学网”提供，为网友提供免费的国学典籍在线阅读以及搜索服务。当时，国学频道有10多万网页，1.4亿字。收录上起先秦、下至清末两千多年间以汉字为载体的大部分历代典籍，其内容还将随着用户的需要而不断扩大。将来的国学频道，不仅仅是文字的，还将包括图片、拓片，甚至古典音乐等。

百度国学频道不同于普通的基于关键词的相关学术网页检索，或者是其他检索，它具有“三高一无”的特点：高精度、高质量、高权威性，无干扰性。国学频道内所有内容，均经过博士生导师一级专家精心校勘，具有绝对的权威性与正规性。检索全部在频道内部进行，不会与网页检索结果相混杂，因而十分有利于学术研究。

李彦宏认为，在互联网时代，是沉寂百年的国学得以复兴的最佳时机，而百度作为全球最大的中文搜索引擎，有责任承担起复兴中文、弘扬国学的历史使命。在“国学频道”发布的当天，他在致辞中说：

今天是一个令人兴奋的日子，百度国学频道正式上线了。

国学，是中华文化中最为重要的部分，甚至它就是中华文化的核心所在。国学在经历百年的沉浮后，当中国进入快速发展通道的时刻，我们越来越清晰地认识到，一个有思想、有文化、有传统的民族和国家，才可能成为一个真正强大的国家。这就是国学走向复兴的根源所在。

同时，国学复兴，恰逢其时。在互联网时代，人们可以便捷地通过网络、通过搜索，获得我们所需要的国学知识。互联网，使国学真正走出象牙塔，成为每一个人都唾手可得的知识，这是中国任何一个时代都不可能达到的理想境界。

进入百度的贴吧，进入百度知道，我们时常被感动，有那么多人在百度上讨论国学、研究国学，这也是我们萌发创建百度国学频道想法的最基本的原因。

其实，国学在百度上并不是“新生事物”。我们通过搜索各种关键词，便可以获得大量的国学典籍文档。可以说，百度上所拥有的国学数据，在中文搜索引擎网站上，是最为丰富的。

但是，因为这样的搜索，古籍与现代信息混合在一起，不便于快速得到所需要的古籍文档。一个单纯的电子古籍数据的频道，应运而生。

百度频道所存有的所有数据，都是经过国学专家们逐一地、反复地修改而获得的，在国内的相关电子古籍数据库中，它的质量是最为上乘的。在此，我特别要感谢为这些数据库付出艰辛劳动的国学网的电子古籍研究专家尹小林，是他为百度提供了大量的数据。

能够为中国人，为所有热爱中文、使用中文的人们提供国学搜索服务，我，以及我们所有的百度人感到欣慰。

百度作为全球最大的中文搜索引擎网站，一直致力再现中文之美，并希望通过百度这个搜索平台，让更多的人来汲取中华文化的精华。百度将致力于利用百度超大的流量，利用人们对百度的热诚，吸引更多的人来关注国学、使用国学，从而使百度成为国学的一个现代传播者。

让我们每一个热爱中文的人、热爱中国的人，为国学的复兴鼓舞而欢呼。

李彦宏表示：百度希望通过努力，可以将各网站的知识集大成，这将有利于推动国学的普及与提高。

百度国学频道原数据所有内容，都经专家选目，精挑版本，原典收录，所有文字经严格的四审四校，达到国家正式出版物标准。百度希望把“国学频道”做成现代意义上的“四库全书”，并在几年的时间内，将所有有价值的古籍全部电子化，总数将达30亿字。

创业争胜，冒险精神不可缺

李彦宏凭着一股冒险精神，使他的人生多姿多彩，并成为中国乃至世界IT界的领军人物。他认为，冒险和一帆风顺并不是相对的两个词，敢于冒险才会让人生之路越来越顺坦。只有充满胆略的冒险，才能为我们带来通常难以企及的成功。

李彦宏在回顾自己的创业历程时，曾经这样说：“作为一个创业者，如果你害怕失败，就几乎不可能成功。百度每一次大的决定，都是冒很大的风险。2001年的业务转型，从站在网站背后的技术提供商，变成了一个面向终端网民的搜索引擎，相当于把早期客户全都得罪了。后来，很多公司想收购百度，我们坚决拒绝，一定要上市，这也是很冒风险的一件事情。再后来，百度提出并实施国际化战略，相当于又冒一次险。只不过这次冒险，是进入中国以外的一个市场。我觉得，百度的基因里本身就带有很大的冒险性质，只是过去几次冒险看起来都比较成功。作为一家高速成长的公司，在一个迅速变化的市场环境里不敢去冒险，就没有机会把公司做大、做强。”

在经营百度的过程中，李彦宏最冒险的一次，就是为了寻找新的商业模式而推出的“互联网广告”。当时，互联网的泡沫已经破裂，危机来袭，大家都不愿意再花钱投入。百度当时几十人，靠出卖搜索技术来维持运营。可是，即使卖到最好的程度，还是难以实现盈利。生病住院的李彦宏望着输液瓶的点滴，深感百度不能再仅仅依靠为门户网站提供搜索服务来支撑，必须寻找新的商业模式来拓展发展空间。

2001年8月，李彦宏给时任百度深圳分公司经理的刘计平打电话说：“接我出院，我要去主持召开一个电话会议。”随后，尚未病愈的李彦宏匆忙来到百度深圳分公司，主持百度团队的电话会议。李彦宏开门见山地提出百度要推出一种崭新的商业模式，就是互联网广告，要把百度从搜索引擎技术的提供商，转变为互联网广告服务的提供商。这看上去仅仅是一种形式的转变，但实际上却是一种质的变化。

由于事先没有通报，李彦宏的提议遭到了百度董事们，特别是一些早期投资者的反对。李彦宏的搭档徐勇对李彦宏说：“我们这么做，会影响到搜索引擎技术的销售。”显然，他也不支持李彦宏的提议。

面对这种情况，李彦宏用Overture（雅虎公司旗下的搜索引擎公司）的例子，来说明自己提议的实施目的，说服所有持反对意见的人。其实，董事们强烈反对李彦宏的提议，并非无凭无据。当时，百度依靠门户网站实现了80%的收益，如果推出互联网广告，这种收益就会立即消失。

而李彦宏的提议完全是从百度和当时市场的现状出发。当时，中国虽然已经有数百万家中小型企业，但还没有一种真正适合他们的营销推广平台，而互联网广告则恰好能填补这一空白。互联网广告业务就是在使用搜索引擎的过程中，排名越靠前的企业获得用户的访问并且最终引发销售结果的可能性就越大，回报就更可观。随着互联网的日益普及，互联网用户的快速增长，这样的动力也会越来越大，百度互联网广告的空间也会更加广阔。

当天的电话会议虽然在争辩中结束，而最后的结果是李彦宏用近乎骂人和摔手机的方式，并以“我不做了，大家也都别做了，把公司关闭了拉倒”相要挟，得到大家的同意。对于当时的百度而言，李彦宏的这一举动，是非常冒险的行为。如果决策出现偏差，百度的未来就不可预测。

2001 年 9 月，百度正式推出互联网广告业务。当时，不仅中国绝大多数广告客户不明白什么是互联网广告，百度的销售人员也无法讲清楚什么是互联网广告。后来，他们干脆对客户说，你们也不需要明白是怎么回事，但你买一个排名，在新浪、搜狐、网易都能看到。很多人就是因为在新浪、搜狐、网易能看到自己的公司名而买了百度的互联网广告。百度推出互联网广告的第一天就获利 1.9 元，第二天获利 3 元，第四天获利数字超过了两位数，第五天获利超过了 200 元。到 2001 年 12 月底，在百度推出互联网广告仅仅 4 个月，使用百度互联网广告的网站已经超过 800 个，百度因此收入 12 万元，日均收入 1 000 多元。互联网广告以 200% 的增长率诠释了它的巨大发展潜能，同时，也见证了李彦宏的冒险获得了成功。

心怀梦想，做出第五大发明

在李彦宏的心目中，2008 年北京奥运会开幕式以宏大壮观的场面，演绎了中国古代的四大发明；以震撼人心的艺术形式，诠释了中华民族绵延五千多年的灿烂文明；以一种绚丽变幻的色彩、灵动华美的舞姿，表达了中国对于世界各国人民的真诚祝福，也表达了中国人民“同一个世界、同一个梦想”的美好祝愿。

开幕式现场引发了李彦宏许多的遐想，他感叹到：为什么我们能够展示给世界的还只是几百年前，甚至是几千年之前老祖宗的四大发明？为什么近现代的中国却没有什么可以向全世界展示，甚至是炫耀的新成果呢？为什么我们没有“第五大发明”？

李彦宏忽然意识到，做成中国第五大发明那样的产品，应该是他们这一代人的责任。李彦宏怀有做出中国第五大发明的梦想并不是虚无缥缈的，而是有着坚实基础的。首先，百度已经在中文搜索市场上拥有和占据了绝对优势的市场份额，有着强大的市场依托和资金来源。其次，中国已经成为世界上最大的互联网国家，百度也已成为全世界最大的中文搜索引擎，百度每天回应的检索请求，比任何一个其他搜索引擎所回应的搜索请求都要多。因此，李彦宏说：“当你变成第一的时候，你的梦想就在眼前了，你就会有更好的舞台去发展，而且你可以做更多的事情，这样就可以更早地发现客户的需求，并且能够更好地去解决问题，也就可以更早地去创新。”

许多网民每天都在使用百度，但百度有很多产品大家是不熟悉的。比如百度有百度翻译，包括文言文在内，能够支持28种语言间的相互翻译，翻译方向达700多个。百度翻译并不是词对词的翻译，而是句子对句子的翻译。如果两种语言都不懂，还要让百度翻译完成相互之间的翻译，就需要技术支持。这就是人工智能里的机器学习。机器看得多了，慢慢就能明白了。百度就是通过技术，来做到别人做不到的事情。

百度所开发的百度云是百度走向技术高峰的一个标志。由于在搜索引擎领域强大的用户基础，百度云在个人云服务市场占得先机。除了强大的云存储服务外，百度云还面向个人用户推出了通讯录、相册、记事本、手机找回、游戏、云健康等多种创新功能，并提供云端视频在线播放、文件云端解压、在线编辑、多端同步、离线下载等多种独特服务。同时，百度云还频频与一些智能硬件、健康、可穿戴领域的厂商合作，不断推出新的产品与应用，给用户带来更加丰富的体验。

在中国企业开始大规模建立数据中心、进行服务器定制的新时期，百度适时出击，大力开发并推出通用的云计算平台。百度在山西阳泉投资47.08亿元建设了自己的云计算中心，并大举进军医疗健康市场。百度将原来只服务搜索引擎的云计算技术架构拆解，封装成百度应用引擎、百度云存储服务、百度移动测试平台三部分后对外提供。这样的服务，吸引了许多开发者，智能机、无线互联网的兴起，对百度来说是一次难得的飞跃式发展机会。

无疑，云存储、云计算、大数据智能构成了百度云的三大核心能力，百度把这些核心云能力全部开发出来，为开发者提供强大的智能支持。

2012年9月，李彦宏在一年一度的百度世界大会上宣布，随着云开发时代的到来，百度将开放包括云存储、大数据智能和云计算在内的核心云能力，让开发者的智慧和创意最大化地得到发挥。李彦宏采取的策略，意味着移动互联网、开放平台和“云”成为百度的发展重心。2012年年初，百度移动云事业部只有300余人，仅仅过了半年多，人员就增加到近1 000人，百度开放平台也同时更名为百度开发者中心，与百度无线一起，被划归到新的百度移动云事业部下。

2018年，百度宣布启动新一轮战略升级，进行组织构架调整。在“夯实移动基础，决胜 AI 时代”的战略下，进一步升级技术平台核心优势，同时加速推进 AI 时代产业智能化的升级。最大的措施就是将智能云事业部升级为智能云事业群组，同时承载 AI to B 和云业务的发展。对此，李彦宏说，此次组织升级后，智能云事业群组将充分利用百度在人工智能、大数据及云计算方面的技术优势，聚焦关键赛道，为百度打造新的增长引擎。

10

第十章

面向世界，
野心与实力一样大

雄心壮志，走出国门闯世界

在李彦宏的心里，总是坚守这样一种信念，就是百度作为世界上最大的中文搜索引擎，应当以强烈的自豪感、使命感，树立干大事、创大业的雄心壮志，更大胆、更稳健地走出国门闯世界。

当今时代，企业之间的竞争越来越激烈。在全方位、多层次、宽领域的对外开放格局下，适时启动走出去战略，其意义和价值绝不亚于引进来，走出国门，是领军企业的必然责任。百度作为中国互联网的领军企业，李彦宏感到身上肩负着一种责任，就是在全世界范围内确立中国互联网公司的地位。

在 2007 年某次会议中，一位外国投资家提出了这样一个非常奇怪的问题："什么时候，才会有一个真正具有全球性影响力的公司是源自中国的互联网公司呢？"这个问题，让李彦宏感到非常不爽。

这位外国投资家提问的语气虽然非常委婉，但是问题的实质却非常尖锐。这个问题也确实指出了一个无可辩驳的事实：中国互联网市场还处于一个相对落后的状态，真正的网民人数还不多。由于互联网的基础设施不够发达，导致在互联网的应用上还存在很多问题。这些问题，还没有哪一家企业能拿出有效的解决办法。诸多因素表明，当时中国的互联网公司着实不能在中国以外产生更大的影响力，实现走出国门的目标任重而道远。

对于外国投资家提出的问题，李彦宏回应说："中国要出现世界上真正具有影响力的互联网公司，要等到中国成为第一大互联网国家之后才有可能发生。"这位外国投资家的问题让李彦宏思绪万千。他意识到，只有正视现实，知耻而后勇，才能实现中国互联网走出国门的梦想。

在不久后召开的百度年会上，李彦宏再一次提到了这个对他触动非常大的问题，诠释了公司开展国际化、进军日本市场的深层含义和目的。他说，作为中国互联网的领军企业，百度肩负着一种责任，就是要在全世界的范围内，塑造和建立中国互联网公司的地位。

在李彦宏的眼中，百度想要成为一个真正具有全球影响力的公司，只有中国市场的本土优势是远远不够的。他认为，中国作为一个在世界舞台上冉冉升起的新兴国家，作为一个有着 13 亿人口，拥有无数技术人才、管理人才的国家，百度有责任去建立一个源自中国的跨国互联网公司，去实现他蓄谋已久的国际化战略。

李彦宏知道，中国国内的很多互联网企业还没有国际化的先例，因此，百度推进国际化业务的进程一定会遇到很多的困难。但李彦宏毫不畏惧，以一种摸着石头过河的精神，无怨无悔地去探索闯荡。他首选的目标是日本，觉得能够把日本市场拿下来，再加上百度在中国市场的绝对优势，百度在国际上的竞争力和影响力就会大大增强。

2008 年 6 月，中国互联网的上网人数首次超过美国，成为世界上最大的互联网国家，这让李彦宏无比的兴奋，这一数字，比他预想的时间来得要早。李彦宏说：“我感到非常高兴的是，中国成为世界上最大的互联网国家，这是命中注定的，而且是谁也改变不了的一个事实。这一事实成真后，就再也没有哪个国家可以打破这个事实。因为美国是不可能变出比 3 亿人更多的人口。因此，中国‘第一大互联网国家’的地位将是非常牢固、坚不可摧的。”

2008 年 12 月，百度在上海的研发中心挂牌成立，百度秘密酝酿了数年之久的“阿拉丁平台”计划也随之浮出水面。李彦宏在挂牌庆典仪式上致辞表示："随着公司实力的增强，随着中文搜索市场的扩大，百度也感觉到，我们必须在全球范围内吸引最优秀的人才，一起把互联网技术做大、做强。这就是我们选择在这个时候在上海建立研发中心的原因。"他还说，继上海研发中心挂牌成立后，百度还将一如既往加大对于技术的投入力度，未来计划在日本东京也建立一个研发中心，让百度走出去战略更加顺畅地实施。

深谋远虑，实施国际化战略

李彦宏觉得，进入 21 世纪以来，推进中国互联网企业走向世界，实现互联网运营的国际化是中国互联网企业在世界所面临的新课题，也是中国互联网企业成长的必然趋势。适时融入国际化大格局是互联网企业寻求更大发展空间的必由之路。

2014 年 12 月，第二届中国文化产业峰会暨东北亚区域文化发展论坛在吉林省长春市召开。论坛期间，李彦宏发表了"文化产业垂直整合：繁荣和共赢"的主题演讲。他说："世界在不断发展变化，企业家要有前瞻性，要能够看到未来会是什么样，而不是仅仅停留在现在。作为文化产业的企业家，更需要这种能力。去创造产业，才是真正的企业家应该做的事情，而不是去挤红海，不是看到别人都在做一个很大的产业，也进去掺和一把。如果企业家不能保持对新现象的敏感，就会丧失很多机会，也不能创造出新的产业和市场。"

随着现代网络高科技的迅速发展，全球各国人们的生活、工作都紧密联系在一起，没有一个国家、一个公司甚至一个人能够摆脱这种趋势。中国也迅速地融入到全球化的浪潮中。越来越多的中国企业把国际化战略摆上了公司的议程。李彦宏就是这群具有前瞻性眼光企业家中的佼佼者，他早就料定百度的发展趋势就是国际化。

随着企业实力的不断壮大以及国内市场的逐渐饱和，李彦宏把战略重点适时转向中国本土以外的全球海外市场。他觉得，国际化已经成为现代企业发展的一种潮流，而这也是信息化社会中，时空距离所带来的障碍越来越不明显所决定的。再加上资源配置已经越来越全球化，区域市场之间的界限就变得非常不明显了，信息交流变得更加频繁，所有的这一切，都会让国际化成为必然趋势。

李彦宏认识到，百度虽然在中国本土搜索引擎市场占有高达 70% 以上的市场份额，但这绝对不是百度的终极目标。在国际化的发展进程中，要求百度必须具有全球视野，把中国市场作为全球市场的一部分来考虑。在谋划、巩固中国市场的同时，必须考虑未来的全球市场，否则，非但不能在国际市场上有大的拓展，甚至在中国市场打下来的江山都难以保全。有了这种冷静而成熟的分析，李彦宏的国际化战略思想越来越不可动摇。

2003 年，百度率先确立了在中文搜索引擎市场上的领先地位。随后，百度就提出要到国外发展搜索引擎的设想。2004 年，李彦宏在董事会上提出百度要实行国际化战略的计划。2005 年 8 月，百度在美国纳斯达克成功上市，标志着百度与国际资本正式接轨，为百度的国际化战略奠定了资本基础。百度上市后，首次就公开募集了约 12 亿美元资金，随后，企业每一个季度都在盈利，百度的现金储备一直处于增加的状态。这一状况，标志着百度的国际化进程正式起步。

2006 年 11 月，中央电视台推出了 12 集电视系列片《大国崛起》，解读了从 15 世纪以来，世界性大国崛起的历史，探究其兴盛背后的原因。系列片播出后，在整个中国引起了强烈的反响。《大国崛起》让李彦宏心潮澎湃，很快，进军日本就成为他实施国际化战略的第一步，也是实质性的一步。

百度的国际化战略思维，是李彦宏对百度现状和中国现状进行科学判断与理性分析的结果，也是商界环境发生巨变之后，一个成熟企业的必然选择。当百度具备了走出国门、走向世界的资本和实力后，实行国际化决策就成为一种必然。

李彦宏说："企业经营者必须要具备国际化的思维，这不仅是必要的，而且还是重要的。即使你的企业在短时间内难以走出国门，但企业经营者也必须要具备国际化的意识，能够让自己的企业按照国际化的形态进行经营，这样才能为将来企业的快速发展壮大打下坚实的基础。"

规划目标，划洋而治成主导

关于如何加快推进国际化战略，李彦宏在 2014 年的一封内部邮件中表示，加速百度国际化进程已经机不可失、时不我待。

早在2010年，李彦宏就撰文表示，国际化很可能是一个比较长期的工作，而且需要比较大的投资。但无论付出多大的艰辛，总有一天会看到这种付出是值得的。李彦宏说：下一个十年，要让百度这个名字在全球一半以上国家成为家喻户晓的品牌。

但与以搜索业务直接进军日本市场不同，百度的海外策略逐渐变成了绕开搜索技术，在越南、泰国、印度尼西亚、马来西亚、巴西等国家，利用 hao123、贴吧、知道、杀毒、浏览器等一系列工具类应用先行，为日后推出搜索引擎打下坚实的基础。

2013年全国“两会”期间，身为全国政协委员的李彦宏介绍说：“在埃及、泰国、马来西亚、巴西等国家，我们有当地语言的服务，每月有大约3 000万海外用户在使用百度。”

就在2014年，百度的阿拉伯语、葡萄牙语、泰语版的搜索服务正式上线。同时，百度的泛安全产品安全卫士、百度杀毒、Spark浏览器业务已经拥有泰语、印度尼西亚语、葡萄牙语等多语言版本。

在巴西市场，百度hao123桌面端用户突破3 000万，百度卫士用户也超过1 000万，百度浏览器等多款移动产品拥有数百万用户。2014年7月，百度葡语版搜索在巴西正式上线提供服务，不仅通过自己的技术和产品为巴西用户提供优质的互联网服务，还与巴西政府的国家级重大项目对接，为巴西互联网科技业务研发提供创新性解决方案，推动巴西互联网科技创新。李彦宏表示，百度还将在巴西建立世界级的技术研发中心，致力培养当地互联网科技专业人才，为巴西培育创业公司提供支持。

2014年10月，百度入股巴西最大团购网站Peixe Urbano。从发布葡语搜索到投资巴西本土互联网公司，意味着在用户搜索习惯已经完全养成并且保持着每年30%以上高增长的巴西搜索市场，百度正在展开更多本土化的深入探索。

李彦宏表示，百度需要做的是以太平洋为界，主导太平洋西岸的所有市场。这也是李彦宏所规划的百度未来几年的国际化战略目标：2012，划洋而治。

早在2006年百度年会上，李彦宏就解释了什么是“划洋而治”：“在百度前6年，我们只是做了一件事情，就是中文搜索。而且这件事情我们做得还不错，大家也已经看到了，在中文搜索的流量方面，我们已经占到了将近 70% 的市场份额。但是，百度的雄心或者说野心，还远远不止这些，我们需要做的就是以太平洋为界，能主导太平洋西岸的市场，甚至是所有西岸的市场我们都需要。太平洋的东岸，我们则可以留给另外一些公司。”

在李彦宏的眼中，搜索引擎是当今世界整个高科技领域当中最受追捧的一个领域，竞争也非常激烈。百度 2000 年从中国起步已经比较晚了，在全球范围内更是落后于其他对手。在讲求技术积累的互联网世界，活跃在世界舞台上的那些著名的互联网公司，无不诞生于 1998 年以前。同时，也没有哪一家互联网公司能够在短时间内，同时在全球范围内四处开花。

李彦宏是一个非常务实的人，即使他胸怀想要成为世界第一的野心，但在时机还没有到来时，他不会轻易采取行动。而想要成为亚洲第一，这个目标并不是很难。百度拿下中国本土 70% 以上的市场份额，这给了李彦宏足够的底气提出“划洋而治”的国际化目标。因此，李彦宏决定将百度国际化重点放在太平洋之西，做亚洲最大的搜索引擎。

李彦宏将“划洋而治”定在 2012 年启动，是因为他觉得，任何一个成熟的搜索引擎，从开发到逐渐建立竞争优势，至少需要三年的时间，百度在中国的发展经历也是这样。

无与伦比，开百度世界大会

百度世界大会是由百度公司举办的针对用户、客户、合作伙伴的行业盛会，是中国互联网行业最具影响力的盛会之一。每年百度都在大会上宣布自己的新兴技术或战略级产品。从 2006 年开始，百度世界大会已经举行了13届，每一次会议的主题都有新的创意，都能给人们带来新的收获。

2006年，大会以“世界从你开始”为主题。会议围绕万众瞩目的网络搜索举办一系列的主题论坛和业界交流活动，全方位展示网络搜索的创新技术、产品、服务以及业务模式，进一步深化与价值链伙伴的战略合作。

2007年，大会以“从你开始，影响世界”为主题。李彦宏在主题讲话中表示：21世纪的人将分成两类，一类是掌握信息的人，另一类是不能掌握信息的人，百度将帮助每一个人拥有掌握信息的力量。

2008年，大会以“从你开始，营销世界”为主题。这届大会首次也是唯一一次在北京之外的上海召开。百度把汶川地震中通过百度贴吧给解放军传递直升机降落地点的小女孩请到了现场，场面温馨感人。李彦宏在主题演讲中说：这个时代有一个很有趣的现象：搜索引擎决定你是谁。

2009年，大会以“从你开始，创新世界”为主题。大会专门开设了搜索技术趋势、电子商务、搜索营销、无线互联网、互联网高科技投资五大分论坛，来自各个领域的资深专家以及国内外最富盛誉的重量级嘉宾，与百度高级工程师一起探讨互联网技术发展趋势，分享了相关领域最前沿的技术和创新经验。

2010年，大会以“创新、开放、共赢”为主题。李彦宏与业界共同分享了百度对于互联网产业未来发展趋势的观察与思考，并就百度如何与产业链伙伴共赢发表精彩的主题演讲。

2011年，大会以“耀在百度首页”为主题。针对不同人群，大会开设了投资、开发者、云计算、网络营销、无线、科研六大分论坛，邀请互联网技术专家、开发者、企业家以及投资人士齐聚百度世界，共同探讨互联网产业未来的发展。

2012年，大会以“云端有你创享未来”为主题。李彦宏在主题演讲中说：随着移动互联网的快速发展，百度将与千千万万的开发者共同见证移动时代的变革，并通过不断的技术创新，与开发者共同打造一个开放共赢的移动云世界。

2013年，大会以“移动技术创新”为主题。李彦宏表示，作为全球技术领先的互联网公司，百度持续以技术变革推动行业创新，在“帮助人们平等便捷地获取信息、找到所求”的使命驱动下，洞察用户点滴需求，通过技术带动创新，提供移动时代的全新解决方案。

2014年，大会以“连接人与服务”为主题。李彦宏说，当移动互联网势不可当，百度作为致力于技术和商业创新、营造健康生态的先行者，将助力传统企业抓住机遇，在移动时代实现成功转型。

2015年，大会以“索引真实世界，连接3600行”为主题。李彦宏通过具体事例与现场近千位嘉宾，分享了他对移动互联网时代线上服务爆炸和用户个性化需求如何满足之间的思考。他表示：百度将以更智能化的方式满足人们的需求，构筑全面开放的移动互联网生态圈。

2016年，大会以“人工智能”为主题。百度首次展示了在人工智能领域的新成就，涵盖金融、无人车等多个领域。大会分为主论坛、连接人与服务论坛、移动分发论坛、贴吧论坛、医疗论坛、国际化论坛、营销论坛、糯米O2O论坛、开放云论坛、大数据与人工智能论坛等。

2017年，大会以“Bring AI to Life”为主题，李彦宏在主题演讲中宣布，百度无人车将于2018年量产。

2018年，大会以“Yes，AI do”为主题，全方位向公众展示人工智能技术应用及创新产品发布。大会除了无人车等人工智能技术热点外，百度还宣布在短视频领域加大扶持力度，推出了多项创作者升级计划，从流量、现金分成等方面鼓励创作者入驻百度旗下短视频平台。

从每一届的主题看，李彦宏所确定的国际化战略是别人无法效仿的，充分体现了他超乎寻常的胆识与超凡脱俗的谋略。作为全球最大的中文网站、中国覆盖人群最广、影响力最大的新媒体，百度以新媒体强大的影响力改变着人们获取信息的方式，从而改变着人们的生活方式。

勇于开拓，野心大实力更强

在李彦宏的心中，一个人有野心是好事。身为一个创业者，绝对不能没有野心，因为野心是创业者与一般人最本质的区别。如果你连强大的野心都没有，那就绝对不适合创业。做人要有野心，做一个成功的人更要有野心。

学生时代，李彦宏就曾写下豪言壮语："我不要做涧底静止的石子，任时光如水自梦里流泻而过；我要做那参天直立的树，根深深地扎进黑暗的泥土，枝高高地伸进光明的苍穹。"

完成美国上市的任务后，李彦宏在接受媒体记者采访时说：我是一个很有野心的人，我从来都这样觉得。我觉得，我的野心跟自己的实力一样大。

在美国上市后，百度开始在电子商务、社区、即时通讯、媒体甚至网络游戏业务等多个领域先后布局。尤其自 2017 年以来，百度的投资领域集中在物流网、车联网、自动驾驶等领域。从百度在 2018 年的投资轮次来看，有 60% 的投资事件发生在早期阶段，28% 的投资事件发生在发展期阶段，而 D 轮及以后的事件只占比 2%。此外，百度的战略投资事件数量占比达到

10%。从行业分布来看，百度投资集中在智能硬件、物联网、车联网、自动驾驶、AI+医疗等领域，行业集中度非常高。

2018年3月15日，作为全国政协委员的李彦宏在“委员通道”接受采访时表示，伴随着自动驾驶技术飞速发展，再有三五年就会出现在开放道路上完全取代司机的无人驾驶汽车。他说：“汽车工业有将近100年的历史，从来没有碰到今天人工智能、无人驾驶带来的这种挑战。从去年开始，人们看到智能音箱开始进入人们的生活。过去，音箱只是一个小家电，现在却可以跟你对话，马上还会出现带屏的智能音箱。我们无法想象的产品今后会越来越多，未来20年到50年，中国经济增长的重要推动力之一就是人工智能，我们非常期待在其中扮演一个推动力量。”

面对变化万千的市场环境，百度能够做的就是修炼自身内功，并放眼长远，重塑企业构架，成立移动服务事业群组、新兴业务事业群组、搜索业务群组。无论是出于持续性发展还是盈利压力的考虑，百度或许都必须面对当下行业的深度开拓和研发，用于满足人们新的需求。

李彦宏说：心有多大，视野就会有多远，前程就会有多辽阔。李彦宏一路走来，用他从少年时代就萌生的“好奇心”和“恒心”，一刻不停地积蓄着力量，从而创造了百度的辉煌。如今，百度仍然处在一个快速成长的过程中，而且处在一个快速变化的市场中，在这样一个发展状态下，百度离不开一位优秀的企业家。

第十一章

拥抱时代，
研发应用人工智能

智能革命，百度联盟共成长

2017 年 5 月 23 日，2017 百度联盟峰会在山城重庆隆重举行。这次峰会的主题是：智能革命，生态进化。李彦宏在演讲中表示，以 AI 为核心的“新一代技术革命”正在风起云涌，而且势不可当，成为人类社会又一次变革与发展的全新开端。对于广大创业者而言，如何做到拥抱时代变革、乘势而上，对自身的发展至关重要。已经走过 15 年历程的百度联盟以本次峰会为起点，着力打造无边界的智慧共赢新生态，从而驱动人工智能 80 万联盟伙伴，最终带动各行各业开启通往人工智能新世界的大门。

在谈到 AI 时代的思维方式时，李彦宏说：“互联网只是前菜，人工智能才是主菜”。他指出，人工智能时代的到来具有划时代意义。互联网时代的到来提高了人与人的沟通效率；而人工智能时代的到来，从根本上解决了人与万物交流的问题。从抛弃遥控器“动口不动手”地看智能电视，到“身无分文”即可刷脸购物支付；从语音技术不再局限于手机使用，到视觉技术从线上走向线下，人工智能正在以惊人的速度，迅速席卷普通大众的生活。对于百度来说，用科技让复杂的世界更简单的脚步远不止于此，从让无人车飞入寻常百姓家的“阿波罗计划”，到百度寻人帮助走失家庭快速团圆，都在体现百度的新定位，也意味着 AI 时代已经到来。

李彦宏不无焦虑地指出，手机还会长期存在，但移动互联网的机会已经不多了。AI 时代到来后，移动互联网仅仅基于手机做一些“常规做法”，已经无法跟上时代的步伐。他用百度召开内部会议的实例诠释说，负责移动产品业务的产品经理更关注字体、按钮等体验上的东西，而负责 AI 产品业务的产品经理在介绍产品时，直接从兜里掏出芯片来解释技术应用，两者的思维方式截然不同。

李彦宏认为，在万物互联的智能时代，每一个设备、每一种内容、每一个场景都有巨大的触达用户的潜力。但在这一过程中，需要克服单打独斗所导致的媒体能力不完善、覆盖渠道单一、数据割裂、智能化水平弱、广告资源少等短板。对此，百度联盟将积极采取相应措施：通过媒体能力赋能，为线上线下伙伴扩展内容生产和分发渠道，夯实变现基础；基于强大的线上数据获取和处理能力，及线下完整的软硬件布局，形成贯通线上线下的完整用户画像，指导广告投放；开放业界领先的营销技术，包括将双向交互技术、跨渠道联动等智能化手段赋予合作伙伴，提升投放效果；共享百度十多年积累的海量广告主资源、一站式的平台工具和完善的服务能力，凭借在营销广告领域的长年积淀，最大限度地赋能广大联盟伙伴，帮助补齐短板，为流量变现插上强有力的翅膀。

在此基础上，百度联盟本着“让伙伴更强”的信念，将持续输出联盟成立 15 年来所积累的核心能力，建立 AI 时代的智能生态联盟，带领伙伴加速拥抱人工智能。AI 时代的百度联盟伙伴将包括从网页媒体、内容合作伙伴，到手机厂商、运营商、App，并且会覆盖无处不在的屏幕与终端。借助百度 AI 核心技术，百度联盟将聚合所有场景的屏幕与终端，为线上和线下媒体连接提供能力，实现一切终端即媒体，帮助伙伴实现智能进化。在新的合作生态下，百度联盟将继续延续高分成计划。

李彦宏指出，作为中国成立最早、规模最大、最具影响力的互联网全产业生态联盟，百度联盟不仅完成了从 0 到 1 的积累，而且实现了从 1 到 N 的飞跃。15 年来，联盟伙伴与百度一起携手并进，经历了无数的风雨，更创造了无数的奇迹。站在 AI 时代的入口，百度联盟秉承“海纳百川、有容乃大”的开放性思路，智汇万物，生态共赢，把最前沿的人工智能技术赋能各行业伙伴，探索、升级、扩展更新锐、无边界的商业模式，进而带动互联网全产业乃至整个社会的智能化升级与飞跃。

分享合作，不能做孤胆英雄

2017 年 7 月 5 日，作为全球首个专注于人工智能开发者的大会——百度 AI 开发者大会，在中国国家会议中心隆重召开。在这次大会上，李彦宏代表百度面对 4 000 余名开发者，首次全面展现了人工智能开放生态战略，并将百度在 AI 领域耕耘 6 年来的全部创新都开放出来。李彦宏明确表示：“分享与合作才是 AI 时代的‘聚宝盆’。”

李彦宏在演讲时说，AI 时代是属于开发者的时代，开放能让所有人从中收获更多。在数据和算法双轮驱动的 AI 新时代，开发者没有必要重新发明轮子，也不能再做孤胆英雄，而是应该积极联合，站在巨人的肩膀上不断创新。李彦宏以大航海时代为例对分享合作进行了阐释，他指出，开放能够跑赢封闭，这是百度在人工智能时代，也是在未来所秉持的信念。为此，他号召所有的开发者携手同行，用 AI 技术创造新时代。

李彦宏在讲述轮子发明过程时说，公元前 4000 年，底格里斯河和幼发拉底河一带已经发明了轮子；公元前 3000 年，古印度、古墨西哥又一次发明了轮子；公元前 2000 年，古埃及、古代中国再一次发明了轮子……几乎每隔一千年，轮子就在全世界被发明一次。对此，李彦宏认为，如果在当今时代，人们就没有必要再重新发明一次轮子。当 AI 时代到来时，开发者把积累的所有东西，都可以放到分享合作这个“聚宝盆”里，无论是自然语言理解的能力、语音识别的能力，还是用户画像的能力、图像识别的能力，都可以拿出来共享，共享越多，收获也越多。

李彦宏表示，自己是分享合作这个“聚宝盆”的坚定信仰者，因此，百度制定了“阿波罗计划”，推出了Duer OS操作系统。他说：为什么有那么多人愿意来支持“阿波罗计划”？从东风到奇瑞，从北汽到一汽，从福特到戴姆勒，从英特尔到英伟达……国内外许多的整车厂商、互联网公司，都愿意加入“阿波罗计划”，是因为他们觉得投入、贡献越多，收获就越多。李彦宏风趣地说，今天百度AI开发者大会请来的4 000多名嘉宾，好像都是合作伙伴，而没有一个是竞争对手。

李彦宏认为，回顾过去几十年甚至几百年的历程，人类社会的进步主要是由技术和创新推动的。从蒸汽机的发明到电力的普及、再到互联网的发展，技术创新的推动无处不在。直到今天世界进入AI时代，技术创新也一直是世界经济发展的主要推动力。他说，自从电脑被发明后，创新者和技术人员就有了“开发者”这一称呼，而开发者恰恰是推动人类进步最伟大的力量。

在开发者推动AI时代到来时也预示着一个时代的结束。李彦宏再一次重申，移动互联网时代持续不了多长时间，因为互联网的渗透率已经超过了50%，智能手机已经普及，单单依靠移动互联网已经没有太多机会。随着AI技术的发展，移动互联网的局限性已经充分显现出来，其封闭性正在被AI技术不断放大并将取而代之。

李彦宏充满信心地说，AI时代是属于开发者的时代，有太多太多的技术可以得到不断提升，而这些技术，又可以在很多领域进行应用，无论是语音识别、图像识别，还是自然语言理解、用户画像，只要用户把它们应用到任何一个领域，都会发现它们打开了无数的可能性。由此可见，AI时代已经让技术创新重新焕发生机。李彦宏说：“通往未来的路是AI的路，所以，我们认为AI是通往未来的必由之路。而分享合作则会让我们所有人都获得更多，会让百度获得更多，会让每一个开发者都获得更多。”

2018年5月27日，李彦宏在2018年中国国际大数据产业博览会上说：“AI时代的终极理想不是替代人，而是让技术忠诚于人类、服务于人类，为人类带来更多自由和可能，让人类的生活变得更美好。”他指出，人们对AI技术有很多误解，有人觉得它是一门仿生学，有人觉得它会威胁到人类的安全。作为一个乐观派，他觉得人工智能不可能威胁到人类的安全。

李彦宏认为，AI技术会为人类带来更多的自由和可能。AI时代是一个完全不同的时代，越来越需要有新的规则、新的价值观、新的伦理。李彦宏对当前AI技术所带来的不平等现象充满了担忧。他指出，如今，中国的百度、阿里巴巴和腾讯等，美国的Facebook、谷歌和微软等，这些公司的AI技术能力都很强。但世界上并不是仅仅这几个大公司需要AI技术，还有几千万家公司、组织和机构都需要AI技术。因此，要认真思考和探索如何在新时代，让所有的企业、所有的人都能平等地获取AI技术的途径和方式，防止因为技术的不平等而导致人们在生活、工作等各个方面变得越来越不平等。

新的时代，人工智能是头脑

2018年11月7～9日，由中国国家互联网信息办公室和浙江省人民政府共同举办的第五届世界互联网大会，在美丽的浙江乌镇举行。这次大会，共设置了 20 场分论坛，重点围绕人工智能、5G、大数据、网络安全、数字丝路等热点议题展开深入的探讨。

大会开幕式上，中国国家主席习近平在贺信中说，当今世界，正在经历一场更大范围、更深层次的科技革命和产业变革。互联网、大数据、人工智能等现代信息技术不断取得突破，数字经济蓬勃发展，各国利益更加紧密相连。世界各国虽然国情不同、互联网发展阶段不同、面临的现实挑战不同，但推动数字经济发展的愿望相同、应对网络安全挑战的利益相同、加强网络空间治理的需求相同。各国应深化务实合作，以共进为动力、以共赢为目标，走出一条互信共治之路，让网络空间命运共同体更具生机活力。

第五届世界互联网大会的主题是：创造互信共治的数字世界——携手共建网络空间命运共同体。这次大会，共有 1 500 名中外嘉宾入住乌镇，正式启用的云舟宾客中心，在嘉宾注册、会务服务、信息发布等各环节，广泛应用人脸识别、人工智能等智慧技术。

大会所举办的“企业家高峰对话：新时代的数字经济”论坛，无疑成为人气最高的论坛，会场门口的地上都坐满了人，来晚了会被直接禁止入内。在这个论坛上，李彦宏就当前热议的产业互联网与消费互联网融合、人工智能等问题发表了自己的看法。

李彦宏指出，有人说人工智能是互联网的分支，我完全不认可这样的观点。人工智能和互联网是两个完全不同的时代，比如自动驾驶技术，在理论上应该可以脱离互联网运行。过去 20 年，人类社会走在互联网时代，但是未来 30 ～ 50 年，人类社会应该进入人工智能的时代。

在谈到人工智能的自动驾驶技术时，李彦宏说，现在大家经常谈到的自动驾驶，这是一个很大的赛道和市场，大家觉得这里面的技术应该是人工智能技术。我要提醒的是，自动驾驶技术理论上应该可以脱离互联网，当一辆车开到没有网的环境下，还是可以自动驾驶，不能说没有网跑不动，这是不行的。这是一个例子，也是互联网时代与人工智能时代的一个区别点。

在展望未来的发展时，李彦宏认为，人工智能不仅会改变、影响消费领域，也会彻底改变产业和B2B的领域，同时还会带来很多新的机会和创新空间。他说："20年前，互联网就开始做B2B市场，但经常会发现使不上劲，没法打开市场。但人工智能时代，我们再去跟各个产业的人聊天，发现共同语言多了很多。"他举例说，前段时间我到宝钢去，我进去之前戴安全帽，前后都戴反了，以前真的没有体验过。但是，进去之后发现，有很多流程都可以用人工智能的方法来提升效率。

李彦宏指出，在从互联网时代向人工智能时代转变的过程中，一定要有一个新的思维、新的战略，只有不断适应这个新的时代，才有可能抓住人工智能所带来的新的机会。人工智能就像大脑和小脑，而互联网则相当于神经网络。未来的人工智能时代，互联网这道前菜将最终彻底成为配菜。李彦宏表示，对于百度来说，必须构建一个相对比较基础的平台——百度大脑，把人工智能一些基础的能力，深度学习的框架，以及经常使用的应用技术，像语音识别的技术、图像识别的技术等，都集合在这个平台中，再开放给大家，让大家自由地使用。

在人工智能应用层面，李彦宏看好两个场景：一个是智能的家庭，另一个是智能的交通。

李彦宏说，智能的家庭是一个大的机会，人工智能发生和发展到今天，一个重要的节点就是人机交互实现了从原来的鼠标、键盘转向触摸屏，再从触摸屏转换到语音的对话。而这一过程，过去根本做不到，因为人的语言，计算机听不懂。而今天，使用一些智能音响，计算机可以听懂人的语言，人机交互的门槛大大降低。李彦宏说，未来的家庭，人们跟各种各样的设备的交互是用自然语言来实现的，这是人工智能时代的一大特点。

李彦宏指出，在智能交通方面，包括无人驾驶，确实有很多机会。无人驾驶是很多人的梦想，有很大的市场。现在，有很多的公司都在做无人驾驶的相关技术。李彦宏认为，发展智能交通，基础设施必须做相应的改造。例如，路面要怎样改造才可以大幅度提升通行效率。他表示，百度已经开始与许多城市展开合作，以求让道路交通更加智能。

如何才能跟上数字经济时代的步伐，李彦宏说，不要害怕人工智能，要勇敢地拥抱人工智能、理解人工智能。一旦张开手臂拥抱人工智能，很多问题就将迎刃而解，工作效率自然会得到大幅度提升。

突破创新，百度营收超千亿

2019 年新年伊始，百度董事长兼首席执行官李彦宏发布内部信息：2018 年，百度营收首次突破 1 000 亿元大关，从而迈入千亿门槛。李彦宏表示：“这是百度加速成长、服务用户的一个里程碑，也是突破创新、践行使命的一个里程碑。”

李彦宏认为，对于今天的百度来说，营收突破千亿这个成绩，另有一层特殊的意义，就是百度拥有六项驱动营收的产品和技术。这六项分别是：搜索 + 信息流、简单搜索、百度 App、好看短视频、智能设备小度系列、智能驾驶技术。李彦宏自豪地说：“那个能够做出好产品、那个受用户喜爱的百度，已经回来了。”

百度成功跨入中国互联网行业营收千亿俱乐部，完全可以用实现高增长的发展来概括，也证明百度已经从早期处于移动互联网的局限中，逐渐挣脱出来。

应该说，2017年，是百度生存和发展中的关键分水岭。一方面，百度收缩战线，出售了百度外卖，分拆了百度糯米，从此前摇摆不定的O2O战线急速回身聚焦主业；另一方面，随着“信息流+AI”主航道及搜索护城河相辅相成战略的明确，百度在对自身业务轻重缓急的梳理中，进行了增长引擎的变换。

事实证明，百度的这些变革，不仅是对发展方向的纠正，更有壮士断腕、置之死地而后生的意味。仅仅一年时间，聚焦人工智能等前瞻布局，在无人驾驶业务上实现巨大的飞跃，促使庞大的百度很快发生了翻天覆地的变化。百度在历经2016年下半年连续两个季度营收下滑后，2017年四个季度营收同比增幅节节攀升，分别达到了6.8%、14.3%、29%和29%，2018年四个季度也分别达到了31%、32%、27%和22%。

2018年，百度除了在信息流的商业变现方面取得了巨大的成就外，更是在智能硬件、无人驾驶和百度云等领域大放光芒，李彦宏也屡屡成为中国在全世界AI领域中的“代言人”。

2019年新年伊始，李彦宏在一份内部信函中指出，百度是一家平台级公司，人工智能的历史性变革正加速渗透各行各业，孕育着巨大的发展机会和升级空间。李彦宏宣称，百度已经形成人工智能Duer OS操作系统、百度智能驾驶全生态体系阿波罗系列，在全球领域成为中国AI时代能力彰显的一张名片。

在研究分析了百度所取得的突出业绩后，中泰证券计算机首席分析师谢春生指出：百度所实现的千亿营收额，大部分是由互联网在线业务贡献。可以说，在互联网时代，百度的技术变现已经取得了巨大的成功。但是，未来更看好百度在人工智能时代所蕴藏的巨大商业化潜力，人工智能有望开启百度下一个千亿收入大门，实现人工智能技术的最大变现。谢春生说："在布局落地了内容、智能硬件、智能驾驶等多场景后，百度已经呈现出短、中、长期三大战略布局，三级火箭清晰，将持续发力。短期看，百度信息流、短视频成为百度营收现阶段的现金牛；中期看来，百度云、百度智能小程序在产业互联网上，已经展现出强大实力；长期来看，百度在智能驾驶、Duer OS 智能 AI 语音操作系统方面已经全球领先。"

显然，李彦宏的人工智能布局非常广阔，已经覆盖多个不同领域。在无人驾驶技术方面，李彦宏不仅亲自乘坐无人驾驶汽车在北京五环行驶，推出了阿波罗无人驾驶系统，而且还宣布，将向所有合作伙伴无条件开放无人驾驶技术，预示着将来无人驾驶技术有可能得到快速普及。百度推出的对话式人工智能操作系统 Duer OS，可以与人类进行交流，并执行指令，目前已经与多家企业达成了合作。未来，人们想要打开电视或者是空调，只需要嘴皮一动就可以了。同时，百度在农业、医疗和城市等领域，都有人工智能技术的合作布局。

李彦宏表示，人工智能的历史性变革正加速渗透各行各业，孕育着巨大的发展机会和升级空间。百度在对人工智能等技术的领先投入和应用探索中，已经拥有别人所不具备的、把握这个时代的底气与勇气。

改变世界，中国技术争高峰

2018 年新年伊始，李彦宏登上了最新一期美国《时代周刊》的封面，成为中国互联网企业家登上该刊封面的第一人。对此，美国媒体预测说，也许在未来，中国将成为世界人工智能技术的领先力量。

在 2019 年 3 月的全国“两会”期间，作为全国政协委员的李彦宏，提交了三个提案，而这三个提案，全部与人工智能有关，涉及人工智能伦理、智能交通和智能医疗应用三个方面。

算起来，李彦宏已经连续五年在全国“两会”期间提交了与人工智能密切相关的提案。2015 年，李彦宏建议设立国家层面的“中国大脑”计划，推动人工智能发展，抢占新一轮科技革命制高点；2016 年，李彦宏建议加快制定和完善无人驾驶汽车相关政策法规，抢占产业发展制高点；2017 年，李彦宏所提交的关于利用人工智能和大数据技术，帮助解决走失儿童问题等三个提案，全部聚焦于人工智能；2018 年，李彦宏提交的建议国家出台政策鼓励人工智能的开放平台、加速无人自动驾驶相关立法两个提案涉及人工智能。

在谈到人工智能领域所面临的挑战这一问题时，李彦宏表示，人工智能这一领域，肯定有泡沫，而且还不小，但行业走向成熟、理性的过程，也是一个优胜劣汰的过程。他说，目前，人们对人工智能存在着种种误解，主要划分为两大类：一类认为人工智能会超越人、控制人，心存恐惧；另一类认为人工智能现在能做的有意义的事情还不够多，内心不够重视。

李彦宏指出，我国在人工智能领域发明专利授权量已居世界前列，语音识别、机器视觉等水平加快提升，智能网联汽车、智能服务机器人等创新活跃。到2020年，我国人工智能带动相关产业规模将超万亿元。他说："我们能够想到的任何一个行业里，几乎都能看到人工智能的存在。人工智能经历漫长的技术研发、算法培育和算力提升，产业正迎来应用的快速增长期，并且在未来很长时间内，都将处于高速增长阶段。"

2019年3月23日，李彦宏在中国发展高层论坛发表演讲时说，过去20年，中国被电脑、互联网、手机不断改变，同时也在改变着世界科技的走向。中国专利申请量连续五年排名世界第一，人工智能论文数量已经占到了全球的25%，人工智能领域的融资占到了全球的一半。他说："今天中国在科技上的投入、潜力，都很令人兴奋。我前一段时间看到一个数据，中国今年整体的研发投入占GDP的比例达到了2.5%，与美国的2.7%或是2.8%已经比较接近了，中国在研发上的投入在迅速增加。"

李彦宏认为，中国不仅在互联网领域与美国表现出巨大差异性，在人工智能领域、自动驾驶开放力度更大，智能语音交互创新应用和落地场景不断丰富，云计算技术不断向产业渗透。中国在人工智能方面已经走出了一条和世界不同的道路，多项技术指标已经甩开美国，中国正在改变世界科技走向。李彦宏说，中国凭借"场景""数据""人才""基础设施"四大优势，必将取得更多的创新，成为世界推广人工智能技术的领军者。

2019年春节期间，百度与中央电视台展开了摇红包的合作，合作筹备期间，李彦宏给百度团队提了一个要求，就是在摇红包期间不要宕机。这个要求，听起来很简单，但做起来非常困难。这么高的流量，这么大的负载，所有的数据都是全球从来没有过的。百度上千名工程师奋战了一个多月，终于确保了在摇红包期间没有宕机。百度人曾经创造了这样一个纪录：8小时之内架设1万台服务器到数据中心。那几天，从服务器厂商到百度数据中心的高速公路上，平均每100公里就有一辆车是运着这些服务器的。上架到最后的时候，甚至把数据中心的电梯都“累”坏了，百度人就靠手工搬运，把一台台服务器放到机架上，保证了春晚观众的摇红包体验。

李彦宏指出，在人工智能应用落地方面，中国有着更明显的优势。在无人驾驶领域，百度在2015年之前就开始技术研发，并于2018年推出全球首辆L4级无人驾驶量产车，打造出全球最大的智能驾驶生态。在智能家庭领域，中国的商业化成果丰富而巨大。在云计算领域，百度智能云实现了端、边、云的工业视觉解决方案，在帮助制造业提升效率的同时，也大大降低了人力损耗。

李彦宏对中国大规模市场的独特优势非常有信心，他说，在中国任何一个场景、任何一个地方的规模，都是相当大的。通过大规模、大数据创造大机会，让中国给世界贡献技术创新。他坚信，中国一定会为全世界贡献更多影响深远的技术创新。

附录

李彦宏经典演讲

今天百度更懂你

2017年11月16日，2017年百度世界大会在北京国贸大酒店及嘉里中心大酒店举办，李彦宏登台发表了《今天百度更懂你》的主题演讲。以下是演讲内容：

大家好！各位来宾、各位合作伙伴、各位媒体界的朋友们，上午好！

欢迎大家来到2017百度世界！大家知道，百度世界是我们一年一度的百度技术和产品创新大会，而今年的百度世界和往年又有一点不一样，其中最大的不同之处，就是我们推迟到冬天召开了。以前都是在8月或者9月，这是因为我们在7月份的时候刚刚召开过一次百度AI开发者大会。7月到11月虽然只有短短的4个月，但其实很多东西已经发生了改变，已经有很多新的技术、新的产品、新的值得我们和大家分享的东西了。

那么，在7月份的百度开发者大会上，给大家留下最深刻印象的东西是什么？从那次开发者大会到现在，人们问我最多的问题是什么？你有没有吃到罚单？我在这里统一地给大家回复一下。我们的无人车确实吃到了一张罚单，但我想说的是，如果无人驾驶的罚单已经来了，无人驾驶汽车的量产还会远吗？从7月份我们正式开放无人驾驶技术平台Apollo（阿波罗）到现在，我们已经有6 000多个开发者在投票支持Apollo项目；有1 700多家合作伙伴加入了Apollo，开始使用Apollo的开放代码；有100多个合作伙伴申请使用Apollo的开放数据。所以，它已经变成了一个非常活跃的开放平台，很多人都能够从中受益。从7月到现在，我唯一一次去逛商场被认出来的时候，被问到的第一个问题就是："李总，我什么时候能坐上你们的无人车？"

我说："我们在努力。"

当前，整个业界对这件事情的判断和时间表大概是什么呢？在2020年的时候，我们的无人车可以实现量产。但我们并不满足，我们希望能够更早地去生产、去量产无人车。所以，在前不久我们刚刚宣布，和金龙汽车合作，生产一款无人驾驶的小巴车，在2018年7月份实现量产。在两边的大屏幕上大家可以看到，这个小巴车没有方向盘、没有驾驶位，它是一辆真正的无人驾驶汽车。当然，在明年开始运营的时候，它会先在相对封闭的道路上进行运营。除金龙外，其实我们还有各种各样新的合作伙伴。比如在2019年，江淮汽车会生产基于Apollo的自动驾驶汽车；北汽也会在2019年生产基于Apollo的L3自动驾驶汽车；还有最早和百度一起合作生产自动驾驶汽车的奇瑞，会在2020年时推出自动驾驶汽车。如果今天大家有机会到奥林匹克森林公园去看的话，可以看到奥林匹克森林公园的"智行者"扫地车也已经是用Apollo来支持运营了。自动驾驶汽车的行业发展非常快，百度非常开心能够置身其中，并且做出相应的努力和贡献。

AI（人工智能）不仅对于汽车会是一个巨大的改变，对于整个人类社会的方方面面，都会有非常大的改变。所以，我们也很快会发布和雄安的战略合作，希望能够帮助将雄安打造成为一个没有拥堵、出行效率最高，各种各样的安检、各种各样的身份认证都非常简单，不需要有繁杂流程的新"千年大计"的城市。其实不仅仅是雄安，百度和很多城市都有类似的合作。比如说我们和保定、芜湖、重庆的两江新区、北京亦庄开发区、上海汽车城都在做类似的合作。未来的城市和今天大家感受到的城市会很不一样，会没有拥堵、没有雾霾、没有排队、没有各种各样繁杂的流程。这些进展的背后，其实都是被我们去年百度世界讲的一个东西所支持，大家可能还记得，这个东西叫作“百度大脑”。百度大脑的四项基本能力，包括语音识别、图像识别、自然语言理解、用户画像，这些技术现在也大多是通过开放平台的形式提供给我们的开发者。从去年到现在，我们已经开放了超过 80 个核心的 AI 能力，主要是通过 API（应用程序编程接口）的形式供大家使用，已经有 37 万多个合作伙伴加入了百度大脑开放平台，都在使用我们各种各样的能力。而使用的频次怎么样呢？每天，百度大脑各种各样的能力被调用的次数是 2 188 亿次。所以，今天大家在使用各种各样的 App、使用各种各样的电器、使用各种各样的设备时，背后很可能是在调用百度大脑的能力，只不过外表的品牌没有使用百度品牌而已。但它调用的次数，已经非常非常多、非常非常频繁了。

其实有一个例子。大家可以看到，（会场）两边的屏幕是有文字上屏的。现在既有中文的文字，也有实时的英文翻译，这里就当然使用了百度大脑若干项的能力，比如语音识别能力，尤其在会场这样的环境当中，其实还很复杂，需要专门给它调优。但大家可以看到，它的准确率已经很高了，在会场环境下，文字的识别能力能够达到 95%。英文的翻译其实也非常不错，至少你是能够看懂的。到什么程度呢？我们如果拿大学英语六级翻译考题来进行测试的话，总共 15 分的翻译题，百度大脑可以得到 13.6 分。这个成绩，已经远远超过了普通大学生参加六级考试的平均成绩。所以 AI，特别是百度大脑的技术能力其实是在飞速地提升，而且越来越能够进入各种各样的实用领域。AI 除了在手机、汽车等场景使用外，在家庭中也有非常多的应用。比如说电视，我经常调侃说我们大多数人都不会使用电视的遥控器，因为遥控器上 20 几个按钮，绝大多数人都搞不清楚那些按钮是干什么用的。但当电视和百度的 AI 技术，尤其是度秘 Duer OS 的技术结合的时候，电视就会变成一个“聪明的电视”，它就会听得懂人话。我们现在来看一段视频。播放 Duer OS 智能电视视频，大家可以看到，电视不用学习那么多遥控器按钮的使用方式，但它的聪明程度已经比学会使用所有遥控器按钮还更有能力，更要符合人类的需求。这里当然也是有很多百度大脑的能力，比如语音识别能力、自然语言理解能力，还有一个非常重要的，就是对于视频内容理解的能力，这些能力，是现在的遥控器无论加多少按钮都无法实现的。当然，现在这种加载了 Duer OS 的电视，它和人的交互还是需要你按住去说话的。今天我们在市场上见到的很多智能音箱，当你和它交流的时候，虽然不需要按住，但通常需要四个字的唤醒词再来和它进行交互。这仍然不是一个很自然的交互方式。在我们的日常生活当中，人和人进行交互时，我不用拉着你的手才能和你说话，不用每说一句话都叫一次你的名字，也不需要把每个人的名字都拉到四个字那么长。那么，能不能有更自然的方式跟机器进行交互呢？我们再来看一段视频。播放手机百度 TTS（语音合成）视频，视频最后写了一个“Coming Soon”（马上就来），How soon we soon（我们多快）？这个月底，我们发布手机百度语音版本时，大家可以自然地和手机进行交互。当你的眼睛需要看别的地方，当你的手需要做别的事情时，你仍然可以自然地和机器、和手机、和各种各样的设备进行自然语言的对话，这是我们能够看到的 AI 带给大家的方便。

AI 在很多其他领域还有各种各样的应用，尤其是图像方面。我们再给大家看一个例子。这个例子我们叫作“让每个人安全回家”。现在我想连线一下场外展览区，在展览区有一个大货车的 Demo，现在我们看一下大屏幕。连线外展区疲劳驾驶监测系统 Demo。这是在为大家展示百度 Apollo 的疲劳驾驶监测系统，我们这里有一个工程师作为司机来为大家展示。现在，他已经开着大货车上路了，中间可能会有手机给他发信息。首先识别了他是正在驾驶的司机，现在有手机开始打扰他了，他在看手机，于是提醒他不要再看手机了。开了两个小时后，他觉得有点犯困，司机开始打哈欠。又开始提醒他“注意行车安全”。再继续开，他已经开始犯困，有点睁不开眼了，我们看到他已经开始打瞌睡。这时，开始放欢快的歌曲帮助他提神。接下来，我们的司机继续驾驶，行驶到了一个阳光地带，阳光非常刺眼。这时，他戴上了墨镜，这个墨镜还是很黑的。不过没关系，如果他犯困的话，我们还能够检测到他是疲劳驾驶。当重度疲劳驾驶的时候，它会自动检测并且提供导航到最近的休息区。为什么在司机戴上墨镜、当人看不清楚他眼睛的时候，我们的疲劳监测系统依然能够检测到呢？因为我们有红外。很多时候在特定的场景下，AI的能力是超越人类的。现在，当他重度疲劳的时候，我们会给他导航到最近的休息区；未来，我们希望不仅仅是导航，而是车自己就能够开到休息区。场外连线结束。

这是一个非常明显的例子，AI能够让每个人安全回家。我在展示这么多各种各样使用场景的时候，大家会感到很兴奋，很有意思，也很期待。但在我看来，这一切仅仅是刚刚开始，我们仍然处在AI时代的黎明，还有很多没有发现的美好未来。这让我想起了2006年第一届百度世界大会举办的时候，那时百度的理想、使命是“让人们平等便捷地获取信息、找到所求”。12年过去了，“平等、便捷、找到信息”这样的诉求，对很多人来说已经不再是梦想，甚至连小学生都能非常方便地获得他们想要找的信息。而今天，随着技术的不断演进，这个世界变得越来越纷繁复杂，每天都有新的电器、新的设备、新的工具被发明。其实，人类社会的发展历史，基本上就是一个工具不断被发明的历史，但是，每发明一个新的工具，我们的人类就又多了一个新的负担，我们要去学习如何使用这个工具。在很多人看来，世界正在不可避免地变得越来越复杂。拥堵、排队、身份验证、$PM_{2.5}$太高等，各种各样的事情，都使得我们的生活没有我们希望的那么美好，都浪费了很多我们不应该被浪费的时间。但随着AI时代的到来，百度相信，我们可以用技术的方法改变这些情况。

AI技术的发展，可以使得机器越来越学会使用各种各样的工具，听人的话，适应人的需求，让人的负担变得更低、更少。12年前，因为百度更懂中文，人们逐步地发现获取信息不再是一件难事，不再是一件复杂的事情，而是一件非常简单的事情；今天，随着AI时代的到来，百度希望用AI的技术把复杂的世界变得更简单。因为，今天百度更懂你！

谢谢！

AI时代全面到来

2018年9月17～19日，2018世界人工智能大会在上海西岸召开。开幕式当天，李彦宏发表了“AI时代全面到来”的主题演讲。以下是演讲内容：

非常高兴来到上海参加世界人工智能大会。上海可以说是全中国最现代化的城市，不仅现在是这个样子，一百年以前就是这个样子。但是不同时期，大家对现代化的定义是不一样的。100年前有几台纺织机，成立一个纺织厂，这就是最现代化的城市了。50年前，在我们的城市里看见冒烟的烟囱，我们觉得这就是一个现代化的城市。

我记得我小时候，可能是40年前，在马路上闻到汽油的味道，觉得这是一个现代化的城市了。就像我们今天醉氧一样，觉得汽油味儿特别好闻。20年前，我们怎么定义现代化呢？我们觉得信息化就是现代化，我们用Excel代替了手写，我们的企业做一个网站，我们就觉得是一个现代化的企业。所以，我们国家今天有一个部门叫工业和信息化部，其实，这就是那个时候的现代化部。

但是今天，现代化的定义需要改一改了。今天的现代化是什么意思呢？我觉得就是AI化，就是人工智能化，人工智能技术的渗透率不断提升。随着近几年AI技术的爆发式进步，算法、算力和数据之间的良性循环，对于产业升级和经济变革的影响越来越突出，并将在未来的几十年中，为产业和经济的发展提供"新动能"。可以说，未来没有任何一家企业可以宣称他与AI无关。

但是，有能力做AI技术研发、做AI平台和生态的企业，毕竟是少数的。对于绝大部分企业来说，至关重要的还是如何在现在这个时代趋势之下，率先拥抱AI，做一个成功的AI技术应用者，尽快使自身AI化，赢在起跑线上，为未来提供发展动力。

AI时代的生活跟过去是不一样的，AI时代的公司也会是不一样的公司。在我看来，一个真正的"AI化公司"是三维一体的。哪三维？它首先要具备AI思维，其次要拥有AI能力，最后还要遵循AI方面的伦理。

那么，什么叫拥有AI思维？AI思维意味着必须基于万物互联，来重新思考公司的战略。今天我们的生活当中已经遍布传感器，我们的企业要在一个遍布传感器的社会找准自己的定位。互联网提升了人与人的沟通效率，人工智能则会解决人与万物交流的问题。刚才Pony（马化腾）就讲了这个观点。

所以，从万物互联的角度，就有机会实现降维网络攻击。比如金融、医疗、出行这些行业，这是当前AI最热门的应用领域，带给用户的感受也是完全不同于以往的。另外，很长一段时间来，不论是PC互联网还是移动互联网，企业主要的关注点还是在软件层面。但是在AI时代，企业必须更多地去关注软件和硬件的结合，从中寻找新的创新机会。比如说无人驾驶汽车，它既包括了激光雷达，要搭载各种各样其他的传感器、捕捉雷达、摄像头等，也需要各种各样的软件来支持，甚至需要在城市的基础设施层面改造和配合后才能够实现。

所以，前几天我们也宣布了开源百度Apollo（阿波罗）无人驾驶的车路协同方案，不仅车要有AI能力，路也要变成聪明的路，也要有AI的能力，它们的协同，会大大降低无人驾驶的成本，提升出行效率。

那么，什么叫作拥有AI能力？这个指的是企业利用人工智能技术的能力，不是发明人工智能的技术。今天，AI领域存在着大量的开源和开放的平台，世界领先的科技公司在这方面的投入都是长期的、巨大的。所以，大家没有必要每个人都重新发明一遍轮子。

企业要能在公开的、成熟的第三方的基础AI能力之上，深入场景，结合行业特点和竞争环境，来强化自身所擅长的业务，从中发展出来独特的AI应用能力和优势。这就是企业充分了解AI能做什么，不能做什么，自己有什么资源，自己有什么数据，以及自己能够获得什么资源，获得什么数据。这样，也有利于企业把精力更多放在自己的优势上，取得相关的数据，获得相关的计算算法，这些能力作为基础建立起来，区别于同行的长期优势。

因此，对于每一家立志于AI化的公司来说，一方面要有能力持续、高效地积累大量的、优质的、独特的数据，使得这些数据成为AI应用创新的燃料；另一方面也要具备连接AI技术、AI平台的能力，以开放的方式借助

AI从数据当中挖出“金矿”。

最后，遵循AI伦理。一家真正的“AI公司”，不仅技术层面是与AI紧密结合的，它的文化也必须是“AI化”的。这意味着公司的发展，必须遵循AI伦理的四个原则：第一个原则，AI的最高原则是安全可控；第二个原则，AI的创新愿景是促进人类更加平等地获得技术能力；第三个原则，AI存在的价值是教人学习，让人成长，而不是取代人、超越人；第四个原则，AI的终极理想是为人类带来更多的自由和可能。这是因为，AI的目标是让世界变得更加美好，是把人类从既有的认知局限中解放出来；另外，数据的广泛可连接和应用，有可能导致隐私方面的问题也会日益凸显。因此，我们的企业必须要牢记初衷，把安全、伦理以及广泛的社会关怀，融入公司的血液当中。

很多人担心，AI的发展会导致机器大量地代替人的工作，从而产生大量的失业。这个我倒不是那么担心，因为，我们看到每一次的技术革命，其实都伴随着大量的人工被机器所替代，同时，也有大量的新的机会被创造出来，新的产业会蓬勃地兴起，层出不穷。我们AI知识的匮乏会限制我们的想象力，但是却不会限制工作机会的产生。当然，工作机会的不减少，也并不意味着企业不会大量地倒闭。恰恰相反，那些不够AI化的企业无法适应新的时代，就注定会被新一代的企业所取代。

AI化会让我们的社会更加美好。当越来越多的公司拥抱AI、融合AI，AI技术会更快地渗透到社会的各个层面，使得我们的民众享受到智能的福祉。同时，也为解决社会问题开辟新的路径：

比如说我们之前用AI技术，用人脸识别来寻找走失或者被拐卖的儿童，这个过去用人去一一地对应，就算是花个十年、二十年你也找不到，但是，用计算机的能力，用今天的AI能力，可以大幅度地提升效率、提升匹配度，这样已经有很多的成功案例。再比如说，我们今天城市交通拥堵不仅造成了经济的损失，而且衍生出来了空气的污染、摩擦、纠纷以及各种各样的交通事故。无人驾驶和车路协同的技术，可以对此进行有效的改善和治理，让经济的发展血脉更加畅通。

像上海这样的大城市，我们测算，5%的GDP损失是交通拥堵产生的，平均一个司机或者说坐在车里的人，一年可能有100个小时是处在交通拥堵状态当中的。我们开发无人驾驶汽车，很多人说我不需要无人驾驶汽车，我自己开车觉得挺舒服。是，你在高速上开得很快的时候你很舒服，找停车位的话就不舒服了。可是，原本你有30%的时间是在找停车位的，而恰巧的是在找停车位的这最后一公里，现在技术，现在的无人驾驶技术基本上成熟了，可以替代。

在更加复杂的开放的环境中不一定，但是在最后一公里找停车位的时候，我们可以很好地去解决，用无人驾驶、自动驾驶。那么下次你再到公司上班的时候，把车开到大门前面，自己下车，剩下的事就不用管了。所以，这将是一个非常美好的世界。

我们完全可以预见，能够用好的AI技术，去解决这些社会问题的企业，一定会是最有前途的企业。因为他们在努力给我们带来一个更加简单、更加美好的世界。这样的世界，会让我们感觉到更加幸福，充满希望；这样的世界，需要我们一起努力，抓住机会，携手创造！

谢谢大家！

ROBIN LI & BAIDU

A BUSINESS AND LIFE BIOGRAPHY

BY GUO HONGWEN

TRANSLATED BY LI WEIYAN, WANG YUTING

CONTENTS

PRELUDE

At the grand gala celebrating the 40th anniversary of China's reform at the Great Hall of the People in Beijing, on 18 December 2018, Robin Li, the cofounder, chairman and CEO of *Baidu*, Inc., was awarded the title of 'Reform Pioneer.' Li was given the Reform Pioneer medal for being the outstanding entrepreneurial representative of overseas returnees in pushing forward technological innovation along with 99 other outstanding individuals who greatly contributed to the country's 40 years of reform and opening up. Moreover, Li was also among the list of 100 outstanding private entrepreneurs on the 40th anniversary of the country's reform and opening up, unveiled by the All-China Federation of Industry and Commerce on 24 October 2018.

On 23 September 2015, Chinese President Xi Jinping attended a US–China entrepreneurs' symposium that gathered together 15 business bigwigs each from the two countries, including Robin Li, during a state visit to the United States. At the symposium, special media attention was given to Robin Li, Jack Ma and Pony Ma, the heads of China's three tech titans, *Baidu*, Alibaba and Tencent, respectively.

Li obtained his bachelor's degree in information management from Peking University in 1991 and a master's degree in computer science from the University at Buffalo (part of the State University of New York) in 1994. He subsequently worked as a senior consultant at a subsidiary of Dow Jones & Company and designed a real-time financial information system for the online edition of *The Wall Street Journal*. He later joined Infoseek, one of the early search engines, as a senior engineer. In the meantime, he received a US patent for a system relating to hyperlink analysis, a milestone invention that began the development trend of today's search engine.

In January 2000, Li returned to China to start his own venture and cofounded *Baidu* with the original mission of "providing the best and most equitable way for people to find what they're looking for." Nowadays, *Baidu*'s mission is to "make a complex world simpler through technology." At the time when Li started *Baidu*, Google and Yahoo already dominated China's search engine market. Faced with these two international industry giants, *Baidu* was, at first, living in their shadow. However, the ambitious Li managed to overcome various difficulties and led *Baidu* into the light with technology and service edges, finally gaining 70% of China's search engine market share.

On 5 August 2005, *Baidu* was officially listed on the National Association of Securities Dealers Automated Quotations (NASDAQ) in the United States with an offer price of USD27, an opening price of USD66 and a closing price of USD122.54 per share, respectively, becoming the first Chinese company to enter the NASDAQ constituent stocks. On the same day, *Baidu* saw an astonishing increase of 353.85% in its share price, building a stock market myth on the NASDAQ.

At the sight of the NASDAQ trading floor, Li said, "We did it. We made our motherland proud!" These simple words expressed his deep love for the Chinese nation. They were a reward for the assiduous work of Li and all *Baidu* employees. After almost two decades of development, *Baidu*, under the leadership of Li, has become the world's second largest independent search engine and the largest Chinese search engine. With *Baidu*'s success, China stands proudly with the United States, Russia and South Korea as one of the four countries in the world to possess its own core search engine technology. Moreover, *Baidu* has become one of the most valuable brands in China's internet industry.

In July 2014, Li, as the Chinese entrepreneur representative, paid a visit to South Korea and Brazil with President Xi. From then on, Li became a recognized name, attending many state occasions and gradually improving *Baidu*'s reputation around the world.

On 3 July 2014, Li, the only Chinese internet entrepreneur on President Xi's state visit to South Korea, delivered a speech titled "Technological Innovation Creates 'a New Era in Asia'" at the China-Korea Economic Cooperation Forum. Why could Li make that speech on behalf of all Chinese entrepreneurs? It was because *Baidu*, China's leading tech company, was run strictly in line with the efficiency principle in the new internet economy and fully reflected the business conditions of China's internet industry. Meanwhile, *Baidu*, with technological innovation as the main driving force, was definitely a high-tech enterprise in China's internet industry.

Two weeks later, Li visited Brazil with President Xi. On 17 July, President Xi and his Brazilian counterpart, Dilma Rousseff, jointly pressed a button on a computer keyboard to officially launch the Portuguese-language version of *Baidu*'s search engine in Brazil and roll out its browsing service. This was a vital marker that China and Brazil had strength-ened their cooperation in technological innovation.

Li announced in his speech that in the following three years *Baidu* would endeavor to build a world-class R&D center in Brazil, dedicated to the research, development and innovation of Brazilian internet technology and services. He noted that *Baidu* aimed to facilitate the process of innovation, entrepreneurship and professionalism in the internet market, train scientific and technological talent, and support entrepreneurial teams for the Brazilian internet industry so as to help it create a sustained online ecosystem. This further deepened the exchange of technology and talent in the industrial fields of both countries and enhanced the international competitiveness of the Brazilian internet industry.

From the series of official receptions he was given in Brazil, we can see that Li is regarded more as a national ambassador representing China's technological innovation than just an excellent entrepreneur.

In addition, Li is a great social activist. He is currently a member of the Standing Committee of the Political Bureau of the Communist Party of China Central Committee (CPPCC), vice chairman of the All-China Federation of Industry and Commerce, vice director of the Internet Society of China, vice president of the Beijing Association for Science and Technology, visiting professor at Wuhan University and the University of Science and Technology of China, part-time professor at Nankai University, global member of UNAIDS, board member of Aiyou Huaxia Charity Foundation and honorary UN Messenger for World Environment Day. In each of these positions, he plays a very prominent role.

In his entrepreneurial process, Li uses a "magic" sevenprinciple "weapon" and achieves great success:

1. Look at new changes every two years
2. Do more than you promise
3. Borrow money before you really need it
4. Diversify your customer base
5. Do not chase profits too early
6. Focus on your own field
7. Always work with passion

These seven principles are not only Li's philosophy of life but also the enterprising spirit of *Baidu*. It is these "magic" seven principles that have helped Li to establish *Baidu*, a leading search engine in China that all Chinese people are proud of.

Over the past two decades since its establishment, *Baidu* has thrived, growing from nothing to become a world-renowned national backbone enterprise, accelerating the process of China's national rejuvenation. In one speech he delivered to *Baidu* employees, Li put it this way: "In the near future, we will continue to move forward with our mission and responsibility; and at the same time, we will harvest more and more touching and happy moments while making more progress!" For Li and all *Baidu* employees, their efforts and growth will go hand in hand.

CHAPTER 1

GAINING MOMENTUM BY WORKING HARD AND LAYING A SOLID FOUNDATION

ENROLLING AT PEKING UNIVERSITY AS A TOP-SCORING STUDENT FROM YANGQUAN

Robin Li was born as the fourth child into a working family on Sunday 17 November 1968 in Yangquan city, Shanxi Province. His older sisters were all very helpful, not only playing games with him but also singing songs to him and telling him stories.

In 1976, at the age of eight, Li attended a school for workers' children at Jinzhong Chemical Plant. Gifted and smart, Li was often praised by teachers and admired by his classmates. After school, his father would often take him to see traditional Chinese operas and films at the clubs in the chemical plant, as a reward for his good schoolwork. Li, born with a good voice, gradually became interested in Chinese operas.

In 1977, when the Opera Troupe of Yangquan in Shanxi Province began to recruit students, nine-year-old Li happily signed up for the audition. The theater's teacher in charge of admission realized, after hearing his voice, that Li was a promising young folk singer and immediately decided to accept him. However, the theater's offer was rejected by Li's father, who expected Li to continue his studies and then find a good job in the future.

In the same year, Li's oldest sister, Xiuhua Li, was admitted to Jinzhong Teachers College after the national college entrance examination system was restored. This brought great joy to the family and thoroughly pushed aside Li's theatrical learning. While Li was a promising young talent in Chinese folk arts, his failure to progress in the theater turned out to be a blessing in disguise for the IT industry in the future.

When he was still a primary school student, Li used to pester his older sisters to tell him about senior or junior high schools. He was always keen on reading his sisters' textbooks and admired them a lot for their increasing knowledge.

As a junior student, Li studied at the middle school affiliated to Yangquan Arsenal of Shanxi Province, a relatively ordinary school for workers' children with poor educational resources. Most of the students there would choose technical schools instead of key senior high schools after graduation, and then follow the careers of their parents. This prospect made Li's father worry about him a lot.

Li turned into a playful child but was influenced by his classmates. In his teachers' eyes, Li was talented and promising enough to enter key senior schools. However, if he continued to be so playful, it would be impossible for him to be admitted to any school. Therefore, the teachers became increasingly strict with him.

In the end, Li's father completely lost patience with him. One day, in the second semester of the eighth grade, the playful Li was given two slaps to the face by his father. This was the first and only time that Li's father hit him. Li's father said earnestly and sincerely, "You are starting your ninth grade soon. If you still do not work hard at school and aim for senior high school or university, you will end up having to follow my path as a boilerman — a lifetime laborer."

Li's father's uncommonly fierce anger stung deeply. Li knew his father cared and wanted Li to live up to his expectations. From then on, Li totally changed and became hard-working at school. Looking back, Li recalled that his father's two slaps were well timed.

In that year's high school entrance examination, Li ranked second in his school and was admitted to Yangquan No. 1 Senior High School, a prestigious key school in Shanxi Province with a yearly university enrolment rate of 80%. The students admitted to the school had great potential to attend key universities.

With the good habits he developed in the ninth grade, Li started his senior schoolwork well. Shortly after entering senior high school, Li visited the campus of Peking University under the guidance of his oldest sister, who was a student there. The visit greatly inspired and motivated him. He secretly vowed to attend Peking University like his sister so as not to let down his parents and himself.

Li was strong in all school subjects, so he was indecisive about whether to choose science or humanities in the second year at high school. At that time, Li's father firmly advised him to learn science, saying, "You can always make a living wherever you go if you know mathematics and science well." Li followed his father's suggestion and became a science student. His father's advice once again set the stage for Li's later legendary status in business in China.

At that time, Yangquan No. 1 Senior High School was equipped with the first computer classroom in Yangquan city. With a great passion for computers, Li signed up for an interest-oriented class. In order to study in the computer classroom as much as possible, Li often beseeched the teacher to allow him to stay for a little longer. Thanks to his positive learning attitude, Li excelled in his computer abilities.

In the third year of senior high school, Li spent almost every night learning and approached every simulation test seriously. His hard work finally paid off. He was admitted to Peking University as the top scorer in Shanxi Province in that year's national college entrance examination. From then on, 19-year-old Robin Li embarked on a brand new life journey.

STUDYING ABROAD AT THE UNIVERSITY AT BUFFALO

In September 1987, Li began his college life at Peking University with high expectations about his future. At the beginning of his freshman year, Li was curious about everything on campus. He participated in various club activities with great passion, learned dances, gave speeches and participated in debate competitions. All of these activities allowed the exuberant Li to develop and show his unique and wide-ranging qualities.

However, the initial excitement was soon replaced by a loss of interest in studying library and information science. At first, Li had had high expectations of this major. Yet, he gradually realized that it actually belonged to the liberal arts and had little to do with his favored major — computer science.

Soon his sister began a new course of study (a master's degree at Peking University) with the aim of studying for a doctorate in the United States, and Li was inspired to study in the United States as well. In his junior year, Li started revising crazily for the Test of English as a Foreign Language (TOEFL) assessment and graduate entrance examination, leading a busy life from classroom to library and then to dormitory. His only goal was to go to the United States to study his beloved major — computer science.

In order to master more computer knowledge, Li took almost all the computer science courses at Peking University. He made up his mind that he would learn whatever students of the computer science major learned, and he should be as competent or even better than them. Although studying computer science was very hard, Li did not give up working in his own major — library and infor mation science. Therefore, he worked hard at the TOEFL, computer science, and library and information science all at the same time. Back then, Li bore three times as much pressure as undergraduates generally did, but he overcame all difficulties with his strong will.

Later, Li applied to more than ten prestigious universities in the United States. Finally, success came to this indefatigable student. In 1991, when he turned 23, Li received an offer of a computer science major from the University at Buffalo (part of the State University of New York), whose computer science major ranks among the top 20 in the United States. Li's classmates were pleasantly surprised and congratulated him on the offer as they got the news. In their eyes, it was a miracle for Li, who had squeezed in time to learn computer science alongside his own major and successfully received an offer from such an excellent university.

After that, Li began to study computer science at the University at Buffalo. Li felt a little nervous before the class as a newcomer to America. However, such difficulties only pushed him to study harder. To surpass the top students, Li worked very hard day and night, and, thanks to his good performance at university, he was hired as an assistant to the head of the computer science laboratory. With this position, he could get extra financial aid from the University at Buffalo (USD8,500 to USD9,500 per year) and exemption from tuition fees. In other words, he was paid during his two academic years at the University at Buffalo, which surpassed the experience of most of the native students.

Two years later, Li acquired his master's degree in computer science at the University at Buffalo.

ALWAYS BEING DILIGENT IN LEARNING

Since senior high school, Li had regarded learning as an integral part of his life. He never disregarded it or stopped learning. Learning brought him growth, fulfilment, knowledge and happiness, especially during his period in the United States; he was so crazy about studying that he never wasted any time.

A year after he began studying in America, Li felt that the class curriculum couldn't satisfy him any more. For that reason, he decided to pave a new way to enrich his experience and broaden his horizons. Before the summer vacation, with an attitude of "trying more, expecting less," he sent his CV to some local high-tech internet companies requesting an internship.

After receiving his CV, the world-famous Panasonic Corporation willingly accepted Li as an intern with a weekly payment of USD25.

Very likely, nobody expected that Li's experience at Panasonic would begin his development to creating a search engine giant in China.

He studied very hard at Panasonic while continuing his post as assistant to the head of the computer science laboratory at the University at Buffalo. In pursuit of his dream, he was preoccupied with research in the field of optical symbol recognition (OSR). OSR is a high-tech that deals with scanned documents, analyzing and processing image files, and finally obtaining layout information.

Soon after, Li proposed a new algorithm to improve the recognition rate and thus attracted great attention from Panasonic's senior management. When he was due to finish his part-time summer job and return to university, the senior managers at Panasonic decided to break the rules and continue to hire him as a part-time teleworker. They also encouraged Li to write a research paper on the new algorithm for the improved recognition rate and published it. Later, Li made a speech at an international academic conference and introduced his research results, which were recognized by a famous expert in the field of international OSR. With the strong recommendation of this expert, Li's paper was published in the authoritative international academic book *Pattern Recognition and Machine Intelligence* and was praised by business insiders.

After seeing his paper, Li's supervisor believed that Li would acquire his doctoral degree soon, and was also confident that Panasonic would wait to hire Li at a high salary after he got his doctoral degree. Li's study in the United States would go very smoothly.

During Li's time in America, President Bill Clinton was vigorously advocating the construction of an information superhighway. As a result, there were many high-tech internet companies in the listed market that aimed to earn large amounts of money. At the same time, American companies suffered from very high rates of staff turnover, especially among internet talent. Under such circumstances and influenced by the rapid increase in the demand for computer talent, some Chinese students majoring in computer science had given up the opportunity to obtain a doctoral qualification after obtaining a master's degree and went on to seek employment for their personal development. This trend had a great impact on Li.

Just when Li got his master's degree and was preparing for his doctoral degree, IDD Information Services, a subsidiary of Dow Jones on Wall Street, sent him an offer. The boss at IDD thought highly of him. Besides, they shared similar opinions in academia. They each wished that they had met the other earlier. As a result, Li made a decision to join IDD as a senior consultant; this meant giving up further studies, but he aimed to learn and research more about cutting edge technologies. The rise of Silicon Valley told him that, compared to a university, industry would be a more powerful way to change people's lives and even the world.

For Li, conducting research mattered more than making money. In his role with IDD Information Services, he designed a real-time financial information system for *The Wall Street Journal* and, in doing so, he worked hard and strived for perfection, becoming the first to create controldriven technology, which was successfully applied to the search engine of Infoseek/Go.com. Go.com's image search engine was Li's first technology patent that received wide application. In 1996, he also took a lead in solving the problem of web-page ranking algorithms, perfectly combining content quality and relevance, which helped him obtain a hyperlink analysis' technology patent in the United States.

By working hard and attentively in the United States, Li accumulated solid technological knowledge, which helped him build self-confidence. Li saw everything with a long-term view, so he could always make the right choices.

The abilities to study and accumulate knowledge are vital to Li's success. Even after *Baidu* became the leader in China's search engine market, Li still kept studying.

In short, Li kept refining himself by broadening his knowledge in his youth, dedicating himself to schoolwork and working hard in an established company.

READING MORE TO ENRICH KNOWLEDGE

In Li's opinion, reading is essential and vital to acquiring knowledge. It helps to increase our knowledge, inspire our thoughts, widen our sights and arouse our creativity.

In today's society, many young people give up reading after they graduate from college or university. Some just gulp down test-oriented books, which only leads to bad reading habits. Comparatively, Li always preoccupied himself with reading, and read as a hobby like a *sadhu*.

He found reading to be enriching, which paved the way for him to become a successful entrepreneur. Born into a normal wage-earning family, Li was brought up to love books. His father, despite being a low-paid worker, had an especially good habit of reading and collecting books. As a result, Li and his sisters all developed their father's love of reading. Years later, they were all admitted to good colleges and universities, which became a widely admired and circulated story locally.

Li concludes that developing a good reading habit matters a lot, because it can not only help teenagers improve their reading skills, but also rapidly enhance their understanding and thinking abilities. When he was still a naughty little boy, Li was zealous about reading. As he learned more and more Chinese characters, he became increasingly interested in reading, and began reading Chinese classics including ancient prose and poetry that were even difficult for adults to understand. When he read The Lantern Festival Night-to the Tune of

Qingyuan by Xin Qiji, a Chinese poet and military leader during the Southern Song dynasty, he was deeply attracted by one line: "Hundreds and thousands of times, for her I searched in chaos / Suddenly, I turned by chance, to where the lights were waning, and there she stood." In this line, the word *baidu* ("百度" in Chinese characters, with the literal meaning "hundreds of times") impressed him a lot. No one could have expected that such a reading experience would guide him to establish *Baidu*, the popular Chinese search engine company, years later.

After entering senior high school, Li had more courses to take and therefore his schedule became more and more tight. In spite of that, Li insisted on reading more books than ever before. As a result, his learning ability greatly improved. Then, in his college years at Peking University, Li spent most of his leisure time reading in the library, where the rich collection of books made him ecstatic.

Back then, he regarded it as the best part of life to read in the library.

In his reading, Li concentrates more on books than real-time news. He prefers to read literary works that are valuable, deep, thought-provoking and shocking to the spirit rather than useless gossip. In his opinion, reading is a way to relax and enjoy some recreation, and one cannot really absorb the essence of books without reading them carefully and quietly. In this way, the knowledge that one has accumulated little by little will finally work in a unique manner.

Known as one of the leading figures in the field of internet technology in China and even the whole world, Li does not at all behave in the domineering or esoteric manner of other geniuses. Instead, he shows elegance in his demeanor, which has brought him many supporters and followers, becoming an indispensable aspect of his later business success. Without conducting specialized research on management or economics, Li obtained social recognition through his management ability by establishing *Baidu*, a company that has developed in a fast and orderly manner. Meanwhile, based on his own work experience at Silicon Valley, Li writes about his experience of the business wars among several leading American high-tech companies in his popular book *Silicon Valley Business War*, using the form of a traditional Chinese serial novel. Therefore, it can be safely concluded that extensive reading benefited Li a lot. It not only brought him a sea of knowledge but also expanded his horizons, thereby laying a solid foundation for his business success.

STAYING CLEAR-MINDED TO KNOW YOURSELF CORRECTLY

From the interviews he has given, we can see that Li believes that it matters a lot to have true self-recognition. In his eyes, this is the premise and basis of mastering, developing and surpassing oneself, and only in this way can one better guide oneself to act at the right time. This is also the message of the Chinese saying "He who has a thorough knowledge of the enemy and himself wins every time." However, just as we can more easily see others with our eyes than we can see ourselves, it is always easier to know others than to know ourselves. Therefore, if we want to know ourselves, we need to look at our reflection by holding up a mirror.

Li's accurate knowledge of himself also led to him finally turning himself into a leading figure in the IT field inside and outside China. He knows what fits him best and can properly act as per his own outlook on life and values; moreover, he is down to earth in pursuing his goals. Therefore, Li became the successful master of his own life.

When he pursued his master's degree in computer science at the University at Buffalo, Li was always studious and ready to consult his supervisor. By studying hard, he intended to have a top-notch career and make his due contribution to China. During his period as an intern at Panasonic, he developed his skills by applying what he had learned on campus to Panasonic's products and by learning from experienced colleagues. During the internship, Li, by way of meticulous research, indepth exploration and continuous attempts, managed to propose an algorithm with high recognition efficiency and achieved unique innovative results in the computer field, which prompted the senior leaders to treat him with increased respect. Based on a clear understanding of himself, Li fully brought out his strengths, thus laying a solid foundation for his success.

Upon acquiring his master's degree in computer science, Li discovered what he really wanted to do and therefore gave up studying for his doctoral degree. With this clear self-understanding, he unhesitatingly plunged himself into working on search engines in the internet industry, aiming to realize his life goal of "changing people's lives and making a difference to the world with technology."

When still a student in Shanxi Province, Li started learning a computer-related course, which aroused his deep interest in computer science and later propelled him towards computing research. In order to make something of himself in the computer field, he participated in the Taiyuan National Computer Competition for High School Students, yet he failed. It was that failure that made him better understand the saying "There is always someone smarter than you in the world." He felt that he was still quite far away from his counterparts in the big cities.

Li cared little about what others thought about his career decisions, which can be seen from his giving up job offers several times. Instead, he always engaged in dialectical self-analysis, which enabled him to have a clear understanding of the world. He developed a series of practical plans and worked accordingly, step by step.

In fact, Li gradually gained some knowledge about the objective entities in the process of developing his self-understanding. For him, whether or not an objective entity becomes necessarily existent relies on the degree of one's consciousness of it. If this consciousness is strong enough, one is able to turn the objective entity into "something real." This is true for anyone who intends to make a difference in a certain field. In other words, to gain success, the most crucial step is to know yourself and set life goals in a dialectical manner.

Robin Li's success was inevitable to some degree. On the road to success, he had a clear understanding of himself and knew exactly what kind of life he wanted to lead. Guided by this goal, Li made efforts to gain what skills he needed and then took all available chances to improve himself. That is what led to his great success.

CHAPTER 2

DOWN TO EARTH, PERSISTENT AND PLAYING IT SAFE

KEEP IMPROVING AND MAKING A DIFFERENCE TO THE WORLD WITH TECHNOLOGY

Robin Li has expressed his insistence on "making a differ-ence to the world with technology" many times in public. In his opinion, the best means of entrepreneurial accumulation is science and technology instead of money for both individuals and companies. In the 21st century, with the rapid development of science and technology — especially computer network technology and electronic information technology — expensive luxury goods such as mobile phones and computers have become affordable and even a necessity for the public. Nowadays, without mobile phones or networks, people wouldn't be able to connect with their relatives and friends any time, anywhere, at their own will regardless of geographical distance. In this sense, we can undoubtedly say that science and technology have been changing people's way of life and their cultural behaviors to a certain extent.

When vast internet resources, including those penetrating into the essence of everyone's lives, are available on search engines such as *Baidu*, people who can make good use of this search tool are able to go deeper into history, geography, nature and culture, and see the world in a more direct way while enjoying the benefits brought by science and technology.

Li not only advocates, adores and absorbs himself in technology, but also stays down to earth and keeps improving in R&D. In terms of internet technology, Li likes conducting research with open discussions and sharing technical achievements with others. In his eyes, only when technology is applied to life and helps people to solve practical problems encountered in daily life can it be regarded as something that is truly effective, meaningful to human beings and vital.

In terms of *Baidu*'s role in people's daily lives, there are innumerable memorable cases. To name one, an editor of a well-known magazine contacted a female cartoonist whose pseudonym was Maoxiaole. The editor told Maoxiaole that he was considering a revision of the magazine and he intended to invite her to produce several cartoons for it. Considerable revenue would result, and the editor added that Maoxiaole would be paid in royalties. Given the fame of the magazine, Maoxiaole readily expressed his willingness to cooperate. After some initial communication, they soon reached an agreement.

Several days later, Maoxiaole received a call from the aforementioned editor, who said that the magazine expected him to complete the cartoons within one week and deliver the work directly to him since the cartoons would be needed in the magazine that month. Soon after the call, Maoxiaole felt there was something wrong about the editor, and therefore he decided to search online for the latest information about the magazine.

Unexpectedly, when searching for the magazine on *Baidu*, he found that the magazine had never adopted the method of royalty payments for any works, which increased his suspicion. Therefore, he searched for the editor on *Baidu*, and found thousands of web pages withdetailed information on the real editor, including representative works and photos, completely different from the person he had met before. He realized that he had been deceived.

"Lucky for me that I have the habit of searching online via *Baidu*. It saved me from loss," Maoxiaole said to a reporter. "Whenever I surf the internet, I always choose *Baidu*, looking for inspiration from excellent comic works. As time has gone on, I've developed the habit of searching online with *Baidu* whenever I encounter something I want to know more about. This time, surprisingly, such a habit has helped me see through a swindler." Maoxiaole also said, "It is definitely not unnecessary, but rather very helpful to surf the internet via *Baidu* before starting whatever you do."

Similar cases demonstrating *Baidu*'s "magic" power are innumerable.

For example, people can use *Baidu* to make ticket bookings, do online shopping, befriend online strangers, search online for disease treatments and so on. *Baidu* is close to life and ordinary people's needs, which is what Li wanted to see most. Technologies that really change people's lives are real technologies. Li's life goal is to "change people's lives and make a difference to the world with technology." The *Baidu* search engine has become an indispensable part of internet users' lives.

After setting the goal to "change people's lives and make a difference to the world with technology," Li closely focused on the "principle of practicality" to run *Baidu* and his own career. He said, "What I advocate and focus on is not a technology that only five people in the world know, but a cutting edge one that can emerge into the daily life of and serve more people."

The great success of *Baidu* owes much to the continuous pursuit of innovation by Li and all *Baidu* employees. More importantly, *Baidu* employees know how to simplify a cutting edge and complicated technology so as to better serve the public. Li once noted that only when a technology or strategy was able to serve the majority and reflect their will could it be considered as reasonable and valuable.

In 1998, when he served as a senior engineer at Infoseek, Li engaged in work and independent study diligently, contributing to the business with wisdom and pragmatic insight. Infoseek was one of the early internet search engines in the late 20th century, and it became popular among the public by offering good services. While working at Infoseek, Li wrote *Silicon Valley Business War*, a book about exciting business stories that happened between 1994 and 1998 at Silicon Valley through Li's unique vision as an onlooker.

Li believes that all those legendary business achievements in Silicon Valley are indispensable for the following two reasons. The first is that Silicon Valley welcomes all risk-taking and innovative efforts. The second is that the innovators there are always ready to embrace risky situations. Li has stated that he expected *Baidu* could adapt well to this innovation-encouraging business climate, develop and inherit Silicon Valley's corporate culture, which is intangible yet enormously stimulating.

In the current business world, reform is not only the most common aspect of a company but also a powerhouse for facilitating its business development. With reform, a company may face risks on all fronts, yet without it, the company will soon have no future. From the development history of many large-scale enterprises, we know that poor management of a company turns it into a backwater of development, and clinging to outdated practices entails annexation by the bigger companies or forced bankruptcy. In Li's view, an outstanding leader must dare to innovate, remain reasonable in their passionate innovation, and have a sharp eye on finding and controlling all unfavorable conditions arising from reform.

For Li, it is good for a company to go through a certain amount of chaos, as this makes employees stay focused, break through conventional thinking, and redefine and solve the current problems. In this way, favorable conditions will be created for efficient interaction inside and outside the company. As a person who had matured in and returned from Silicon Valley, Li had a brandnew understanding of "creative chaos." He realized that *Baidu* would end in self-destruction with no development if it did not make efforts to reform within an internet industry based on reform. Therefore, he always encourages *Baidu* employees to freely state what is on their minds and to give timely suggestions for corporate development. In the company, he frequently says "What I say is not necessarily right," which helps to elicit support for and challenges against him from employees.

In light of this, one reporter asked Li, "How do you feel when you are challenged by your employees?" He replied with ease, "I feel quite great! And extremely happy about it!" He has always pursued a corporate culture within *Baidu* in which subordinates are willing to challenge their superiors. In his opinion, however strong a person may be, there is always a limit to their ability to play their role; a strong team with friendly cooperation, however, will inspire each employee to do their best and bring out their potential, leading to the best result for the company. Li believes that those who challenge him are not at all disrespecting him, but instead they are hard-working and exemplary employees whom it is worthwhile for the company to learn from.

Of course, there have been some occasions when Li has initially become very angry in the face of disagreement and disobedience from employees, but he can always calm down with the thought that "an entrepreneur shouldn't think of his pride too much."

SEIZING THE CORE TO SERVE CUSTOMERS

Nowadays, in the war of business, a company is unlikely to secure an invincible position by only maintaining leading edge technology without focusing on customers' needs. During his graduate years at the University at Buffalo, Li had a habit of reading *The Wall Street Journal* and browsing news about the internet to learn about the vicissitudes of the IT industry. What still impresses him most is the news about IBM and Microsoft.

IBM is an American multinational information technology company. Through 3,000 engineers' efforts over several years, IBM developed Operating System 2 (OS/2), which surpassed Microsoft's Windows system in technology. However, it was not an easy task for IBM to increase its market share given that Microsoft had dominated the market for microcomputer operating systems and its products had received wide recognition from users.

Back then, OS/2, despite its meaning as the second operating system, could be said to be the most advanced computer operating system in the world. The first operating system was Microsoft's MS-DOS, developed for IBM's first PC, released in 1981. MS-DOS, licensed to be used by many companies, gradually became the standard operating system for PCs, which kicked off the development of Microsoft in the 1980s. It was also the success of MS-DOS that strengthened IBM's determinaton to continue its cooperation with Microsoft to develop a new OS/2 with a graphical user interface.

In 1987, IBM launched its OS/2-based PCs, with which other user software systems were not compatible. In doing so, IBM ambitiously attempted to gain leadership of the PC market. However, this was deemed by industry insiders to be the most serious mistake IBM made in the 1980s.

Early in the 1990s, IBM released OS/2 Warp, the third version of OS/2, stated by the company to be the best operating system ever implemented. With more powerful functions, OS/2 Warp was popular among some users. At the same time, however, keen eyed Bill Gates put more effort into the R&D of the Windows 3.0 operating system, which led to divergence and reduced cooperation between Microsoft and IBM.

On 22 May 1990, Microsoft released Windows 3.0, which was based on MS-DOS. Though not superior to IBM'S OS/2 in terms of functionality, Windows 3.0 had better compatibility and practicality. Compared with IBM'S OS/2, significant improvements had been made in aspects such as the user interface, humanization and memory management, which helped Windows 3.0 to gain wide recognition from users, thereby making Microsoft an instant success upon its entrance to the market of PC operating systems.

Thereafter, Microsoft completely abandoned the OS/2 operating system and subsequently released updated versions of Windows. In 1995, it released the Windows 95 operating system, which sported a more powerful, stable and practical graphical user interface compared to those of other PC operating systems. Once launched, Windows 95 instantly became a major success, acclaimed as "the most successful operating system ever produced." It drove other major players out of business and ended the competition in the PC operating system market.

From the business wars relating to PC system products, Li realized that enterprises should pay equal attention to users' feelings and needs as they did to scientific research and technological development in products. He felt that these aspects were like two indispensable legs that the enterprise needed to advance. Guided by this conclusion, *Baidu* not only survived the first bust but also gained a firm foothold in the Chinese internet industry.

In 2000, Google offered a Chinese-language version of Google.com, which failed to provide search technology services. As for other well-known internet portals, such as Sohu and NetEase, they adopted search technologies mainly supported by American companies. All these situations were quite favorable for *Baidu*, and together they were a reason why Li focused on internet portals. Li discovered that domestic internet portals, although they claimed to use the most advanced search technologies, all faced difficulties relating to after-sales maintenance. Moreover, these portals were not willing to let consumers purchase a whole set of search technology with a lump-sum payment.

In order to satisfy the portals' needs, Li implemented a new fee-charging mode for their internet website visits. This meant that *Baidu* allowed customers to pay in instalments, thus greatly reducing their financial pressure. In addition, after its inception, *Baidu* positioned itself as a Chinese-language search engine. In approximately the first four months, Li, as the product manager, led *Baidu*'s employees to the company's first-generation Chinese search engine through ceaseless work, offering 5 million Chinese websites on *Baidu*.

The public soon caught on to *Baidu* thanks to its cutting edge technology and flexible fee-charging mode.

In the years around 2001, when the internet suffered from severe adverse conditions, a large number of Chinese internet companies failed to pull through. However, *Baidu* survived the trough and managed to control about 80% of China's search market. In this sense, *Baidu* nearly dominated the search market in China, leaving other domestic search companies far behind.

ADVANCING GRADUALLY AND CONSOLIDATING AT EVERY STEP

In Li's mind, *Baidu* had a clear-cut plan for when to engage in development internally or externally, when to gain profit and when to be listed. At each stage of development, the company would have its own strategic focus, just as a person focuses on different aspects of themselves as they grow. Only by consolidating at every stage and overcoming the difficulties encountered can an enterprise grow healthily and soundly.

Li stressed that a company should do the right thing at the proper time without flinching. More specifically, a company should not overemphasize profitability at a stage when efforts are needed to enhance its strength and development momentum, expand the brand's influence and visibility, or optimize the enterprise development environment.

Since 2002, *Baidu* has diversified its operation and gained revenue through many methods. It provides search services for various portals with service fees, it sells search software at cost price to government websites and corporate intranets to generate revenue, and it also increases its revenue by placing internet ads atop the advertising bid-ranking system on the search website.

However, as the means of generating revenue increased, Li was never tempted or driven by money. When the three major portals Sina,

Sohu and NetEase announced their profitability, Li did not follow the trend. Instead, he stated frankly, "So far we at *Baidu* haven't made a profit yet. I'm not afraid to let you know about this, just like we are always ready to tell others that we are an internet company. However, profitability is never a real trouble for us. As long as we control the costs well, we can easily make profits. The reason that we haven't made a profit is that we put the money earned into R&D and marketing, expecting *Baidu* will grow more rapidly. We believe that *Baidu* will see a sound and stable profit at the proper time."

In 2003, Li led *Baidu* into the launch of a massive "marketing revolution in September," which made *Baidu*'s paid search service advertising bid ranking system available in nearly 100 cities across China. This greatly shocked its counterparts in the IT industry. Thanks to its characteristics of low cost and no fees without ad clicks, *Baidu*'s advertising bid ranking system, marketed as an "affordable way of marketing for companies," became quite popular among small- and medium-sized enterprises (SMEs).

After the roll-out of this system, *Baidu* quickly made money. With stable operations and accumulating experience over the next three years, the company managed to march into a new stage of rapid development. In September 2004, *Baidu*'s advertising revenue reached a surprisingly high figure — 1,000 *yuan* per word per day — creating a legendary high revenue from internet ads in China's IT industry.

For Li, the conservative development strategy, without rushing for success, was about keeping a low profile and aiming for greater development in the long run.

Having been established in 2000, in 2001 *Baidu* transitioned and launched an independent search engine. Then, in 2002 the company implemented the "Lightning Plan" (see *Chapters 4 and 7*), in 2003 it began to make money with increased user flow, and in 2004 it expanded its influence to build its brand. By advancing in such an orderly process, *Baidu*, led by Li with well-considered plans, was driven along a track of sound and healthy development.

In April 2004, *Baidu* held a leading position in the Chinese search market according to the *China Search Engine Market Survey Report*. Moreover, the Alexa Rank, a global ranking system that creates a list of the most popular websites on the internet, indicated that *Baidu* had become the fourth most popular website globally.

Then, in 2005, when *Baidu* was amid intense preparations to be listed on the NASDAQ, Google CEO Eric Schmidt visited *Baidu* in private with the sole purpose of persuading it out of going public. Schmidt told Li that if *Baidu* gave up its initial public offering (IPO) plan, Google would offer it any amount of money it needed. Faced with such a challenge, Li politely refused Schmidt's suggestion, stating that *Baidu* would definitely go public since it had started the listing process. Li added that money was irrelevant in *Baidu*'s going public; instead, it was a must-do step. In other words, *Baidu* would compete without succumbing to Google. Schmidt immediately understood Li's meaning and left grimfaced with regrets.

During the early development of *Baidu*, Li told all employees to read his book *Silicon Valley Business War*, in which he summarized business strategies. Li fully applied those strategies to *Baidu*'s development and operation.

Since the company was founded, Li has always adhered to the business strategy of keeping a low profile. By implementing staged focuses earnestly and doing the right thing at the right time, Li made it a very natural process for *Baidu* to make money and go public.

CONCENTRATING RESOURCES AND APPLYING THE CONVEXLENS BUSINESS RULE

The convexlens business rule mainly refers to the idea that with limited resources, one can focus all one's energy on a single goal so as to maximize one's efforts. Normally, when left in direct sunlight, a sheet of paper will not burn; however, it will if the sunlight falls on it after passing through a convex lens. This rule applies similarly to business. A company should concentrate limited resources, especially talent, technologies and capital, and focus on one appropriate goal to advance with great effort so as to become bigger and stronger at low cost.

Li focuses on search services, Chinese language and technology. Accordingly, *Baidu*'s focus is a Chinese search engine. In Li's opinion, *Baidu*, as a 100% Chinese company, will outweigh non-local companies in terms of understanding China as long as it focuses on Chinese culture.

Google has always been *Baidu*'s most robust opponent in the large market of China (around 1.4 billion people), which attracts companies across the world. In 2005, when Google appointed Kai-Fu Lee as its Greater China president and signalled that it intended to vie with *Baidu* with great fanfare, many people began to worry about *Baidu*'s future. However, after being listed on the NASDAQ in August 2005, *Baidu* achieved successive victories over Google, and quickly and overwhelmingly dominated over 70% of China's internet market share.

Li is willing to participate in competition without fear of his competitors. The more powerful his competitors are, the more confident he is. In his eyes, it was *Baidu*'s better understanding of the Chinese language that brought *Baidu* a big victory in the competition with Google. *Baidu* has always been committed to developing scalable core internet technologies that are truly in line with Chinese people's habits. It also endeavors to help China's internet develop faster while improving the technical content of China's internet sector.

After nearly 20 years of development since its inception in January 2000, *Baidu* totalled a 73.5% market share with its PC-side and mobile-end search engines, covering 97.5% of China's internet users, with 600 million users and 6 billion daily searches on average.

In early 2019, *Baidu* once again positioned its vision of development as building itself into the world's top high-tech company that knows the most about its users and helps people to grow. Why does *Baidu* dare to have such a vision? Because it boasts hundreds of R&D engineers, the best technical teams inside and outside China, and the world's most advanced search engine technologies. This makes *Baidu* a Chinese high-tech enterprise that has mastered the world's cutting edge science and technology. *Baidu* has been crowned "the world's largest Chinese search engine." The fundamental reason behind this lies in *Baidu*'s unique language advantage. Li once illustrated this with a vivid example. He said, "For example, I'm Li Yanhong. If internet users enter '*Li Yan* (李彦 in Chinese characters)' in the search engine, it will usually jump to websites with large quantities of my name, which severely inhibits the search results. What *Baidu* aims to do is to let the search engine learn how to segment Chinese so that it can accurately locate what users are looking for."

"*Baidu* knows Chinese better" is not only the trump card Li uses to demonstrate *Baidu*'s advantage but also part of *Baidu*'s unique corporate culture. To name a few, the meeting rooms of *Baidu* Building are named after some famous *cipai* (the name of various formations of *ci*), such as *Manjianghong* (满 江 红) and *Qingqianqiu* (庆 千 秋). Furthermore, the name "*Baidu*" itself was abstracted from the following line from Xin Qiji's The Lantern Festival Night — to the Tune of Qingyuan: "Hundreds and thousands of times, for her I searched in chaos / Suddenly, I turned by chance, to where the lights were waning, and there she stood." These examples highlight *Baidu*'s understanding of and emphasis on Chinese characters.

In order to better grasp the market, many of *Baidu*'s counterparts have adopted methods such as recruiting local employees to learn more about China and Chinese. Despite this, Li has always believed that *Baidu*, as a 100% Chinese company, will exceed those counterparts in understanding Chinese as long as it focuses on Chinese culture. By focusing on search services, Li was given a key to open the door to future success; by focusing on Chinese search services, *Baidu* defeated its competitors and gained the largest market share in China with the minimum cost. Focus has energized Robin Li and *Baidu* to the fullest extent.

CHAPTER 3

BUILDING THE BRAND AND WINNING GLORY FOR CHINA

STICKING TO THE PRINCIPLE THAT BAIDU GIVES NO DISCOUNT ON STOCKS

On 24 April 2015, Robin Li was invited to deliver a speech at the China Securities Regulatory Commission. In the speech, Li said, "*Baidu* is a young company with only 15 years' history. However, as a listed company, *Baidu* does have its own history. This year marks the tenth year of *Baidu*'s listing on the NASDAQ. When *Baidu* got listed on the NASDAQ ten years ago, many investors became incredibly happy since, as many of us may recall, the price of *Baidu*'s stock increased by over 350%. In fact, *Baidu* went public with a market value of USD800 million, which now is close to USD80 billion, a 100-fold return over 10 years."

On 5 August 2005, Li had led *Baidu* to be successfully listed on the NASDAQ in the United States, with its stock price skyrocketing overnight to a record high that has not been broken so far. Ten years later, *Baidu* became a leading enterprise in the internet industry. In the era of the internet, many legends can be made over ten years. The Chinese internet industry has gone beyond local boundaries to reach the world, from big data applications to artificial intelligence (AI).

In 2005, China's GDP ranked fifth in the world, less than half that of Japan. However, in 2015, China soared to second place at USD11 trillion, over half of Japan's GDP. Great changes happened in ten years.

Baidu not only offers us a story about how one company achieved growth by a factor of hundreds but also witnesses a history of how China's internet industry walked to center stage from the edge of the tech world. As a representative rising of China's internet industry going public in the United States, *Baidu* has become a well-deserved "Chinese business card on the NASDAQ."

On 5 August 2005, when *Baidu* was listed on the NASDAQ, Li, looking at the stock price rising dozens or even hundreds of times on the huge display screen at the well-known Wall Street, was so excited that he could no longer pull himself together; his eyes brimmed with tears. Though known for his calmness, Li called the then CTO Jianguo Liu in Beijing and cried with an almost hoarse voice, "We did it. We made our motherland proud!" The time difference makes the daytime in New York Beijing's night-time. For that reason, that day in New York became a sleepless night for the 600 *Baidu* employees in Beijing.

Back at *Baidu*'s headquarters in Beijing, all *Baidu* employees shared the same excited mood with Li at the NASDAQ. On the day when *Baidu* was officially listed on the NASDAQ in the United States, *Baidu*'s original offer price of USD27 rose to as high as USD151.2 and closed at USD122.54 per share. Li demonstrated with facts China's robust and powerful technologies.

From the day when *Baidu* was listed, Li insisted on the principle that Chinese companies, including *Baidu*, should never give any discount on stocks. Many prejudiced American investors regard China as a technologically weak country that lacks intellectual property, and that explains why shares of Chinese enterprises have been sold at a discount in the United States. Despite this fact, Li strongly insisted on "No discount on China's stocks" and "No discount on *Baidu*'s stocks," undoubtedly setting a precedent within China's stock issuance. Though challenged by some *Baidu* investors, Li was proven right, bringing glory to his motherland, China, with *Baidu*.

To pave the way for *Baidu*'s going public, Li set two firm principles. One was that no cheap sales for *Baidu*'s stocks would be accepted; the other was Li's insistence on self-control for *Baidu*. These two principles simply shut the door against investors enthusiastically bearing olive branches. However, Li believed that all the difficulties were temporary and enormous joy would come along soon.

Li's wisdom undoubtedly gave him full confidence. Faced with the cheap stock price of Chinese enterprises, he said staunchly, "Why must we set a lower stock price or give some discount just because we are a Chinese enterprise? *Baidu* is now still a green apple and not ripe yet. If you have some shares of it, you will find it more beautiful and charming when it ripens in the near future."

In order to prevent a possible hostile takeover of *Baidu* by others after it was listed, Li implemented the "Bull Card Plan" in issuing *Baidu* stocks, the first time this was done among Chinese companies listed in the United States. The term "Bull Card Plan" refers to a dual-class common stock structure in the issuing of shares by a company. It usually consists of Class A and Class B shares with totally different voting rights, so as to create superior voting rights for the original shareholders in case of events such as director elections and important corporate deals. This plan effectively prevented Google from acquiring and controlling *Baidu*, reflecting Li's business wisdom, which gained high praise from American business people. In the end, Google was forced to sell its stake in *Baidu*.

After successfully going public on the NASDAQ, Li stated in an interview, "People investing in *Baidu* are not just investing in this single website but the whole of China's internet; and those buying *Baidu*'s stocks are not just buying one single type of stocks but the whole of China's internet indexes!" On 28 December 2005, Li was awarded the honorary title of 2005 China Central Television Economic Person of the Year.

HIGHLIGHTING BAIDU POST BAR, THE LARGEST CHINESE ONLINE COMMUNITY

In the eyes of Robin Li, *Baidu* has advantages in understanding Chinese and Chinese users over other multinational companies. *Baidu* boasts a group of professionals who really know about the market and its users, can delve into the interests and habits of Chinese users, and accordingly develop products that are likely to cater to their needs and interests.

Once in a speech, Li stated that many people used *Baidu* every day, but still they were relatively unaware of many of *Baidu*'s products. He provided the example of *Baidu* Translate, which at the time provided translation services for 28 popular languages in more than 750 combinations, including from Greek to Japanese. How could *Baidu* Translate provide such a translation service when *Baidu*'s engineers knew little about a random language combination such as Greek and Japanese? He noted it was certain technologies that enabled the computer to produce the translation result.

Baidu Post Bar is another successful product that Li always mentions as an example. He likes to use it to demonstrate how the idea "*Baidu* knows more about Chinese users" has facilitated the development of enterprises.

In December 2003, *Baidu* Post Bar went online and a year after its launch was bringing in millions of daily website users for *Baidu*. Sometimes it brings in more daily website traffic, especially on important occasions. For example, *Baidu* Post Bar saw stunningly high website traffic both during the 2005 *Super Girl* concert tours and during the Beijing 2008 Olympic Games. For that reason, Li regards *Baidu* Post Bar as an "extremely important product that establishes *Baidu*'s market position."

However, the technical content in *Baidu* Post Bar is not, in fact, that high. The reason for its strong popularity is that *Baidu* Post Bar caters to the realistic and specific needs of most current users around interactive information exchange.

When it was first released to the public, *Baidu* Post Bar just served as a simple message board. The then chief product designer, Jun YU, who was mainly responsible for *Baidu* Post Bar, decided to design it as an online communication platform so that netizens could interact with each other over certain topics of shared interest.

Later, *Baidu* Post Bar was updated and gradually equipped with a set of management and incentive mechanisms. Two years after its launch, *Baidu* Post Bar became the world's largest Chinese community.

As far as Li can see, the core competitive advantage of *Baidu* lies not only in the initial belief that technology changes the world but also in the fact that *Baidu* knows more about Chinese users. Li believes what makes *Baidu* far outweigh its counterparts is its good grasp of products and the market. In his understanding, users' needs mean everything. In Silicon Valley, people advocate for technology first. That's why at Google the technicians can always decide on the products to develop. Google boasts great technologies, mainly focusing on network applications and office software. Of course, these products are expected to sell for a good price in the end. Comparatively, *Baidu* advocates the philosophy that those who really know about products, the market and users should decide on the products instead of the technicians, although Li himself is a technician and pays special attention to *Baidu*'s technologies.

In 2005, when *Baidu* was about to go public on the NASDAQ, Li used a few simple words — "*Baidu* knows Chinese better" — which for him sufficed to explain why *Baidu* would outcompete Google in the Chinese search market.

In *Baidu*'s prospectus, Li used a very vivid picture to illustrate the idea "*Baidu* knows Chinese better." On the left of this picture was the English letter, "I," and on the right from top to bottom was a column containing many Chinese characters meaning "I." Below the picture was a caption, which cleverly said, "There are at least 38 ways to say 'I' in Chinese, so searching in Chinese is a complicated business." This picture was obviously quite convincing for American investors.

BRAND MARKETING: JUST BAIDU IT AND YOU'LL KNOW

For Li, the highest level of marketing is definitely not built on a huge marketing network and team. Truly memorable brands enter and become deeply rooted in the public's mind through subtle, invisible marketing.

After going public on the NASDAQ, *Baidu* gradually became popular in China with the slogan "Just *Baidu* it and you'll know," equivalent to the now famous phrase "Just Google it." As time went on, people came to regard *Baidu* as a synonym for searching online. Thanks to its massive information base and fast search methods, *Baidu* has gained high popularity among online users, who share sayings such as "Just *Baidu* it and you'll know." *Baidu* covers all aspects of people's lives. Therefore, in modern society, those who don't know how *Baidu* works in terms of searching will face greater trouble than others in obtaining information they want.

In its early days, *Baidu* had limited resources relating to key accounts such as eNet and Sina, and therefore it adopted a direct sales model, which was very reasonable in terms of cost. In 2001, when *Baidu* launched an independent search engine, many SMEs that were not yet very well known and were aspiring to be famous became *Baidu*'s target clients. That made the direct sales model less appropriate.

In May 2002, Hongbo ZHU officially joined *Baidu* as its first professional manager, chiefly responsible for building marketing channels and recruiting distributors across China. In October 2002, when *Baidu* held its national meeting of distributors upon launching its advertising bid-ranking system, *Baidu* quickly expanded its marketing channels, thereby opening a new chapter in its development. In 2002 *Baidu*'s annual revenue was USD5.8 million while in 2004 that figure reached USD10 million. This was because online marketing services, especially those from distributors across the country, had become the primary source of revenue for *Baidu*.

After going public in August 2005, *Baidu* was in urgent need of locating a method of brand marketing so as to build itself a brand image with high visibility, reputation and user loyalty. For that purpose, *Baidu*'s "brand godfather", Dong LIANG, led *Baidu* for nearly two years in its brand marketing, and gradually managed to make *Baidu* widely recognized. People came to use, recognize and love *Baidu*, which became a mature brand rooted in the public consciousness. That is how the slogan "Just *Baidu* it and you'll know" became widely circulated.

With accumulated capital and growing fame, the NASDAQ-listed *Baidu* once again engaged in solving the issue of marketing channels. After cancelling contracts with distributors in Shanghai and Guangzhou, Li increased efforts to develop a direct marketing model and turned to the crucial Beijing market. At the beginning of 2007, *Baidu* eventually formed a direct-marketing-oriented model and established its own branches in Beijing, Shanghai and Guangzhou. After basically fulfilling its mission, the channel marketing efforts were gradually retired from *Baidu*'s development.

Guided by LIANG, *Baidu* developed excellent brand popularity, reputation and loyalty, and gradually became a mature platform with abundant capital and a complete team of staff. The sales teams directly led by *Baidu* were capable of conducting market research before sales were made and providing good after-sales service.

Later, in his book *BelieveCN: Seeking Baidu*, LIANG recalled that he had proposed the basis of the aforementioned brand marketing idea — i.e. "If there is something you don't know, search for it on *Baidu*" — during a meeting with Li, who tried to persuade him to join *Baidu*. After joining *Baidu*, in his new career, LIANG contributed a lot to the brand-building of *Baidu*. With the support of Li, the title on the *Baidu* home page changed from "World's largest Chinese search engine —

Baidu" to "Just *Baidu* it and you'll know" (in Chinese " 百度一下，你就知道 ") in February 2007. Three months later, the "*Baidu* Search" button on the home page was changed to "Just *Baidu*" (in Chinese " 百度一下 "), which later became a catchphrase among trend-followers everywhere. *Baidu*'s brand marketing had reached a climax.

Li seized the chance to upload a series of video ads showing that "*Baidu* knows Chinese better," which soon became popular. Videos such as "*Tang Bohu*," "*The Swordsman*," "*Meng Jiangnv*," and "*The Invincible Cop*" became surprising feasts for the eyes of netizens. As a result, "*Baidu* knows Chinese better" gained wide global recognition and became a classic internet marketing case, and was even documented in teaching materials for advertising and marketing.

DETERMINED TO BE AN INDUSTRY LEADER

On 30 June 2015, Li revealed ambitious plans at the *Baidu* Nuomi "Membership Plus" Strategy Conference, saying, "Yesterday I found that *Baidu* was sitting on over CNY50 billion cash reserve. We will invest CNY20 billion to expand the life services platform Nuomi."

At the beginning of 2014, *Baidu* had wholly acquired Nuomi, later renamed *Baidu* Nuomi. With such a big investment in Nuomi, Li intended to make it an industry leader.

Founded on 23 June 2010 by Renren (NYSE: RENN), Nuomi was one of China's earliest groupbuying websites. Less than two years after China's first groupbuying website, Meituan, went online, the number of groupbuying websites exceeded 5,000. Market players in the groupbuying field included major portals and some new groupbuying websites, as well as other platform-based internet companies such as Sina, Tencent, Kaixin001 and Renren. The groupbuying function almost became a standard section that internet companies crowded into. In order to fight for groupbuying market share in China, all groupbuying websites began to compete in various ways. As a result, the groupbuying industry soon came to a bottleneck, and venture capital went to other fields, which undoubtedly led to a broken capital chain. This was known as the "war of thousands of groupbuying websites" in China. As one of the rare survivors of that "war," Nuomi was ranked third in the domestic groupbuying market, yet it was far behind the leader (Mei-tuan) and the second-place company (Dazhong Dianping).

In August 2013, *Baidu* acquired approximately 59% equity interest in Nuomi with a strategic investment of USD160 million, becoming the largest shareholder of Nuomi. In January 2014, *Baidu* acquired the remaining shares of Nuomi from Renren. After that, Nuomi was renamed as *Baidu* Nuomi and *Baidu* integrated *Baidu* Nuomi over three stages. First was brand integration, meaning rebuilding the brand *Baidu* Nuomi. Second was technology integration, ensuring that *Baidu* Nuomi would work well despite large user traffic. Third was integration of management teams, bringing lots of excellent personnel from *Baidu* to *Baidu* Nuomi.

In implementing the CNY20 billion investment plan, Li stated, "We will rebuild *Baidu* into a mobile-end focused search engine from the former PC-side focused one over the next two years' transition. By the end of 2014, more than half of *Baidu*'s revenue came from the mobile-end market, which was the first time that had happened in a major internet company. In the future, we will ramp up efforts to make the next transition from connecting people with information to connecting people with services, which will be a bigger one because the latter is more valuable."

Baidu aims to be an industry leader rather than a follower. Though first and second place are only one place away from each other, in the eyes of others, second place is always the follower. And the company in second place can in no way decide the market, whether it is about grasping industry trends or leading product trends. Therefore, Li has determinedly led his team to make renewed efforts to maintain *Baidu*'s competitive advantage as the number one in China, but also expand it to the overseas market so as to make *Baidu* an industry leader in Asia or even globally.

There are two ways to make big profits in the market. One is that you spot an opportunity that nobody else does. For example, if you had resold PCs in Beijing's Zhongguancun (a technology district) in the 1980s, you would have gained tens of thousands of *yuan* for one sale, but now you might only end up with a few dozen *yuan* for each piece. This means that as time has moved on, this way of making profits has disappeared. The other way is to do something that others cannot do, which will ensure continuous profits for longer. Take Microsoft as an example, despite the current era of rapidly developing technology, Microsoft can still obtain huge profits thanks to its incomparable position in the operating system market. Getting a foothold in the market – let along competing against Microsoft — will always be a problem for other companies intending to launch a new operating system. Therefore, the industry leader can dominate the market for quite a long time.

Li believes that an industry-leading company may still obtain huge profits even if it encounters a bottleneck or the market it is in becomes saturated, because it has the absolute leading advantage in the market. Microsoft is an example of such a leading company in the IT industry. Thanks to its leading position in the market, Microsoft has been doing legendarily well over the past three decades.

Li fully knows that it is crucial for a company to get the industry-leading edge. Hence, he repeatedly emphasizes that *Baidu* aims to be an industry leader. Since 2007, he has often stated his position on *Baidu*'s future at the company's internal meetings: "*Baidu* must aim for number one in the industry. Only when we become number one will we gain an unshakeable foothold in the market. If we are in second place, work will become increasingly tiresome for us, and in the end, everything will lose its meaning."

CORRECTING MISTAKES EARNESTLY AND SEEKING SELF-IMPROVEMENT IN DISPUTES

Since its inception and later going public on the NASDAQ in 2005, *Baidu* has encountered many challenges in the course of its development despite its brilliant achievements. The biggest challenge *Baidu* faced related to paid search services for internet ads. Li proactively made efforts to improve *Baidu* in this area.

As a pay-per-click (PPC) advertising program, *Baidu*'s advertising bid-ranking system is paid marketing activity that helps enterprises to promote their products and services via certain keywords on *Baidu*'s search engine. It is a new yet well-developed online promotion method for which payment is based on results. In *Baidu*'s PPC advertising program, a small investment can bring a large volume of potential customers to a company, effectively raising its sales volume. After purchasing this paid service, companies can register certain keywords in advance, and as a result their promoted information is displayed first in netizens' corresponding search results.

In 2001, after being officially released, *Baidu*'s advertising bid-ranking system received a mixed reception from SMEs. On the one hand, it was praised by most SMEs for facilitating their development; on the other hand, it was censured by some SMEs' websites, leading to the setting up of an "anti-*Baidu* alliance" website.

In 2004, the webmaster Taxuewuhen of the Mermaid literary website, which could not afford *Baidu*'s advertising bid-ranking system, used a keyword generator on its website. With the help of that tool, the Mermaid literary website could easily be navigated to reach the *Baidu* search engine, thus quickly increasing its click-through rate. In order to crack down on this cheating behavior, *Baidu* blocked the Mermaid literary website, which attempted for some times to negotiate with *Baidu* but received no response. In 2005, the webmaster Taxuewühen aligned with other webmasters facing similar boycotts by *Baidu* in setting up the aforementioned anti-*Baidu* alliance website, claiming that *Baidu* trampled on the interests of SMEs' websites. Later, with the quiet disintegration of the anti-*Baidu* alliance, the first and strongest anti-*Baidu* community in China disappeared.

After that dispute, *Baidu* upgraded its advertising bid-ranking system in May 2006 and launched the "intelligent pricing system." The intelligent pricing system changed the fixed price model by taking all keyword-related factors into consideration, and set varied starting prices according to the popularity of keywords.

In December 2009, *Baidu* fully launched its newgeneration search promotion management platform, the Phoenix Nest advertising system, thus the *Baidu*'s advertising bid-ranking system came to an end.

Baidu Promotion is a results-oriented paid online marketing service initiated by *Baidu* in China. With simple and convenient web operations, enterprises can attract a large number of potential customers, thus effectively improving corporate visibility and sales. *Baidu* has over 100 million user queries per day. After registering prod-uct-related keywords in *Baidu*, enterprises can be located through *Baidu* by potential customers who actively search for these products.

Compared with the old PPC advertising program, *Baidu*'s advertising bid-ranking system, *Baidu* Promotion, boasts three edges. To begin with, *Baidu* is the world's largest Chinese search engine. *Baidu* Promotion responds to hundreds of millions of search requests from more than 138 countries every day. According to a market survey published by iResearch Consulting Group in 2008, *Baidu* is self-evidently the most-used search engine in China holding 73.2% of China's search engine market share. Secondly, *Baidu* Promotion provides a PPC service for which payment is only based on results, such as the number of potential customers brought for companies. It also offers companies a clear-cut billing record so that they know where their investment will go. Lastly, it is more targeted. *Baidu* Promotion can help to locate potential customers via keywords and then target the most likely ones by sorting through their preferences by geography and time.

CHAPTER 4

FOLLOWING THE TREND AND BUILDING CORPORATE CULTURE SINCERELY

GENTLE, CULTIVATED AND SCHOLARLY

Robin Li is quite scholarly despite his other identity as a technical IT leader. He is cultivated and calm, and loves classical Chinese literature and writing. His writings are exquisitely composed with vivid images and rich meaning.

Dong LIANG, once vice president of *Baidu*, stated in his book *BelieveCN: Seeking Baidu* that he only saw Li become excited on two occasions. One was the time when *Baidu* was successfully listed on the NASDAQ, and the other was when Li recalled reading the book *Charm of Peking University's Spirit* at Peking University. *Charm of Peking University's Spirit* is an inspirational book edited and published by the journal editorial department of Peking University. In 2008, when he delivered a speech at Peking University, Li affectionately recited a passage from that book: "Peking University is really a sacred land. Over nearly one century, she has produced excellent Chinese scholars for generations with profound knowledge, brilliant wisdom and fearlessly independent thought, which have all formed a unique and charming spirit together with their integrity, honesty and fight. Science and democracy have become her immortal soul."

In 1998, Li wrote the book *Silicon Valley Business War* based on his eight years of studying and working in America. Written in the Chinese Zhanghui style, a vernacular style using classical Chinese poetry as chapter headings that is quite popular in traditional Chinese novels, this book gives a detailed description of true modern business wars between high-tech companies in Silicon Valley. On the one hand, it tells of thrilling and changeable business war plots; on the other hand, it comprehensively interprets the new technologies, concepts and ideas of modern enterprises, as well as the new game rules of commercial competition.

This 15-chapter book is a reflection of real stories, fully demonstrating

Li's solid grasp of Chinese writing skills. It also brought him the honorary title of "literary youth."

Since founding *Baidu*, Li has maintained a great passion for writing, which is an indispensable means of expression for him. He often posts articles on *Baidu* Post Bar and delivers speeches on campus for university students. All of his posts on *Baidu* Post Bar are good manifestations of his strong writing skills.

Li has felt at home when lecturing by invitation at Peking University, Wuhan University, Shanghai Jiao Tong University and Huazhong University of Science and Technology. Once, in a speech, Li expressed excitedly, "If you are aspiring, aim higher. In the very beginning, it may be just a dream. But if you keep on pursuing it and never give up, you will finally make it come true. At the beginning of that dream, you may feel it unnoticeably; yet when you look back upon the past, you will find that it in fact lies somewhere."

At the end of 2003, Li accepted the invitation of a student association at Peking University and gave a special lecture on his own experiences. In the lecture, he described entrepreneurship this way: "All aspiring people intend to start a business; and all people want to be a boss, making money. Currently, as it is becoming increasingly difficult for university students to find jobs, more and more students are considering starting an undertaking of their own, and some have even started jointly with their classmates before graduation. In many young people's understanding, starting a business is a shortcut which shields them from the difficult employment situation and leads them to quick career success. However, it also forebodes challenges and hardships, and once started, it isn't easy to get a clean getaway. It is true that today's young entrepreneurs may probably become tomorrow's successful businesspeople, but not everyone can make it to the end. In the entrepreneurial process, one must have more skills in and learn how to start up business besides persistence and other personal qualities. In fact, the reason why I gave up pursuing my doctoral degree to start a business was more out of my passion for the IT industry than making money itself, which I didn't care so much about. I firmly believe that if you provide the public with good products, they will of course pay you back in greater times in today's society."

On his fourth visit to Peking University, Li made a speech titled "Robin Li's Seven Principle 'Weapon's in Entrepreneurship," which was reposted thousands of times on the internet. The principles are:

1. Look at new changes every two years
2. Do more than you promise
3. Borrow money before you really need it
4. Diversify your customer base
5. Do not chase profits too early
6. Focus on your own field
7. Always work with passion

Enrolled by the Department of Information Management at Peking University in 1987, Li was deeply influenced by the tradition that Peking University advocates "concurrent study of arts and science and all-inclusiveness," which further directly affected the building of *Baidu*'s corporate culture. The reason he named the company "*Baidu*" (in Chinese characters " 百度 ") is the best example of his literati tendencies (see *Chapter 1*).

From Li's personality, we can also see his strongly cultivated temperament. Calm and even a bit slow to anger, Li is quite affable to his employees and seldom loses his temper in the company. Moreover, in public, he never shows any aggressiveness or arrogance.

FIRMLY AND INDOMITABLY CHASING GOOGLE

Li is quite learned and refined, which matches well with the quality of perseverance indispensable for success. What helped him climb to the top of his career was his high academic qualifications, his work experience in Wall Street and Silicon Valley, his wisdom in seizing opportunities, his unstoppable enterprising spirit and above all his unyielding character.

Founded in September 1998 and headquartered in Mountain View, California, Google is a privately held and NASDAQ-listed company with the world's largest search engine. As it developed rapidly, Google began to implement its international development strategy. China, with its vast territory and abundant resources, naturally became the market Google was most concerned with.

In 2000, Google announced that it would provide a search service for global Chinese users by adding Simplified Chinese and Traditional Chinese versions of Google. com. Several years later, Google China's search engine was launched. However, the Chinese search engine by Google China did not enable users to log in like the international Traditional Chinese version, iGoogle, and required them to reset their web pages if they used the search engine on a different computer, which greatly harmed the user experience and reduced users' utilization rate. Due to such a flaw in Google, the newly established *Baidu* was given a golden chance for development in China's IT market.

In January 2000, after *Baidu* was initially established, Li positioned *Baidu* as a Chinese search engine and soon grabbed the majority of the market share in China's IT market with its excellent service and brilliant technologies. In response, Google China stepped up its efforts in improving the user experience. In 2001, Google China's efforts paid off, bringing better brand recognition and a rapidly increasing market share.

This development brought Li a strong sense of pressure and crisis. Deep down inside him, Li knew that *Baidu* would face disastrously unfavorable conditions and eventually lag far behind Google if it could not come up with some effective countermeasures amid such fierce market competition. Therefore, he reserved the company's strength and enhanced efforts to continuously improve *Baidu*'s innovative models for development.

Li stayed in the United States during the Chinese New Year of 2002, spending most of his time studying Google's development strategy. Li could clearly feel *Baidu*'s disadvantage compared with Google China during the past two years' competition. After Google China was launched, at least 5 million Chinese netizens became Google users. After a tenday short stay in America, Li left his family for Beijing and led *Baidu*'s team as they got to work. Together with his assistants, he developed a highly efficient "Lightning Plan". According to this plan, they would complete a thorough upgrade and improvement of *Baidu*'s search technologies within nine months so that *Baidu* could compete against Google in terms of technology with some indexes outpacing those of Google. In doing that, *Baidu* began to make earnest efforts at upgrading technologies.

Li took charge of the "Lightning Plan" as the technical engineer and mainly aimed to rapidly upgrade *Baidu*'s technologies, thus effectively inspiring *Baidu*'s teams to build *Baidu* into the best Chinese search engine in the world at an extraordinary rate.

In the meantime, Li held two core meetings and discussed issues relating to solutions every week. That was a crucial period for *Baidu*, during which all employees worked extremely hard — as if this were the beginning of *Baidu* all over again. They gritted their teeth and overcame technical difficulties one after another. With *Baidu*'s employees' unremitting efforts, the "Lightning Plan" finally brought *Baidu* extraordinary success.

After those difficult months, the efforts made by Li and all *Baidu* employees paid off. From 28 May to 4 June 2003, the magazine *China Computer Education* launched a comprehensive "public beta for one thousand people" campaign, which started from the perspective of users and required them to vote for *Baidu* or Google. Among the participants, the percentage of users who chose the option "*Baidu* is better than Google" reached as high as 55%, the figure for those who chose "*Baidu* is similar to Google" was 10%, while the figure for those who believed "Google is better than *Baidu*" was only 35%. The result was persuasive enough to show that *Baidu* had the upper hand over Google in China's internet market.

Later, *Baidu* kept moving on and released various new products. *Baidu* witnessed soaring web traffic in 2003, dubbed the "year of traffic" for *Baidu*.

In fact, only those with a strong sense of crisis can achieve great success. Li remains vigilant at all times, even when everything goes quite well at *Baidu*. That is why he can always properly resolve crises and overcome difficulties. What he relies on is nothing but his unrelenting perseverance. However, in the face of all pressure and crisis, he is never disturbed or blindly follows others; instead, he calms down to study the situation and find appropriate solutions, and this has brought him a series of surprising successes.

FOLLOWING THE LIFE PHILOSOPHY: DO SOMETHING AND REFUSE TO BE MEDIOCRE

The famous Chinese writer and playwright Mai Jia, (pen name, his real name Benhu JIANG), said, "The mediocre have only one life, i.e. God-given life; the great have two, i.e. God-given life and the self-chosen way of living; and the distinguished have three, which are God-given life, your self-chosen way of life and your mission. These three lives respectively correspond to how to survive, how to live and how to fulfil one's life responsibilities." Accordingly, we can say that Li is distinguished. His life philosophy is to "do something and refuse to be mediocre." He chose an unusual and different road of his own and built himself a wonderful life.

When *Baidu* was newly established, Li positioned it as a supplier of back-end technologies, mainly providing paid search technical services for Sina, Sohu and other portals.

Before September 2001, *Baidu*, guided by Li, provided search technical support to almost every one of China's major web portals with the slogan "Behind your success" and quickly obtained a share of around 80% in the Chinese search engine market. However, as time went by, Li found that *Baidu* was still operating without profits despite its growing market share. In the eyes of the venture capitalists, it was quite normal for *Baidu* not to gain profits, as it was a newly established company with a history of little more than a year. In contrast, Li believed that *Baidu* would not make profits even three or five years later if it continued to run with its current operating model.

Li held that there were two main problems with *Baidu*'s operating model.

On the one hand, *Baidu* had limited customer resources. As a supplier of Chinese search technologies, *Baidu* had only a dozen customers, all of whom were large companies as small ones would not purchase search technologies. This meant that the revenue from one large company would account for over 10% of *Baidu*'s total revenue. These large companies cooperated with *Baidu* out of their own interests, and they would terminate the cooperation at will if *Baidu* failed to accept their arbitrary requests to lower its prices. Once one customer was lost, so was over 10% of *Baidu*'s total revenue, which would negatively affect *Baidu* to a great extent. As a result, *Baidu* was quite passive in its cooperation with these companies. It was a self-evident problem for *Baidu* to have too limited customer resources.

On the other hand, *Baidu*'s returns were too low relative to its efforts. Customers as buyers cared more about product price than quality. For them, the cheaper the better as long as *Baidu* could deliver products of the same quality as others. However, Li expected *Baidu* to get higher returns with its excellent product quality. For that reason, he put large amounts of money into R&D so as to produce a better search engine to meet the needs of users. As a result, a huge conflict of interest existed between the customer requirement for low cost and *Baidu*'s huge investment.

Li realized that *Baidu* must get returns so as to support all the huge investment in R&D looking at better and more advanced technologies. If its customers cared only about price, *Baidu* would face a vicious circle. Therefore, *Baidu* must go through a large strategic transition. The reason why Li gave up his well-paid job in the United States and lots of stock options lay not in the desire to build a small company or because he felt he was leading a mediocre life himself. Instead, he aspired to establish a company that could greatly contribute to society and people's life.

In September 2001, Li made the surprising decision that *Baidu* would be repositioned as an independent search engine, www.baidu.com, which meant that *Baidu* would go to the user-facing front end from the back end. It turned out to be a large transition — unprecedented since *Baidu*'s inception. Amid all the difficulties and obstacles *Baidu* encountered during the transition, Li led *Baidu*'s teams in overcoming them one by one and finally achieved a significant change at *Baidu*.

Soon after that, *Baidu* launched its first end-user search service and paid marketing service for internet ads. Li recalled, "When the vital board conference call was made in 2001, I had just been discharged from hospital. Lonely yet firmly, I, with a rare tough attitude, insisted on *Baidu*'s transition to a new operating model." In that three-hour-long conference call, the senior management discussed the issue heatedly, and almost all the board members were worried about the transition. In the end, Li said emotionally, "If we don't make the transition, you won't need to work on anything else. Why not shut down *Baidu*?!"

His tough attitude showed his determination and insistence, which made the board of directors compromise willingly and accept his decision. It was Li's professionalism and persistence about not being mediocre that gave *Baidu* a good chance of achieving the operating model transition.

Li said, "If one bird is simply content with flying steadily, it will end in mediocrity; if one fish is satisfied with swimming in shallow waters, it will never enjoy the intoxicating beauty of the blue ocean. A person will be different if he has a dream. One cannot choose his birth, but he can refuse to be mediocre. If he refuses mediocrity, he will be granted chances to put his creativity and enterprising spirit into full play, do as he desires, and in the end build himself an extraordinarily colorful life."

VALUING TEAM SPIRIT AND COLLECTIVE SUCCESS

In one speech, Li put it that teamwork was not only the guarantee of a company's success but also the premise of individual success. In his opinion, a genius with poor teamwork would not be popular in a company. For example, there were many smart people in the IT industry, but they had poor team spirit. As a result, they could only individually write simple programs rather than big ones. He noted that most companies had taken "whether one values teamwork" as an important measurement index in hiring employees, because it would be rather difficult for people who can't cooperate with colleagues and have no sense of teamwork to gain a foothold in the workplace.

Companies with no big picture will often find themselves drawn into internal strife, with most of their time wasted on solving interpersonal or intra-departmental frictions. It is common for several people to be able to run a Western company with tens of thousands of employees effectively, but a small company with dozens or a hundred or so employees in China often ends in chaos and even bankruptcy for lack of awareness of the need for teamwork. On this subject, Li said with deep feeling that employees in Western companies, though they value individualism, strictly follow the principle of collectivism. However, there is a different picture in Chinese companies, whose teams are mostly selfish, narrow-minded and short-sighted. Many employees of Chinese companies often put their personal or departmental interests above the interests of the whole team, organization or company, and the clear distinction drawn between different departments through words in internal meetings makes them sound like opponents rather than partners.

At the age of 23, Li was admitted on a scholarship to the Department of Computer Science and Engineering at the University at Buffalo. Before graduation, he worked as an intern for Panasonic Corporation with an hourly wage as high as USD25.

In many people's eyes, Li was sailing smoothly through his life. However, behind those successes, Li went through lots of twists and turns.

When he had just started his studies at the University at Buffalo, Li applied to the computer graphics research group. In the interview, the professor asked Li some questions about computers, but he failed to give satisfactory answers since he didn't understand all of the questions. The professor disdainfully asked him whether China had computers or not.

In the face of the professor's question, Li found it difficult to answer and felt a sense of humiliation. He did not argue with the professor. Instead, he swore silently that he would demonstrate to the world, especially to America, that China was very strong in computers and could make its own products.

In 1999, Li resolutely gave up his well-paid job in America and started a business back in China. Within several years, he led *Baidu* to maintain a strong hold of the Chinese search engine market and even to outpace Google, an achievement that amazed the whole world.

When a person fights to reach their goal, no difficulty can prevent them from moving forward. Supported by the goal to "change people's lives and make a difference to the world with technology," Li set up the lofty ideal of serving and winning glory for the motherland. In the meantime, he perfectly enacted his strong collective sense of honor in everything he did.

From *Baidu*'s development, Li profoundly realized that personal interest is an important guarantee of one's survival in society, but it is definitely not the most important. People with a sense of collectivism care little about their personal gains or losses. Individuals, as the smallest social unit, can only survive, develop and flourish within their society. Crucially, one must act under the principle of collectivism and take the whole as the platform for individual performance. Only in this way can one achieve the best development. In this sense, we can say that the success of individuals is determined by that of the collective. When a collective becomes strong, independent and wealthy, its individuals can become the same way. Otherwise, no individual can gain success in such a collective that is restricted and troubled by external unfavorable factors during its development.

During its continuous development, *Baidu* has not only made itself better understood by its customers but also helped SMEs learn how to improve their performance through internet marketing. Li created a *Baidu* Alliance and built it into the largest search engine in China. Every year, *Baidu* holds a summit of the *Baidu* Alliance. At the summit, *Baidu* shares with its partners the latest fruits it has achieved and talks about more efficient cooperation models between them while exploring future prospects.

At the tenth anniversary celebration of *Baidu*'s going public on the NASDAQ, Li stated in a touching tone, "A successful enterprises should focus on creating a work atmosphere where all employees take ownership of their jobs, integrate their career development into the corporate goals, and share weal and woe with the enterprise."

BRAVELY TAKING RESPONSIBILITY TO FILL THE INFORMATION DIVIDE

The term "digital divide" was first defined in 1999 when the National Telecommunications and Information Administration of the US Department of Commerce published *Falling Through the Net: Defining the Digital Divide*, a report on the telecommunications and information technology gap in America. The digital divide is also known as the "information divide." According to the US Department of Commerce, the digital divide can be described as follows: "In just about every country, a certain percentage of people have the best information technology that society has to offer. These people have the most powerful computers, the best telephone service and fastest internet service, as well as a wealth of content and training relevant to their lives. There is another group of people. They are the people who for one reason or another don't have access to the newest or best computers, the most reliable telephone service or the fastest or most convenient internet services. The difference between these two groups of people is what we call the Digital Divide. To be on the less fortunate side of the divide means that there is less opportunity to take part in our new information-based economy, in which many more jobs will be related to computers. It also means that there is less opportunity to take part in the education, training, shopping, entertainment and communications opportunities that are available online."

In China, research data shows that the digital divide has become the "fourth big difference" in addition to China's another "three big differences," which are the urban — rural divide, the industrial —

agricultural divide and the mental — physical gap. The digital divide itself is not just a technical issue; it is also becoming a social issue. Despite the continuously rising number of internet users in China, the internet is still mainly accessible to and popular among urban areas, with only 0.3% of its users living in a rural area. The urban internet penetration rate is more than 740 times that of rural areas.

Traditional intellectuals under Confucianism advocate that "self-cultivation is the first step that can bring peace and harmony to one's family, state and the world." It has been the supreme goal pursued by the Chinese since ancient times. Li is no exception; he has been well educated home and abroad.

Born in Yangquan city in Shanxi Province in northern China, Li encountered many setbacks from lack of information. Against the rapid development of information technology and the fact that information is money, there are still many people who cannot access learning or growth or become rich due to a lack of information. The information gap undoubtedly creates a huge gap in wealth-creating ability. Aiming to build *Baidu* into the largest Chinese search engine, Li, starting from his own experience, endeavored to enable everyone to have equitable access to information as early as possible.

When the information divide received wide attention in the IT industry, Li brought *Baidu* to the top of Chinese information search results. He understood very well the social inequalities brought about by the information divide, which exists almost everywhere in his home town, his motherland and other places all around the world. For that reason, it became his strong pursuit to change the world with technology and fill the information divide for the wellbeing of all people in the world.

Thanks to its concerted efforts, *Baidu* keeps making innovative updates in search technologies, and boasts a very strong information inventory and platform with a high click-through rate. Hence, *Baidu* has become a driving engine that facilitates the implementation of Li's plan of eliminating the information divide and making "information equally available to the world."

In 2007, *Baidu* launched a "search channel for the blind and visually impaired" to better connect them with the world; in 2009, *Baidu*'s "search service for the aged" was released to keep them up to date with the trends of this information age. Meanwhile, *Baidu* began to pay special attention to the farming group in remote areas. In order to do this well, *Baidu* set up the Corporate Social Responsibility Steering Committee with Li as the chairman. Under the committee, a special corporate social responsibility department was established to be responsible for implementing, organizing and coordinating specific projects, and making suggestions about information accessibility.

Specific measures were taken to gradually help people and narrow the information divide.

In order to reduce the information gap, *Baidu* has, based on its own social influence, engaged in public welfare and jointly conducted book donation activities known as Little Orange Lantern with a vast number of netizens for many years. In order to accelerate rural informatization in China, *Baidu* helped to launch the National College Student Competition on Rural Informatization Innovation and actively participated in the China Green Computer Poverty Alleviation Action. At the seventh China Information Accessibility Forum, held in October 2010, *Baidu* was awarded with the honorary title of Excellent Unit in Facilitating Information Accessibility in China thanks to its outstanding performance in facilitating information accessibility.

At the 2013 *Fortune* Global Forum in Chengdu, Li stated in his dialogue with Stephanie Mehta, the deputy managing editor of *Fortune* magazine, "From the day I chose to major in information management for my undergraduate studies, I had a dream and a vision. I wanted to, with my efforts, provide the best and most equitable way for people to find what they're looking for and make the world more efficient and equitable. *Baidu* makes it come true. With *Baidu*'s search engine, all people have the same access to information whether you are a farmer in remote areas, or a disabled person."

Robin Li delivered a wonderful speech. More importantly, he fulfilled his promise.

CHAPTER 5

REFINED MANAGEMENT AND FLEXIBLE DATA-BASED DECISIONS

SOLVING PROBLEMS IN SIMPLE WAYS

In the eyes of *Baidu*'s employees, Robin Li is always goodtempered and advocates for democratic principles. He can unite *Baidu*'s employees with simple management methods so that they will work honestly in a harmonious and warm atmosphere. He deems that as a manager he does nothing but provide a good working environment within *Baidu* so that all employees can fully realize their potential in a pleasant environment.

Li always encourages employees to freely express their opinions at work and refuses "unilateral decision-making." When opinions vary on certain issues, employees are encouraged to freely express themselves even in front of Li, who often, as a bystander, calmly and carefully listens to and analyses their suggestions, and never feels offended or gets angry. In *Baidu*'s routine meetings, he also reminds attendees to fully express their ideas by frequently noting, "What I say is not necessarily right." Therefore, in *Baidu*'s internal meetings, it is common for someone to put forward opposing opinions about an issue.

Moreover, Li likes getting straight to the topic. After discovering that many newly employed professional managers often began with some high-sounding rhetoric before talking about a topic, he openly emphasized in a meeting that everyone should get straight to the point in their speeches without any meaningless phrases.

Regarding this direct and simple management method, some people expressed their concern that it would make leaders, including Li, lose face or even lose their dignity. Though he understood their worries, Li still stated, "For me, it is OK to lose face. I still advocate that the people here can say what they like. Of course, when there are too many differences of opinions, I will be the one who can finalize the decision. This is how we ensure unity of collective will and individual ease of mind."

People know that Li has this work style. He will first listen to the opinions of the majority and then discuss the matter with several senior management colleagues before making the final decision by himself. It is this simple management method that helps Li to deliver high-efficiency work.

Whether at work or in his spare time, Li always gets along well with *Baidu* employees without getting involved in any complex interpersonal relationships. Li often dines at the company canteen. When late for meals, he will always wait in the queue for seats, never allowing employees to offer their seats to him or accepting diplomatic behavior. Therefore, all *Baidu* employees are encouraged to hold the view that everyone in *Baidu* is equal, including Li and other members of the senior management team. This equal and simple interpersonal relationship reflects *Baidu*'s core corporate culture, "Simple and Reliable," which has greatly helped Li, who was originally a technical engineer with limited management knowledge and experience.

Influenced by this simple interpersonal relationship and management method, *Baidu* has developed a clearly transparent rule that promotion entirely depends on employees' work capabilities, irrelevant of anything else. Hence, employees are strongly encouraged to work proactively and co-work with others in a harmonious, warm and friendly atmosphere. *Baidu* therefore has a workplace with team cohesion.

Li believes that the simplest management mode is always the most perfect one, and innovative thinking is the premise of simple management, which will never be attained without thinking outside the box so as to break traditional management rules. Many people are often overwhelmed by the problem at hand and can't find a solution. Sometimes, they even make things worse because they are used to looking for solutions within traditional experience and thoughts.

Li's management method may not be the best, but he has succeeded in closely uniting all *Baidu* employees with his simple and casual way. Li once said, "About the people who directly report to me, I have no idea where they are most of the time. They have their own work to do all day long, and only when they encounter something that needs my involvement, do they come to me." It is this simple and unrestrained management method that completely emancipates people's minds and brings out the best in them.

The success of *Baidu* belongs to Li and all other employees. It has many driving factors including social trends, rare opportunities, and an enterprising and hard-working spirit. Among these, the most important factor lies in the simple and unrestrained management method promoted by Li with his mild and modest character.

BEING DOWN TO EARTH AND PUTTING DATA FIRST

Baidu has an unwritten rule: data and facts come first. Data herein refers to "quantitative or qualitative records of natural, social phenomena and scientific experiments, serving as the most important foundations for scientific research; research data is a collective term for a series of activities such as data collection, classification, entry, storage, statistical analysis, and statistical testing." In a broad sense, data is information in today's society.

There are three key points within the data-first rule in *Baidu*. Firstly, data is a must to prove the feasibility and user value of any creative idea before cheering for it; secondly, the assessment of performance in *Baidu* is entirely based on quantitative data; and thirdly, everyone has equitable access to data.

In July 1991, after graduating from Peking University, Li started his first temporary job at an advertising research company. He was responsible for handing out questionnaires, collecting data and drawing conclusions accordingly. From the four-month-long job, he concluded that investigation and data should be paid great attention. Since then, Li has realized the importance of data.

When studying in the United States, Li began to learn about computer management and search engines, and grasped the most advanced information search and processing technology, an area in which he was granted a US patent. After completing his master's degree at the University at Buffalo, Li insisted on conducting data research and information processing, whether he was collecting information to design the financial system for the online edition of *The Wall Street Journal* or working as an engineer at a Silicon Valley-based subsidiary of Dow Jones & Company. For that reason, Li was nicknamed the "king of information and son of data."

At *Baidu*, there is a versatile methodology used to conduct survey research and collect statistics. Here are some examples. Changes in relevant data after a new product goes online can help to reveal whether it is feasible or not; the number of employees' votes can help to determine the implementation of a decision; web traffic can show how *Baidu* is competing against its counterparts; and so on. One network engineer wrote, "I value the down-toearth attitude about technology at *Baidu*. Data always comes first before any decision or conclusion."

In order to accelerate its listing process on the NASDAQ, *Baidu* acquired the large portal website Hao123 on 31 August 2004. At the very beginning, after the acquisition, *Baidu* just transferred the user data of Hao123 to its platform without paying much attention to the latter. Two years later, statistical data showed that the website Hao123 had witnessed increased web traffic on a daily basis, both on its own site and at *Baidu*.

A subsequent series of data surveys revealed that more Chinese users were loading Hao123 as their home page than *Baidu*. It was then that Li suddenly realized Hao123 had infinite charm and should be promoted independently. He began to pay attention to it and gradually developed it into the number one online Chinese web directory navigation website, the first stop for tens of millions of users when they go online.

A market survey aims to gain a detailed understanding of the market itself, and statistics are generated from analysis of data from the survey. The information and data obtained from market surveys and statistical analyses are the basis and starting point for all marketing activities. Li once affirmatively said, "Data is the core asset for the network." In November 2007, *Baidu* Statistics Search officially went online. It is a platform for statistical data established with the unique network resources of *Baidu*, designed to provide users with services relating to statis-tical data search and data research.

Speaking of collecting market data, Li is quite experienced in this field. He has posted many questions for comments on *Baidu* Post Bar. To name a few: "What is the criterion for a successful post?" "How should the owner of certain posts be assessed?" "Should *Baidu* develop its own email address?" And so on. Each proposed question received tens of thousands of replies, constituting the most effective data. After launching a new version of *Baidu* Post Bar, the service received various suggestions from users. Li paid extremely close attention to this real market feedback and even directly replied to the posts with the words "I won't sit idly on your feedback."

As is known to all, *Baidu*, an information platform, shows due respect for data. Perhaps for reasons such as peer competition or mutual exclusion in the same industry, the internet abounded with posts opposing, slandering and attacking *Baidu*, some of which are even targeted at Li himself. This negative data can easily be accessed on *Baidu*'s search engine. Despite this fact, Li has never allowed *Baidu* to delete or process such data in any manner so as to keep the data as real as possible. This reflects *Baidu*'s attitude that "everyone has equitable access to data," and no individual or authority can override real data.

BEING FLEXIBLE IN GRASPING CHANCES AND MAKING CHANGES

Since its inception, *Baidu* has always taken as its mission "providing the best and most equitable way for people to find what they're looking for" and adhered to the userdriven philosophy. It has been endeavoring to offer users "simple and reliable" internet search products and services, covering all search needs in the Chinese internet world, including functional online search, Post Bar-based community search, region-based or industry-based vertical search, MP3 search, portal channels, instant messaging and so on. According to authoritative data from third parties, *Baidu* enjoys an over 80% share of the search engine market in China.

Over nearly two decades, Li has been leading *Baidu*'s employees to advance towards the above goal. The road ahead is not always smooth; sometimes it is full of twists and turns. However, Li has always managed to, with his own prediction, judgement and decisions, navigate *Baidu* towards success at the fastest pace by constantly adjusting the development strategy and direction.

In April 2015, Li noted in a speech, "With the rise of the mobile internet industry in recent years, lots of new demands appeared and so did the chances for innovation. In fact, we didn't realize these problems in the early days. At first, I believed that compared with PC internet, mobile internet on phones would feature smaller screens and a lower internet speed. Everything we thought about mobile internet was passive. In my opinion back then, when going outside with no PCs at hand, people could use their mobile internet, which would give the same results. Given the smaller screens and lower internet speed of mobile phones, all we needed to do was to remove the pictures and keep the text only in the search results, which, however, led to ugly web layouts on mobile screens. As a result, that way of thinking robbed us of many opportunities over a certain period. Therefore, at the beginning of 2013, I made up my mind to realize a transition within *Baidu* from PC-side internet to mobile internet."

Amid the global financial crisis in 2008, Li made a speech at the China (SHENzhen) IT Summit, and put forth the theory of "innovation for change." Li stated that innovation for change was crucial to completely get rid of the financial crisis. Change and innovation wouldn't occur automatically; instead, they required companies to have the courage to innovate. Only by actively adapting to change and seeking innovation can a company win the initiative and decision-making power in development. At that summit, he reiterated the idea of abandoning fantasies: "The internet bubble has brought some unrealistic fantasies to many people, and forced lots of companies to change their original practices. Founded in January 2000, in the last few months before the end of the internet bubble, *Baidu* then also had some unrealistic fantasies."

What Li referred to was the fantasy *Baidu* had in the summer of 2001. In the early days of its venture capital financing, *Baidu* operated using the business model of providing search services to all of China's major web portals with the slogan "Behind your success" in the internet industry. However, when the internet bubble burst, it became an unrealistic fantasy for *Baidu* to charge customers expensive technical service fees for its search services. As a result, Li was forced to make a change and strategically abandon the original idea of "providing search services for portal websites," and move to the end-user side, which could be called the biggest change in *Baidu*'s history.

Baidu has constantly been changing and updating. Consecutively, it launched the "Lightning Plan" (see *Chapter 4*) and enhanced the search quality of all sides in 2002, *Baidu* News Search in 2003, *Baidu* Post Bar in 2004, *Baidu* Knows in 2005, *Baidu* Encyclopedia in 2006, and *Baidu*

Video Search in 2007. In 2008, *Baidu* entered the Japanese market. It has always maintained a sustained vitality for innovation and constantly produced new products, such as its hotel ads product Aladdin and box computing. Moreover, *Baidu* has also made continuous efforts in updating and improving its existing programs. Accordingly, *Baidu*'s profit model has gone through several updates from search service fees to an advertising bid-ranking system to intelligent ranking and then to Phoenix Nest, a paid advertising platform similar to Google Ads.

On the surface, *Baidu*'s original search engine (after its establishment) looks almost the same as what exists today. However, the technologies behind those search boxes are evolving almost every day. According to statistics, *Baidu* has an average of 30 technologies per day officially released after an upgrade.

In October 2008, *Baidu* officially launched its customer-to-customer (C2C) e-commerce trading platform You'a, which was questioned by the public because it seemingly went against Li's dominant positioning of *Baidu* as a search engine. Li replied, "In fact, business diversification is just an attempt of *Baidu*'s. What we choose to do is not based on random decisions in the office. Instead, it all depends on the demands of the market and users."

In March 2011, *Baidu* narrowed down the service scope of Youa into eight categories: marriage, mother and child care, family services, education and training, beauty, sports and leisure, medical health and performance tickets.

It aimed to engage You'a in creating a unique information service platform oriented around local life. Industry experts believed that it would be more favorable for *Baidu*'s development to transform Youa's C2C business model into a business-to-customer (B2C) model.

KEEPING A LOW PROFILE AND DOING MORE WITH NO PROMISES

In *The Analects*, Confucius mentions twice that "the gentlemen are speedy as a worker and cautious as a speaker" and also stresses that "the gentlemen are slow of speech but quick in action, and speedy as a worker and cautious as a speaker." From this, we can see the great attention Confucius paid to the creed of "doing more than talking." Li has always adhered to such a code of conduct as "doing more than simply talking and promising."

In many people's eyes, *Baidu* has always kept a low profile. When *Baidu* was officially listed on the NASDAQ in the United States, its offer price was USD27. In 2010, *Baidu* had a ten-for-one stock split, meaning that for each share of BAIDU a shareholder owned before the split, they now owned ten. In November 2015, *Baidu*'s stock price reached USD210, marking an increase of over 67 times compared with ten years ago. Despite this great achievement, *Baidu* has continued to maintain a low profile, which undoubtedly has a lot to do with Li's personality. He never does or promises anything that is uncertain. Sometimes he won't even speak out about certain things.

Li practised this style of doing more than simply talking and promising in the internal management of *Baidu*. In the early stages of *Baidu*, Li never bragged about how brilliant *Baidu* would become in the future in talks with employees, even though they often spoke about the current situation and future development of the Chinese search engine market. Instead, Li always managed to properly let them understand that the search engine he chose would have potential, but he never promised what *Baidu* would be like. Sometimes, when trying to stimulate the staff, he would say that maybe they were not that well paid now in *Baidu*, but they would have equity, which would become a big fortune when *Baidu* was listed. The premise was that *Baidu*'s people should all work together.

Li's low-key style also had its part to play in *Baidu*'s practice of "R&D comes before marketing" in launching products. After 2003, *Baidu* developed many community products including *Baidu* Post Bar, *Baidu* Knows and *Baidu* Encyclopedia, all of which went through the "R&D-beforemarketing" process. This is the way Li works on new products — that is, first finishing the R&D work of products and then releasing them via *Baidu*'s platform. Only when a product has proved to be suc-cessful and mature in the market will Li finally start the product's marketing. In this way, products that satisfy users' needs have become quite popular in their marketing periods.

Before officially implementing *Baidu*'s internationalization strategy, Li and other members of senior management had discussed it for some time, while others were kept in the dark. Specifically, the directors in *Baidu* put forward the strategy of "Making *Baidu* a search market leader in the Western Pacific region from 2012." Unsure about the strategy, Li never talked about it with *Baidu*'s employees. It was not until one year later, at the annual meeting, when the market situation had become clear and mature for *Baidu*'s internationalization, that Li proposed the strategy, officially blowing the horn of *Baidu*'s internationalization.

After the internet came to China, a group of forward-looking enterprises and institutions began to give full play to their capabilities. In 2003, China Telecom implemented an expansion program that brought a soaring increase in the number of websites and netizens. Facing the huge internet market in China, web giants including *Baidu* followed suit and swarmed into this land to compete for market share. In July 2003, *Baidu* launched two technical search engines: *Baidu* News Search and *Baidu* Image Search. Featuring sophisticated technologies, *Baidu* Image Search soon became the largest Chinese image library on the internet.

As a subdivision of web searches, *Baidu* News Search is a 24-hour automatic news service system. Though seemingly no different from other news services, *Baidu* News Search has obvious features. It grabs nearly 100,000 news items every day from more than 500 news sites, including government agencies, media sites and professional news sites. In addition to having massive news resources, *Baidu* News Search can automatically calculate the number of times a news item is reprinted or quoted. When the number of times a news item is reprinted or quoted reaches a set limit, the news item will automatically be marked as "hot news" in red.

Below the search column of *Baidu* News Search are two optional functions: "full-text search" and "search by title." Moreover, the service allows for search options such as "Query on special symbols" or "Query on multi-keywords" and it adopts the special search technique "Search by relevance," thus saving browsing time for netizens.

With the style of "doing more than simply talking and promising," Li pays attention to daily changes at *Baidu* on all sides, and tries to spot anything that it will be difficult for *Baidu* to do. Once he has located these difficulties, Li immediately puts them on the must-do-list and leads the technical team to overcome them one by one. Starting from the perspective of users, he has managed to make *Baidu* flexible along with the market. *Baidu* has done a really great job of knowing, satisfying and completely liberating user needs

ASSEMBLING WISDOM AND FULLY RELYING ON TECHNICAL ENGINEERS

On 24 June 2015, *Baidu* officially announced that James Lu, former global head of Amazon Marketing Services, had joined *Baidu* as the vice president and general manager in the business unit of *Baidu* Post Bar with Shawn Wang, *Baidu*'s CFO, as his direct leader. In addition, Lu was formerly a NASA software engineer who had programd lines of codes, which were still operating on Mars at the time.

Lu graduated from the University of Michigan with a master's degree in electrical engineering and computer science. Lu was one of the founders and product managers of Chegg.com, a world-leading textbook rental site. In 2006, he co-founded Yoolin and served as its CEO. One year after its establishment, Yoolin covered over 6,000 colleges and universities, becoming one of the most influential platforms for overseas Chinese.

From his career, we can see that Lu has years of work experience in the internet industry. He has held important management positions in multinational internet companies, and enjoyed entrepreneurial and management experience in the international arena. Moreover, he boasts a unique strategic perspective and rich experience in the internet social and advertising business, as well as internet product development and management.

Lu joined *Baidu* after careful consideration for two main reasons. One was the fact that *Baidu* valued technical engineers a lot, and the other was Robin Li's sincere invitation.

At *Baidu*, technical engineers have always been valued to the highest degree. Though the number of employees keeps increasing, the technical engineers are still the most important part of *Baidu*'s core competitiveness. Many policies are made clearly in favour of them. Apart from a high salary, flexible working hours, a casual dress code and simple interpersonal relationships, Li provides them with a range of entertainment lounges, where they can relax on a massage chair, play games on game consoles or study quietly in a reading room.

Most importantly, *Baidu* offers a unique and effective platform to bring out the best in them. Technical staff have access to the most cuttingedge core technologies, where these technologies have hundreds of millions of users. It can bring the company tens of millions in income if one application becomes accessible to hundreds of millions of users or any change occurs in the computing method. Such a sense of accomplishment is believed to be the greatest temptation for every technician. Since its establishment, *Baidu* has become a workplace that is widely pursued by technical talents thanks to its engineer-focused corporate culture.

Like their counterparts in Silicon Valley, the technical engineers at *Baidu* all share the same vision to change the world with technology. Li once noted proudly that *Baidu* had gathered more than 75% of the top search talents in China, and this number is still increasing.

Supported strongly by the engineer-focused corporate culture, Li said on the tenth anniversary celebration of *Baidu*'s going public on the NASDAQ: "*Baidu* expects to better serve users with technology. Over the past ten plus years, the thing we have been doing most is 'connecting people with information.' However, now we believe that there is a more exciting possibility. That is, we can also 'connect people with services.' In the past, *Baidu* could tell you how many US dollars 108,000 Japanese yen is equal to and what the weather will be like tomorrow, but currently and in the future, *Baidu* can and will do more." Li also added, "Nowadays, people will frequently choose *Baidu* mainly via the text input method when they use the search engine. However, it is really troublesome to use text on a mobile phone. As technologies are becoming increasingly mature, voice or image search may immediately save trouble. Therefore, I estimate that five years later over 50% of search requests will be made through voice or image search rather than today's text search. In the future, *Baidu* will transform from connecting people with information to connecting people with services. Of course, the mode of connecting people with information will still exist, and computers and mobile phones will become more able to clearly understand users and better satisfy their demands. We expect that *Baidu* can, by virtue of its own technological advantages, endeavor to make due contribution to the world amid this great period of change in human history."

Robin Li's self-confidence comes not only from himself but also from the strong support of the team of technical engineers around him.

CHAPTER 6

ENHANCING TEAM COHESION AND GIVING EMPLOYEES A HAPPY WORK ENVIRONMENT

CREATING A HARMONIOUS WORKPLACE TO ENABLE EMPLOYEES TO WORK FREELY

Robin Li is a free and casual person. Though a founder and leader of *Baidu*, Li always gives off an air of ease. Moreover, he dresses in casual outfits all the time, which further hides his leadership.

Influenced by Li, the work environment at *Baidu* always makes people feel unique and relaxed. With no monotone uniforms or habitual smiles, everyone can work freely and to the fullest.

Li has paid great attention to building harmonious interpersonal relationships inside *Baidu* so that all employees can enjoy this internal harmony. The friendly relationships between colleagues not only improve work efficiency but also allows workers to develop a mind-set free of hostility and tension, thus building a healthy work atmosphere.

Li believes that harmonious interpersonal relationships are vital to building a new corporate culture for four reasons. Firstly, they contribute to a united team with strong cohesion; secondly, they are good for people's physical and mental health; thirdly, they help people to complement each other; and fourthly, they are favorable to work efficiency.

Li also deems that it is of great significance to promote the healthy development of enterprises by forming a relaxed and free corporate cultural environment. At *Baidu*, everyone can be themselves at work. They can sleep, play games, carelessly sit on a table with slippers, and even speak their mind freely to members of senior management. In other words, employees at *Baidu* can be as free and casual as they like.

Behind this seemingly casual work environment is Li's expectation that employees with high-quality skills and capabilities should always be able to think and work without hindrance. From his low profile and mild temperament, we can see *Baidu* has thoroughly adopted this loose and free management form in its daily running.

These are examples of the freedom of *Baidu* itself and its employees. However, no staff member slacks off in the relaxing and free work environment; instead, they are encouraged to produce lots of new ideas and further facilitate the rapid development of *Baidu*.

On 12 May 2008, a catastrophic earthquake measuring 8.0 on the Richter scale struck Wenchuan, Sichuan Province, in Southwest China, which shocked the world. Immediately after the devastating tragedy, people from all over the country raced to lend a helping hand, and *Baidu* also joined the rescue. On the evening of 14 May, *Baidu* officially created a special post "Looking for people missing in the Wenchuan earthquake," aiming to provide people with a platform to reconnect with their relatives and friends missing in the earthquake. As of 20 May, this meaningful post had witnessed more than 10,000 reposts seeking relatives or reporting safety, and received over 100,000 replies. Li offers a relaxing and free work environment to *Baidu* employees, who in turn give back to him and *Baidu* with their own efforts.

The work environment at *Baidu* is seemingly rather loose, and it might even be considered unorganized and undisciplined. However, at work *Baidu* employees can, in fact, unite as one and pool their wisdom to overcome technical difficulties. That was precisely the original reason why Li decided to create a loose and free work environment.

He stated, "I expect that smart and ambitious people can always think and work carelessly, which would guide them to contribute to *Baidu* beyond their imagination."

To conclude, it is extremely important for the healthy development of a company to build a good corporate cultural environment. Each corporate leader needs to work on this so that employees would deem it the biggest loss in their life if they left the company. If they can achieve that, the company will surely develop more and more. Li has called for corporate leaders to care for employees and listen to them and feel their true needs. Only in this way can they truly understand the employees' demands, and then develop appropriate strategies accordingly and create a good atmosphere to attract staff to truly integrate into and become part of the company.

MAKING CONCERTED EFFORTS TO BUILD STRONG TEAMS

Li is well aware of the importance of teamwork to a company. As the world's largest Chinese search engine, *Baidu* needs more and more people to work to develop it. All the accomplishments *Baidu* has achieved are the result of teamwork. One of the biggest reasons why *Baidu* can keep growing in a rapid and healthy manner is that *Baidu* boasts an extremely cohesive and competitive team. In Li's heart, *Baidu* never belongs to himself alone; instead, it belongs to all of *Baidu*'s employees.

One individual's capabilities are limited, but those of a team are unlimited. It is well known that Li is not only excellent at technology but also good at business and strategy development. However, Li would be unable to make it if he were asked to shoulder the work of all the businesses at *Baidu*. *Baidu*'s team has enabled him to perform well at work.

In December 2004, Eric Xu, a co-founder of *Baidu*, resigned before *Baidu* was listed on the NASDAQ. Just one year after its going public, several *Baidu* veterans left *Baidu* one after another. The high-level personnel changes left Li heartbroken. In one interview, he said, "In fact, I didn't expect these big changes in the senior management team." In the very beginning, he was confused about these changes in the internet industry, but later he discovered that high-level personnel changes were common in other fast-developing industries.

Li gradually realized that high-level personnel changes are rather common when a company is in a rapid process of development. It is understandable if a person steps aside for a new job or starts up a venture alone. He himself was an example, having resigned from an American company and returned to China to found a start-up. What is commendable is that Li could correctly deal with these management changes and proactively look for proper talents for vacancies so as to inject fresh blood into *Baidu*'s sustainable development.

In June 2007, Haoyu SHEN was appointed vice president of business operations at *Baidu*. SHEN had graduated with a MBA degree from the University of Iowa and had extensive experience across various countries and industries, making him a perfect candidate for *Baidu*'s vice president of business operations. Prior to joining *Baidu*, SHEN worked as a financial analyst at Sinochem Group, a management consultant and engagement manager at McKinsey & Company, director at the Strategic Planning and Business Development Group, vice president at the Global Prepaid Card Group and vice president at the US Consumer Card Group of American Express in New York. On 21 March 2008, Jennifer Li, ex-General Motors executive, joined *Baidu* as the CFO; on 2 April in the same year, Peng YE, Apple Inc China's former head, joined *Baidu* as the COO; and on 6 October, Yinan Li, former Huawei vice president, joined *Baidu* as CTO. The latest high-level executive shuffle made Robin Li excited, saying, "The quality of *Baidu*'s senior management team is very high now. Their joining makes me more confident in *Baidu*'s future." Yinan Li once vividly shared an idea of his with some entrepreneurs. He stated, "The Bermuda Triangle is very mysterious and beautiful, but it is still a devil's triangle that you may easily fall into. In the same way, it is also rather risky to start a business. To get out of this big triangle, you need three forces, the most important of which is the power of teamwork."

All *Baidu* employees are responsible for the user experience and quality assurance of the search. *Baidu* created a public email, "Troubleshooting," with the address bugs@bai. com. Many emails are sent by *Baidu* employees under the name "Ms Chunxia," a nickname for those who actively propose suggestions to improve the quality of *Baidu*'s search. In this respect, Robin Li sets a good example. Whenever he encounters an unsatisfying bug in *Baidu* Search, he emails some suggestions as an ordinary user. According to the head of the Troubleshooting email team, most of the emails in the inbox are from Li, the most dedicated and demanding fault-finder. Li's dedicated attitude to work has undoubtedly inspired the enthusiasm and initiative of all the staff.

Among its awards, *Baidu* has an "Award for the Annual Best *Baidu* Team." The main assessment indicator of that award lies in cross-departmental cooperation, whose prerequisite is shared interests existing between departments. Li stated, "I believe few companies can do things like *Baidu*. In *Baidu*, 7,000 people are working together on the same thing, i.e. search. That is to say there is no departmental interest between us, only the overall interest. Please always remember to break down the walls, and choose cooperation."

OPERATING TO PRESERVE EMPLOYEES' CAPITAL

For any company, employees are the most important capital. Without the hard work of employees, it is impossible for a company to thrive. For this reason, Li has attached great importance to preserving and enhancing the value of employees' capital with effective measures.

In April 2009, in an interview with Xinhua News Agency, Li said, "As *Baidu*'s head, I have to deal with many issues every day. On the one hand, I must accurately judge the fast-changing market trend to grab any potential chance; on the other hand, as *Baidu* employees increase in number continuously, I need to help keep our corporate culture sound and healthy, and enable the employees to work confidently in a friendly work environment with strong ideas or purposes in execution. In fact, these things are quite challenging. I had little management experience before founding *Baidu*. From the original 20 employees to 40, then 160 and today's nearly 7,000 in *Baidu*, now I feel every day is new and full of challenges."

Li felt that *Baidu*'s growth had reached a hurdle. It had become impossible for *Baidu* to avoid declining efficiency given that it was growing bigger and bigger with more and more people. Many channels and departments stated that it had become increasingly difficult to push anything forward in *Baidu*. In addition, *Baidu* did not do that well in cost control and economic management due to its limited experience and loose management when it was still a small company.

At the *Baidu* Q2 2009 strategic review meeting, Li shared how to maintain corporate efficiency from two perspectives: cultural construction and enterprise management. Firstly, efforts needed to be made in cultural construction to achieve barrier-free cross-departmental communication. Employees should take the company's success as their own responsibility and share the same mission, vision and culture. The management should set a good example for employees by the way they did things and dealt with problems, wherein lies the real *Baidu* culture. To pass down *Baidu*'s excellent corporate culture, the management should influence their subordinates with their own deeds and allow more new employees to see how they each work as a big family. That would ensure the inheritance and development of *Baidu*'s corporate culture.

Secondly, measures should be adopted to enhance the efficiency of enterprise management by establishing business unit systems, job rotation systems and a co-manager structure for powerful posts. *Baidu* would make attempts to handle new products by setting up business units. It would clarify the person or people in charge and unify their responsibilities and rights, thus shortening the process and improving efficiency. Positive efforts would also be made in implementing a job rotation system. Job rotation actually served as a catalyst for teamwork by helping people to think differently. As for the co-manager structure for powerful posts, this meant two managers sharing one top-level position, which required each to train their own successor. For example, Tencent had two CEOs and two CTOs.

Li emphasized that *Baidu* should make sustained and enhanced efforts to cultivate employees from within, and encourage them to study consciously, thus preserving the value of the biggestcapital employees. All employees should treat every day as a new day, prepare themselves to meet new challenges and do their best to maintain the daily advancement of the company. In personnel recruitment and promotion, *Baidu* should adopt the principle of "three unimportant things" and "three important things." According to the principle of three unimportant things, it did not matter what you had done before, whether you were newly employed at *Baidu* or whether you had made mistakes in the past. What mattered was whether you fitted in with *Baidu*'s corporate culture, whether you stood out and whether you wanted to learn (i.e. the three important things).

Dong LIANG, former host of Phoenix Television, is a person who has gone through trials and hardships and can work well under high pressure. Despite this, he stated in several media interviews after joining *Baidu*, "It frustrates me every day because my boss Robin Li is too professional in this field. Originally a technical engineer, he knows a lot about search engines and loves asking questions. Most of the time, I don't know how to answer them, which upsets me greatly." In fact, asking questions is how Li urges members of senior management and other employees to keep studying.

When he was invited to join *Baidu*, LIANG put forward some suggestions on *Baidu*'s brand development from the perspective of media publicity. His views on information communication sounded very original to Li, who listened carefully yet quietly throughout.

To LIANG's great surprise, when they met again Li presented a series of enquiries centring on their previous conversation. After their communication, Li half-jokingly said, "You know I am always very serious." Li's words made LIANG realize that he must keep improving himself so as to catch up with Li.

In 2010, Li and his team appeared on the program *Tian Tian Xiang Shang* ('天 天 向 上,' literally 'Looking Up Every Day'), a popular Chinese talk show broadcast once a week on Hunan Television. On the show, when talking about *Baidu*'s standards in personnel recruitment, Li noted that the ability to learn mattered most in the three standards *Baidu* adopted, explaining that the future of *Baidu* would depend much on how quickly its employees could learn. In one directors' meeting, Li stated, "If we are content with things as they are, we will soon backslide and encounter drawbacks. All of us should never be satisfied with the status quo. Always stay hungry, stay foolish. Keep learning and progressing. Only in this way will *Baidu* be able to advance fast and so will everyone here. If we stop learning, we will be eliminated by the market."

SHARP JUDGEMENT STEMMING FROM A STRONG WILL AND SELF-CONFIDENCE

Like other presidents and CEOs, Li has extraordinary judgement. Judgement is the decisive factor in what attitude and behavior people have in life. Most crucially, it is a synthesis of many capabilities of a person, including abilities in perception, memory, thought, alertness, deduction, prediction, reasoning and so on. Accurate judgement helps one grasp development trends and then make correct decisions.

The great success that *Baidu* has achieved today is mainly due to Li's ability to apply sharp judgement. Li can always correctly judge development trends, grab opportunities and develop strategies accordingly. Undoubtedly, Li's correct judgement reflects his strong self-confidence. He once said, "You must deal with things, and handle the problems by yourself sooner or later. It is meaningless to solve problems if you just repeat what others say without your own opinions. Whatever it is, you must have your own analysis and judgement. This helps you find the most fitting solution."

Baidu's success as the world's largest Chinese search engine is inseparable from Li's confidence in technology. At every turn of *Baidu*'s development, Li confidently managed to make proper decisions based on his judgement, bringing *Baidu* successes one by one. In fact, a new business model is like an interesting game created by entrepreneurs. The more you play, the better you are at it and the happier you are. Therefore, people will turn from previous games to the new one and play with you.

From September 2001 to the end of the year, *Baidu*'s online advertising revenue only reached CNY120,000. In formulating the sales plan for 2002, however, Li set a sales revenue goal of CNY6,000,000, which shocked all the staff at *Baidu*. Some even thought that Li was overconfident and arrogant. However, the statistics by the end of 2002 showed that *Baidu* had achieved CNY5,800,000 sales revenue overall, only CNY200,000 less than his goal. This shows correct judgement influenced by strong confidence.

Throughout the development of *Baidu*, Li has always behaved confidently. On the evening of the day before *Baidu* went public, he said, "Even if *Baidu*'s price-to-earnings ratio reached 200, it wouldn't bring a stock market bubble." He insisted on giving no discounts on *Baidu*'s high share price. With this strong self-confidence, Li developed appropriate game rules for *Baidu*.

Faced with the NASDAQ's requirement for *Baidu*'s revenue growth, Li was quite calm — not worried at all. He said, "I think many people, including some *Baidu* employees, have some misunderstandings about it. They deem that *Baidu* faces great growth pressure from the

NASDAQ, and they think most of the time I've just tried to shirk my responsibility to provide this growth. However, the truth is that I've never thought that I'm leading *Baidu* to satisfy the NASDAQ, and that is never my state of mind in working. Moreover, my original motivation to establish *Baidu* was definitely not to make money, and at this point I won't necessarily work for money. Therefore, in this sense, I don't really feel much pressure from the NASDAQ on me or *Baidu*; instead, I see more potential on the NASDAQ stock market and *Baidu*'s influence has become bigger and bigger."

After *Baidu* went public on the NASDAQ, John Battelle, a *Forbes* journalist, asked Li in an interview, "There are a lot of entrepreneurs here. The moment they're offered an ungodly amount of money they say no. This hap-pened to you a number of times — $1.5 billion offered to you by Google, Yahoo and Microsoft." In the face of that question, Li replied confidently, "I knew *Baidu* had more potential than $1 or $2 billion."

On 12 January 2010, *Baidu* encountered an issue unprecedented since its inception. Starting in the early morning, users could not log in to the home page of *Baidu*, and by around 10am certain people in charge stated that they hadn't ascertained the reason for the log-in failure. Some netizens believed that *Baidu* had been attacked by hackers, which turned out to be the case. As the world's largest Chinese search engine, *Baidu* should not have suffered such a sustained attack, and it undoubtedly caused the public to challenge *Baidu*'s capabilities in security defence and emergency response. By around 11am, users could visit *Baidu* normally after some emergency measures had been put in place. At noon, Li posted on *Baidu* Post Bar, "Un-precedented, unprecedented!"

As shocking as the issue was, though, Li showed no panic on his face however difficult things became. On the afternoon of the same day, Li appeared in the final of *Baidu*'s co-launched National College

Student Competition on Rural Informatization Innovation. He stood on the stage, smiling kindly and relaxed, and awarded CNY200,000 to the team that had won the championship. This is what Li is like. At the bottom of his heart, Li has strong confidence in *Baidu*'s technologies and power of teamwork.

In the hacking attack, the hackers directly attacked the US domain name registration provider, Registrar, instead of *Baidu*'s server. Later, Registrar compensated *Baidu* for all losses and officially issued a public apology, in which it said Registrar sincerely apologized for the inaccessibility of *Baidu*'s domain name and other serious impacts on *Baidu* caused by the hacking attack due to its own security vulnerabilities.

CARING FOR EMPLOYEES' QUALITY OF LIFE

Deeply influenced by the Silicon Valley culture, Li has always paid great attention to maintaining a good quality of life, however busy *Baidu* is. In his view, a high-quality life is a complete and colorful life rather than the accumulation of famous brands or extravagance. Only when a high quality of life is guaranteed can one work with endless joy and vigor.

After *Baidu* was listed on the NASDAQ, Li served as the CEO for quite a long time. He said modestly, "I am a nerdy techie good at overcoming technical difficulties, but company management is not my thing. Before *Baidu*'s going public, I had been looking for proper people to lead *Baidu* forward. After that, I served as the CEO as required by financial procedure. However, I am still trying to find the best CEO candidate to lead *Baidu* forward."

In reality, however, Li is not a dull technician as he claimed. Instead, Li has a wide range of interests and a sunny disposition. He is free and casual, and pays great attention to his quality of life. He loves playing golf, skiing, swimming and other sports. He is also into literary and artistic activities. About his literary and artistic talent, *Baidu* employees often jokingly comment, "Whatever he sings, he sings in the same tone as that in 'Three Hundred and Sixty-Five Miles of Road,' and whenever he dances, he dances like cleaning glass." In addition, Li likes playing the "killing game." It is said that Li and *Baidu* employees brought about the trend of playing the killing game in Beijing's IT industry.

Even at the busiest times in the early stages of *Baidu*, Li insisted on taking a break every three months, during which he would fly to visit his wife and daughter in America. Since his family returned to China, Li has kept the habit of having dinner at home five times every week. He is very proud of his family's happiness. He once said with humor, "The divorce rate is very high among the overseas returnees who started a business back in China, but luckily, my wife and daughter have already returned to China."

Apart from pursuing high quality in his own personal life, Li is more than willing to provide a quality work environment for *Baidu*'s employees in areas such as superior welfare, an excellent vacation system and free sports activities so as to earnestly endeavor to improve the quality of their lives.

On the evening of the day before *Baidu* was listed on the NASDAQ, *Baidu*'s HR department launched a special strategy — that is, recruiting a health coach with the attractive offer of CNY100,000 annual salary "plus options." This strategy was created specially for the benefit of all the staff. Such corporate behavior of caring about employees' health received wide praise for a time from the IT industry.

At that time, *Baidu* had over 400 employees, most of whom were engineers. They worked long hours in front of the computer under high pressure. That drained them a lot, plus with a lack of physical exercise, they suffered from many health problems. During that period, "Silicon Valley syndrome," an occupational disease in the IT industry, began to spread widely and seriously in Zhongguancun, becoming dubbed "Zhongguancun syndrome" given its Chinese characteristics.

A health coach was soon in place with an annual salary of CNY100,000. This person developed healthy coaching plans for employees based on their specific situations and put forward good prevention and rehabilitation programs regarding the "Zhongguancun syndrome" problem common to *Baidu* employees, who regarded the coach as a "miracle-making doctor."

Baidu's population exceeded 10,000 in 2010, and it kept growing by almost 1,000 people per year after that. As a result, it became impractical for the health coach to attend to each employee. Therefore, *Baidu* signed an outsourcing agreement with Ikang.com to provide customized health consultation services for its employees. Affiliated to Beijing Yuxun Information Technology Co., Ltd, Ikang.com is a website offering specialized health services.

In modern enterprises that pursue efficiency and speed in China, unlimited overtime and unprecedented work pressure have created a kind of breathless depression among white-collar workers. However, within that context, *Baidu* began to pay more and more attention to employees' work environment and mental health. Li said, "In running a business, I think it is quite feasible to combine traditional Chinese culture and the mechanism of modern enterprises. Since its establishment, *Baidu* has been positioned as a Chinese search engine in China's IT industry. If the search engine and internet stand for advanced technologies and modern corporate systems, and Chinese stands for traditional culture, what *Baidu* intends to do is to integrate them into one."

Baidu has set a good example for Chinese companies in providing a comfortable work environment. A lyric verse created by certain *Baidu* employees reads, "Working for *Baidu* improves the quality of and brings joy to my life / Offices provide the platform for me to innovate freely / Free breakfasts and night-time snacks / Aromatic coffee and snacks around the clock / Delicious birthday party full of joy / E-sports competitions can start anytime in the office / Enriched sports games are available every week / Magical health coaches / are always there to provide health counselling and coaching services / I can enjoy comfortable massage, hiking, walking, grassland, beaches, sunshine and resorts / Unlimited chances for BG and PT / As long as I want."

Li always encourages *Baidu*'s employees to create and enjoy a colorful life of leisure. He believes that only when people attach importance to the quality of their personal life can they work in a better state with sustained enthusiasm. This also helps to balance their work and life.

7

CHAPTER

INNOVATIVE IDEAS AND LEADING THE COMPETITION

POTENTIAL INCREASED BY A STRONG SENSE OF CRISIS

In his essay *Gaozi II,* The Chinese Confucian philosopher Mencius states, "In this way, one will know the truth that one prospers in worries and hardships, and perishes in ease and comfort." Robin Li understands the truth of this proverb. He has always stayed hungry for knowledge, with a strong sense of crisis and an understanding that he will either keep up with the competition or be left behind. This has been the case regardless of whether he was a technical engineer, an entrepreneur, the CEO of the NASDAQ-listed *Baidu*, or nowadays a "great hero" in the IT industry and an "idol" of the public. Such a strong sense of crisis has increased Li's potential to advance and catch up, and driven him to fight continuously and become a force behind *Baidu*'s invincibility.

Since *Baidu*'s founding in January 2000, Li has maintained a sense of crisis over everything. On 5 August 2005, when *Baidu* was listed on the NASDAQ, both *Baidu* and Li were regarded as "myths" and "miracles." It was even commented that "a massive storm was caused on the NASDAQ when Li flapped the wings of *Baidu*." For a time, the story of *Baidu* and Li became the stuff of legend with unexpected endless praise.

Within that context, Li stayed as calm as possible with-out a hint of arrogance or self-congratulation. Instead, he always had an increasingly strong sense of crisis. Li knew that there would be unexpected crises behind all successes, which, if taken lightly, would throw himself and *Baidu* into the abyss.

Regarding Li's sense of crisis, one *Baidu* veteran commented touchingly, "He is extremely calm. I'm definitely sure that he would never show any arrogance about any achievement like some successful people, because he has quite a strong sense of crisis."

Currently, Li is steering the giant ship of *Baidu* steadily with caution. Deep down, he understands that it is absolutely possible for a new market, new demands or even a series of new products to emerge that may overthrow *Baidu* as the number of netizens rapidly increases, and any small move may plunge *Baidu* into extreme difficulty.

Driven by this strong sense of crisis, Li has steered *Baidu* through sound and healthy development, which has never witnessed any step backward for each step forward. In his heart, he believed in the following creed: "One must stay highly alert at all times." Therefore, whenever he faces any challenges or successes, he always maintains a strong sense of crisis.

Many people became millionaires or even multimillionaires overnight after *Baidu* went public. Li just smiled it away. For him, *Baidu*'s listing was simply the beginning of the long path of entrepreneurship, and more achievements and difficulties were awaiting him and *Baidu* in the days to come. For this reason, he stays calm even in happy moments.

When he was awarded a US technology patent for "hyperlink analysis" (see *Chapter 1*), Li received high appraise and fame in the internet industry. However, he was not overwhelmed by the success; instead, what he thought about was how to apply technology to life as early as possible so as to better change people's way of life. Li deemed a technology patent meaningless if it could not benefit people. It was precisely his sense of crisis that enabled him to see the demand in the market and seize the opportunity in the internet market before realizing the dream of starting an undertaking.

In the beginning, Li initiated the new business model of search engines based on what was done in Silicon Valley. Later on, he chose to stop simply imitating and transform *Baidu* into a more independent concern where it wouldn't have to closely act as per its major portal clients. After understanding people's ever-growing material and cultural needs, Li adopted a tailored development strategy according to the situation.

In March 2013, when attending China's Two Sessions as a member of the Standing Committee of the CPPCC, Li stated: "The mobile internet in 2013 is quite similar to the PC internet in 1999. If we can grasp the chance and satisfy user demands with a better user experience, we will get a firmer foothold in the market. Otherwise, our market position will be shaken. Therefore, the year 2013 is quite crucial for *Baidu*. And I am nervous and worried. However, what I want to share is that over the past 13 years of *Baidu*'s establishment, I have always been driven by a sense of urgency. Many people may think of me as a man with a phlegmatic temperament based on our interactions, but I'd like to note that the sense of urgency is always my partner in the bottom of my heart. I often wonder why it takes so long for *Baidu* to release a new product. Once some products are launched, I can always spot their bugs within one minute. And then I would fix it one or two days after that. In fact, I have been quite urgent in product releases. Anyhow, I would say that no competitors can scare me away as long as we can deliver good products."

Li's sense of crisis is the constant driving force behind *Baidu*'s progress.

RESPECTING AND LEARNING FROM OPPONENTS IN COMPETITION

At the annual flagship technology conference *Baidu* World in 2010, Li was interviewed by a reporter from *The Bund Pictorial Magazine*.

Reporter: It is weird that *Baidu* had Google's investment in the past. Why did that happen?

Li: Google invested in *Baidu* in the third round of our financing. In 2004, it expressed via a third party its intention to invest in *Baidu*. The moment I knew that,

I thought to myself, "How could I allow this to take place?" But later on, I reconsidered it for the sake of *Baidu*'s going public in the next year. It would be a globally positive recognition for *Baidu* if the world's largest online search engine, Google, contributed to it. However, I never said any word of selling *Baidu* to Google. In May 2005, Google CEO Eric Schmidt paid a visit to *Baidu* with a batch of people. In the visit, Eric Schmidt said, "*Baidu* is getting ready to go public? Let me tell you. Going public means *Baidu* would be subject to many restraints, and no fun at all. We can buy *Baidu* or increase investment otherwise." I replied, "*Baidu* is definitely going public. We have made the news public." Google is a respected opponent worthwhile to be learnt from, but we wouldn't surrender to it. Later, we also received respect from it.

Reporter: New businesses sprang up everywhere after Google pulled its search engine out of China. Which do you think will be *Baidu*'s biggest opponent in the next few years? Microsoft, Alibaba or Tencent?

Li: Over the past decade, we have competed with many "opponents." For *Baidu*'s part, I believe we need to focus on our own matters. Only when we have done our job well can we see good development. It is wrong to think that *Baidu* would develop well if it "killed" its opponents. As shown in many other fields, those trying to kill their own opponents often end up with no good results.

In March 2015, as a member of the CPPCC Standing Committee, Li attended a high-end interview program during China's Two Sessions. When talking about the relationship between *Baidu* and Alibaba, Li noted that it was great for *Baidu* to have such a powerful opponent because it would drive *Baidu* to do better. Good evidence for this was that *Baidu* successfully transformed the mobile internet market. He added that *Baidu*, Alibaba and Tencent actually had their respective strategic focuses and outlooks of value. In this sense, it would be unnecessary to say who held the first place or the second among the three.

It is Li's usual practice to have a correct understanding of his opponents. In the competition with its rivals, the biggest gain for *Baidu* is not the thrill of winning but the highest level of respect and learning.

After releasing *Baidu* Post Bar into the market, *Baidu* took a landmark step toward community-based development.

Later, *Baidu* Knows and *Baidu* Encyclopedia were launched, further greatly adding lustre to *Baidu*'s road towards community-based development. With the rapid development of its community-based products, *Baidu* has encountered a very strong rival, Tencent, which relies on the instant messaging software QQ.

Tencent is one of the largest integrated internet service providers in China and one of the internet companies with the largest numbers of service users in China. On 16 June 2004, Tencent was listed on the main board of the Hong Kong Stock Exchange. In 2017, Tencent reported a total annual revenue of CNY237.76 billion, an increase of 56% year on year; its operating profit was CNY90.302 billion, up 61% from the previous year.

In March 2006, Tencent launched its independent search engine Soso.com ('搜搜,' meaning 'To Search').

After that, Pony Ma (CEO of Tencent) repeatedly high-lighted that Tencent's Soso.com was different from other search engines and mainly targeted young users. Despite this, Tencent's move toward the search engine market soon attracted Li's close attention. In early 2006, *Baidu* made secret attempts to develop community-based content, which was part of Tencent's initial business. After the initial success of *Baidu* MP3 Search and *Baidu* Post Bar, *Baidu* showed its solid attitude to advancing towards community-based products with the launch of *Baidu* Space. Thereafter, the official competition between *Baidu* and Tencent kicked off.

In the competition against Tencent, *Baidu* has undoubtedly upgraded its technology and products to a great extent. There is no way for Tencent to overtake *Baidu* in search engines or for *Baidu* to get the upper hand over Tencent in instant messaging. However, they both have benefited a lot during this healthy competition.

Determined to lead *Baidu* towards community-based services, Li would have no target to catch up with if no counterpart existed in this area. Pony Ma, with years of experience in the community field, was such a "teacher" for Li. Li indeed found some inspiration from the competition with Ma and explored the way to launch community products step by step, thus injecting vitality into *Baidu*'s comprehensive competitiveness.

After nearly 20 years' development, *Baidu* has become the world's largest Chinese search engine. And most of Li's competitors are from the world's top technology companies. In this situation, Li and *Baidu*'s staff have always maintained a laser focus on every product, giving them the strength to defeat strong rivals.

In Li's opinion, it is definitely never the goal nor the highest level of the game to knock down a competitor. Instead, what really matters is to let the opponent closely follow behind you with the desire to catch up. This, in turn, helps to create a sense of urgency and pressure that further encourages you to work harder to make changes and seek new directions. In this sense, the stronger your opponents are, the stronger you will become. Therefore, business operators must be good at creating competitors for themselves so that they have a target to catch up with.

FORGING AHEAD AND PREPARING BAIDU FOR A PROTRACTED WAR

Li always requires *Baidu*'s team to be prepared for long-haul efforts before expanding its market. Indeed, in the current era where the market in China is extremely developed, the social ideology has become further liberalized and is gradually developing towards diversification, so it is becoming more difficult to find a common consumer consciousness and consumption mode. Therefore, it is tricky to occupy and win a market. When *Baidu* Japan Inc began operating in early 2008, Li declared publicly that *Baidu* was ready for a long-drawn-out war.

Li proposed preparing *Baidu* for a protracted war, mainly due to two factors. Firstly, the amount of investment capital was quite large. As the first overseas focus of *Baidu*'s investment, Li paid great attention to the Japanese market, and made a promise to input as much money and staff resources as needed. In 2007, *Baidu* spent more than USD10 million during its Phase I investment plan in Japan. In early 2008, it launched its Phase II investment program, amounting to USD25 million; later, Li offered additional input if needed on top of that. In contrast, *Baidu* had spent less than USD10 million in its first three years of investments after its establishment. Secondly, the profit-making cycle is long. Knowing very well that the Japanese branch wouldn't be profitable within one or two years, Li explained that this situation was "closely related to the law of search engine development. Neither *Baidu* nor other major search engine companies are in a rush to make money when they initially offer services to end users. We are just beginning our Japanese search market, and the focus now is not on making money as soon as possible. Moreover, *Baidu* is not short of money right now. Therefore, we should mainly focus on providing services that really satisfy Japanese customers."

Baidu Japan Inc's biggest competitors in the Japanese search market were Yahoo and Google. When *Baidu* entered Japan, Yahoo and Google, with their own first-mover advantages in Japan, already had 50% and 47% market share respectively, nearly fully occupying the Japanese search market. Although they interpenetrated with each other, Yahoo and Google each separately had a dominant market. And it would definitely not be an easy task if *Baidu* wanted to achieve victory in the Japanese search market as it had in the Chinese market, changing a dominant two-way competition pattern between Yahoo and Google into a three-way one.

Despite that, Li, who is good at spotting and seizing opportunities, preferred to look at the issue of competition with Yahoo and Google from another angle.

Li believed that in the early development of the Japanese internet market, Yahoo was basically dominant, and later as Google entered the Japanese market, the original market pattern was changed. However, in the Chinese search market, Yahoo and Google ranked second and third respectively in China, right behind *Baidu*. Now that *Baidu* had the experience of leading in China, Li was confident that he could do so in Japan. In fact, *Baidu* was a late entrant to the Chinese market, with Google entering the market over one year earlier than *Baidu*, while Yahoo and other search engines had also launched earlier in China. However, *Baidu* caught up from behind with its firm determination, achieving a big success with a 75% market share from almost nothing. Since 2014, *Baidu* has remained stable with a market share above 51%, ranking top among Chinese search engines.

Therefore, Li believed that *Baidu* would also go through a catchup process in the Japanese market. "*Baidu* has an obvious technological advantage in search engines, which is the driving force for *Baidu* to enter the Japanese market," he said. However, *Baidu* needed to be prepared for a long-term war if it intended to get a piece of the pie from its two most powerful rivals in the Japanese search market.

On 30 June 2015, Li announced on the spot at the press conference for *Baidu* Nuomi's online-to-offline (O2O) development strategy that *Baidu* still had more than CNY50 billion in its accounts. According to Li, in the next three years, *Baidu* would invest CNY20 billion in the Nuomi business. At the DCM Ventures CEO Summit in July, Li detailed *Baidu*'s O2O development strategy. In his view, it wouldn't matter whether *Baidu* could catch up with Google, because the two companies would be increasingly different in the future, and most of *Baidu*'s resources would be used to connect people with services. Apparently, Li was once again ready to play a long-term battle in the implementation of the O2O development strategy.

Li made it clear at the press conference that *Baidu*'s investment of CNY20 billion in Nuomi was worthwhile. "O2O today is a very low-tech market which is a part of almost all industries and I will invest more to make *Baidu* serve daily life well with elevated technical contents," he said. Of its total amount of more than CNY50 billion, *Baidu*'s investment of CNY20 billion in Nuomi accounted for almost half. This big investment was put into the life service market.

Building up a high-tech life service market was a long-term goal; *Baidu*'s CNY20 billion investment over the next three years was made for the long-term, which indicated that Li was ready to engage in a protracted war. In terms of his investment in *Baidu* Nuomi, Li stressed the importance of technology. "*Baidu* Nuomi is very technical," he said, "We use *Baidu* Search, Takeout and other *Baidu* platforms to support Nuomi, and we want to build up the life service market well by adopting all our technologies — voice recognition, image recognition, natural language understanding, AI, big data, deep learning and so on to connect people with services."

The future would be infinitely bright, although the road would be long and hard. *Baidu* was ready for a new round in a long-term war.

INSPIRED BY THE OPPONENT, GOOGLE, TO WIN

In April 2002, when leading the *Baidu* team to implement the "Lightning Plan" (see *Chapter 4*), Li said to his employees with emotion, "We are 'at war' with Google in our motherland. This fight is for real! Let us all summon up courage, gather our strength, and work together to win an all-round victory."

According to the "Lightning Plan", *Baidu*'s search engine would be enabled to thoroughly compete against Google in technology, with some indicators even outpacing those of Google.

When he founded *Baidu* in January 2000, Li's biggest competitor was Google, which was called "God" by Western netizens. Initially, *Baidu* had only eight staff with one financial staff member, five technical staff and two investors (Robin Li and Eric Xu, who also worked in marketing). The rest of the technicians (who worked part time) were students from Peking University and Tsinghua University. Li wanted to recruit a few more technical staff, but he was disappointed to find that there were really too few talents who understood the search engine technology in China, and he had to train them when they worked for him.

At that time Google dominated the world's search engine market. In September 2000, Google launched its Chinese version in the Chinese market, and at least 5 million internet users began to use Google's search engine. Facing the challenge of Google, Li was thinking about how to deal with it.

In September 2001, *Baidu* focused on a portal search engine using its advertising bid-ranking system, and the competition with Google was further intensified. However, Li was clearly aware that *Baidu* was not good enough to compete with Google. Facing Google's strength, he was determined to lead *Baidu* to fight a way out to firmly occupy the Chinese market.

Shortly after the Chinese Spring Festival in 2002, Li hatched the aforementioned "Lightning Plan". Before long, a "Lightning Group" led by Lei Ming was quickly established. Lei was an excellent postgraduate of the Department of Computer Science and Technology at Peking University, having graduated in 2000.

Li issued specific indicators to the Lightning Group, requiring that after the completion of the "Lightning Plan", *Baidu*'s daily page views should be ten times higher than the original number with daily database downloads

30% more than those of Google, a page response speed as fast as Google's and a content update frequency exceeding Google's.

In August 2002, Li was not satisfied with the progress of the "Lightning Plan", so he decided to work as the team leader himself and led the team members to conduct R&D. With his rich knowledge of search engines and the cutting edge technology at the time, he really accelerated the progress of the "Lightning Plan". In December 2002, the "Lightning Plan" was finally completed.

Li's "Lightning Plan" at that time had 15 participants, who were talents in the search engine technology. When the "Lightning Group" was founded, some members were worried, doubting whether *Baidu* could beat Google with a technical team of 800 people while *Baidu* had only 15. At this time, Li gave them a pep talk and said, "We are 'fighting' with Google in our motherland, and you each don't want to surrender to Google. Why don't we dare to fight it in this very war?"

The "Lightning Plan" proceeded smoothly. Later, Bi SHENG, the then assistant chairman of *Baidu*, led *Baidu*'s marketing team to visit customers during the day and speak to media at night, and started the marketing for the "Lightning Plan". *Baidu* wanted every Chinese internet user to recognize that the Chinese search engine was as professional as Google. Bi only took three years to build the obscure *Baidu* into the best Chinese internet brand, ranking the first in network flow in Asia. The original method of marketing is called "*Baidu* marketing" in this industry.

The implementation of the "Lightning Plan" prepared *Baidu* to be far advanced in terms of technology in the Chinese search engine market. Next, Li carried out public beta activities with users, and once again pushed *Baidu* and Google's competition to a climax. When more than 55% of the public beta participants chose the option "*Baidu* is better than Google" when asked to compare the two, it undoubtedly showed that *Baidu* had won the competition.

On 15 June 2004, Google launched a challenge against *Baidu* and formed an overseas consortium with several other companies to officially invest in *Baidu*. Google's move was regarded as a precursor of the 'acquisition' of *Baidu*. On 5 August 2005, *Baidu* was successfully listed on the NASDAQ, and Li adopted a "Bull Card Plan" (see *Chapter 3*), which completely crushed Google's idea of acquisition, making *Baidu* the winner in another round of competition with Google.

Baidu's "Bull Card Plan" was different from Sina's "Poison Pill Plan." The ultimate aim of the "Bull Card Plan" was for the senior managers to be able to firmly control the company, while the "Poison Pill Plan" meant that after a trigger, except for unapproved shareholders, all the other shareholders would have an opportunity to buy company shares at lower prices, which would greatly dilute the stock equity for the acquiring firm. Therefore, Sina's Poison Pill Plan succeeded in resisting buyouts by making the purchase expensive. Yet, this plan failed to strengthen the management's control over the company.

On 22 June 2006, Google announced the sale of its 2.6% share in *Baidu*. To some extent, the competition with Google helped Li achieve success. In other words, *Baidu*'s brilliant development was the result of Li's hard work, the unity of all *Baidu* staff and Google's challenge.

HAVING INITIATIVE AND BEING INNOVATIVE TO CREATE CHANGE

According to the 42nd *Statistical Report on Internet Development in China*, released by the China Internet Network Information Centre, by June 2018, China had 802 million internet users with an internet penetration rate of 57.7%. Among them, the number of mobile internet users reached 788 million. China had the largest number of internet users in the world, far ahead of other countries. As a result, the Chinese internet market was bound to encounter some problems that no other country in the world had faced before. Especially with the development of 4G technology, there appeared to be a large number of users of wireless internet. What were their habits exactly? How was the wireless internet organized in terms of information retrieval? What devices were people more accustomed to using to surf the internet? All of these were unknown, but they provided the pioneering Li with a broad development space.

Today's *Baidu* is quite different from the one ten years ago, and there have been earthshaking changes since the company was originally formed. In terms of both business model and strategy, *Baidu* has gone through substantial innovations and transformation, and has firmly grasped the initiative of its own development with the first-mover strategy. As early as the third quarter of 2014, *Baidu*'s mobile search traffic surpassed that of PC search, and mobile business revenue accounted for an astonishing 36% of total revenue.

On 18 November 2015, *Baidu* and China International Trust & Investment Corporation Group (CITIC) jointly announced that they had reached a strategic cooperation agreement and initiated the establishment of CITIC aiBank Corporation Ltd. This was the first direct bank in China launched by an internet company and a traditional bank, and it marked a milestone for *Baidu* in financial services, the vertical service sector with the largest capacity and the greatest growth potential. The establishment of CITIC aiBank Corporation Ltd was of landmark significance in the development of China's banking industry and created a new model of "internet plus finance."

In his speech at the launch ceremony for CITIC aiBank Corporation Ltd, Li said, "In the mobile internet age, 'connecting people with services' has become *Baidu*'s strategic focus. CITIC aiBank Corporation Ltd's launch marks a milestone for *Baidu* in the field of financial services and starts a new era of 'internet plus finance' in China. This is a sincere cooperation between internet companies and banks. I believe that our cooperation will help jointly explore the future of internet finance. CITIC aiBank Corporation Ltd integrates the excellent genes of *Baidu* and CITIC Bank with the characteristics of both industries. I hope that the model of CITIC aiBank Corporation Ltd can provide a valuable sample for internet finances in China."

Baidu Wallet, as an important payment system supported by *Baidu* financial services, also officially launched the "Perennial Cashback Plan." Consumers can immediately get 1% cashback for every purchase made through *Baidu* Wallet. That is to say, when consumers use *Baidu* Wallet at *Baidu* Nuomi, *Baidu* Takeout, *Baidu* Map, Hotel Booking, Uber, China Oil and Food Import and Export Corporation (COFCO), E-bag Washing, Burger King and many other merchants, they can enjoy the extra discount of an "instant 1% cash rebate for each purchase." The cashback program was termless, so consumers could accumulate their received cash rebates over the long term. Hundreds of thousands of merchants participated in *Baidu* Wallet's Perennial Cashback Plan at this time.

As an integral part of *Baidu* O2O Service, *Baidu* Wallet and CITIC aiBank Corporation Ltd support each other in terms of data, users and business development. "Our original intention is that people can get more revenue from CITIC aiBank Corporation Ltd's financial products with the money saved with *Baidu* Wallet," Li said.

In the first decade, *Baidu* just focused on Chinese search, which paid off handsomely for *Baidu*. However, Li believes that only by "having initiative and being innovative to create change" can companies have long-term development. In the course of *Baidu*'s development, such spirit becomes the core competitiveness of the enterprise.

Having initiative was Li's constant pursuit. *Baidu* developed rapidly and stably with unceasingly innovative products such as News Search, *Baidu* Post Bar, *Baidu* Knows, *Baidu* Encyclopedia, Video Search, *Baidu* Space, *Baidu* Guoxue Channel, *Baidu* Hi, Mobile *Baidu*, *Baidu* Nuomi, *Baidu* Map, *Baidu* Takeout and so on.

Nevertheless, Li also opposed blind innovation just for innovation's sake. He argued that technology was valuable only if it met demands. In *Baidu*, Li encouraged innovation based on constantly studying user needs and figuring out the direction of the market. This ensured that many *Baidu* search and service products ranked within the top two or were even first in the industry within six months or one year of their launch.

To run an internet company, Robin Li has always needed to carefully study the changes in the market and deal with these trends ahead of others. He once said, "There will be a lot of new demands in China's internet market, and we can produce greater innovations through seizing and meeting these demands. Meanwhile, only with such greater innovations can China's internet companies have the opportunity to move toward the world with corresponding impacts on other markets."

CHAPTER 8

DETERMINED TO BUILD 'MAGIC' BAIDU

FOCUSING ON THE SEARCH FIELD BY EXPLOITING THE ADVANTAGES

What brought about *Baidu*'s success? Two factors: firstly, *Baidu* boasts extremely excellent search engine technologies; secondly, *Baidu* has consistently focused on its search engine. To this end, Li once said, "We don't care what others think but just focus on our own search field." As a result, *Baidu* has turned itself into the top Chinese search engine in the world, with a market share of 73.84% in China's domestic market in July 2018. Meanwhile, *Baidu* ranks third or fourth among all search engines in the world. *Baidu*'s success has made China one of only four countries in the world with core search engine technologies.

Since the establishment of *Baidu*, Robin Li has been committed to the research and application of search engine technologies so as to build a great Chinese search engine enterprise.

On 5 August 2005, *Baidu* went public on the NASDAQ in the United States. With only 750 employees at the time, *Baidu* created eight billionaires, 50 multimillionaires and more than 240 millionaires overnight. Many of them were still fresh young graduates.

Many onlookers were worried about the possibility that Li, the wealthy leader, and these other rich men (with an average age under 40) would sell their shares. It was thought that they were very likely to do so for a happy retirement or to start their own businesses. And that would end up destroying the *Baidu* team, as well as the company.

"I have credibility with my employees," Li said confidently. "Five years ago, I convinced my colleagues that their shares of *Baidu* would be valuable in the future. They have been following *Baidu* till today. Now, I tell them again that the Chinese search engine still has great potential in the future. I'm sure that they will trust me as usual and continue to help me."

At the same time, Li expressed that *Baidu* would not invade the strong businesses of China's major portals by saying, "*Baidu* will not touch services such as text messages, games or portals as before. As for new industrial opportunities, *Baidu* is not willing to look for these either, because the search engine itself is already too big a market. Experience has shown that all successful search companies in the past failed when they didn't focus on search once they had money."

However, major portal websites including Sina, Sohu and Tencent quietly began to enter the search market successively. In August 2013, Charles Zhang, CEO of Sohu, increased his stake by more than CNY30 million to show his confidence that Sohu's search engine, Sogou, would defeat *Baidu*. Zhang claimed that *Baidu*'s rise had not changed China's internet landscape fundamentally.

Facing Zhang's challenge, Li replied very gently, "The real threat to *Baidu* is not its competitors but the speed of market maturity, which will determine our growth."

Some people can't help but ask why success always favors Li. What has driven *Baidu* to be so successful and spectacular?

"I think all entrepreneurs, whether successful or not, are great heroes," said Xi ZHANG, chief partner at Draper Fisher Jurvetson (DFJ). "Robin Li is the one I personally respect a lot. Everyone knows the story of *Baidu*. When *Baidu* went public, the investors disagreed and wanted him to sell the company when someone offered quite a high acquisition price. However, Li refused the offer and focused on search engines all these years, which is admirable."

Li always firmly believes that success will surely come to him as long as he keeps focusing on the field of search technology, in which he excels, and giving full play to his creativity in this field.

Li always has unique ideas and never goes with the flow. He often reflects on himself, and discovers and understands his strengths and weaknesses so as to take advantage of his strengths and avoid his weaknesses. He believes that when a person focuses on one matter, even a minor one, they tend to have unexpected gains. Similarly,

Baidu's success is inseparable from long-term effort.

"A qualified entrepreneur must know what he wants most, then he can set a goal for himself and divide it into smaller goals to achieve something bigger," Li said.

Li believes that *Baidu* has unique advantages in the field of search engine technology with huge development potential. In the rapidly changing internet industry, *Baidu* boasts indubitable strengths. However, as for the search engine, *Baidu* still has huge room for improvement, which will make *Baidu* develop more efficiently and rapidly.

Li believes that both companies and individuals should focus on what they are good at. Concentration is definitely not the pure cultivation of mind, but an exercise in ability and accumulation of strength. People who can't focus will never be successful, and only by focusing can people always recognize their goals, eventually finding success.

FOCUSING ON ONE MATTER IN LIFE

Life is short, so the duration of a career and the resources needed to dominate are also very limited, Li believes. It takes a very focused spirit to do something extremely well. Only by focusing on one specific field can one surpass others. Li has reached the global first-class level and taken *Baidu* to infinite glory because he has always focused on search engine technology.

Han Yu stresses in *On Teaching* (*Shishuo* in Chinese pinyin), "The acquisition of knowledge may differ over time, and the degree of each skill varies in expertise." A person dedicated to the study of specialized knowledge and solving problems in their professional field is the best manifestation of focus. It is commendable for a person to focus on one thing in their professional field for a lifetime.

Not long after *Baidu*'s establishment, many people knew nothing about *Baidu* when Li talked about it. In the internet industry, the vast majority of people were more optimistic about portal sites, especially since China.com (famed as 'China's first internet stock') raised USD96 million when it was listed on the NASDAQ. Later, Sina, Sohu, NetEase and other internet companies were not willing to be outdone, but they worked hard to prepare themselves well to go public on the NASDAQ. There was also a rush of entrepreneurs from overseas aiming to start internet companies. For a time, portal sites sprang up all over China.

Despite this, Li didn't follow the trend blindly. He deemed that the search engine would certainly have bright prospects. Meanwhile, as an internet giant specializing in email and news, Yahoo did not think that the search engine would have much market potential or economic value. In the internet industry, portal websites were in full bloom at that time while nobody cared about search engines. Always adhering to the belief in "doing it determinedly without following the flow," Li was dedicated to search engine technologies with his own team.

Li believes that if a person concentrates on one thing, they will get twice the result with half the effort. Nobody can do two things at once. Therefore, Li concentrated on working on the search engine.

When *Baidu* was first established, Li led the *Baidu* technicians to work around the clock, focusing on the development of *Baidu*'s first generation of search engine products. It took them only approximately four months to start providing search services for web portals, and eNet became *Baidu*'s first big customer, which earned *Baidu* its first bucket of gold.

Since *Baidu* was founded, Li has placed the business focus on the R&D of search engine technologies. It was because of Li's single-minded focus on the upgrade, promotion and operation of the search engine that *Baidu* achieved rapid development, leaving a large number of internet companies behind.

Li believes that when a person focuses on one thing, they must control their mind. An entrepreneur should learn to turn stress into motivation. When *Baidu* decided to research and promote the search engine, Li faced much pressure on various sides. However, he focused on the R&D of the search engine and managed to make the pressure work for him in starting a business.

After going public, *Baidu* became extremely well known in the internet industry at home and abroad. Li's focus on the search engine paid off, making *Baidu* the world's largest Chinese language search engine with a market share of over 70% in China.

From studying at Peking University to pursuing advanced studies in the United States, and from starting his own business to influencing the world, Li gradually became calm and determined in handling things. However, looking back at his past experiences, we can find that besides being modest and quiet, Li is always independent and unyielding.

Known as a Peking University graduate, an American returnee, a member of the Wall Street elite, a Silicon Valley talent, an internet entrepreneur and a NASDAQ-listed company's co-founding father, Li seems to be always favored by success in the eyes of others. In contrast to many international students, Li has always been focusing on search engines since he learned about them during his undergraduate studies.

For Li, it was life-changing to start his own business back in China after giving up his post as a technical expert in Silicon Valley. "There was the best technology in Silicon Valley, and I wanted to commercialize it and make it available to all," he said. With this simple intention and technical confidence, Li went back to China and started a business courageously. "To be honest, I didn't think about making money when I started it, and all that was on my mind was to make the *Baidu* search engine popular among people," he added.

It is Li's persistence and focus that are key to his career success. While studying in the United States, Li secretly vowed to make a difference in the internet industry, completely changing foreigners' impression of China, repaying society with technology and changing the world with technological innovation. And he did it perfectly.

KEEPING THE ENTREPRENEURIAL PASSION WITH MODERATE GUIDANCE

Li once said, "I have always made it very clear that no matter how successful *Baidu* gets, we should maintain the entrepreneurial passion. *Baidu* is a technology-based company, and technology is updating rapidly. Accordingly, professional staff are the first element of technical innovation, and *talents* with passion can create extraordinary productivity."

In Li's view, *Baidu*'s staff must always maintain their initial passion and vitality in order for the company to definitively lead in the internet industry. In order to maintain the initial culture of the enterprise, regardless of whether there are a few dozen employees or even tens of thousands of people, *Baidu* should maintain its entrepreneurial model so that its team will have continued passion and vitality regarding development.

"The reason why some small companies can survive and thrive among corporations is mainly because corporations slacken and make mistakes," Li said. In a sense, *Baidu*'s development is the result of mistakes made by Chinese portals. It was because of their neglect of the importance of search engines that *Baidu* had the chance to take root in the Chinese internet market. And their underestimation of *Baidu* has also given the company a chance to achieve greater success.

Nowadays, *Baidu* has become a big corporation in this industry, and countless small companies are sure to expect *Baidu* to make mistakes. In this situation, how can Li lead *Baidu* to avoid making mistakes? "It's not that we have to do something different from the initial stage to avoid mistakes," Li said. "On the contrary, we just need to maintain the original mentality and passion so as not to make mistakes. In fact, many big companies find it easier to make mistakes either because they have changed their original intention or because they are not willing to take risks any more after getting stronger, and thus they lose the ability to innovate; or they don't focus on their original area any longer as a result of seeking diversity blindly. On these two points, my attitude has always been very clear: no matter how successful *Baidu* gets, we must maintain the mentality of a start-up company and the entrepreneurial passion."

Li clearly demonstrates an innovative spirit combined with Chinese and Western cultures. He advocates the loose and free start-up environment in Silicon Valley, and feels that such an environment can better stimulate the creative passion of engineers. Among Chinese companies, *Baidu* has a special culture of no clocking in or out, no uniform dress and allowing employees to walk in slippers. Meanwhile, Li isn't opposed to maintaining the company's discipline and authority, which is compatible with *Baidu*'s relaxed culture.

In Li's mind, maintaining discipline and authority is not a purpose but a means. The real purpose is to improve employees' efficiency and competitiveness. When the external environment doesn't change quickly, a disciplined and methodical workplace ensures higher efficiency. However, the market where *Baidu* resides changes all the time, so every *Baidu* employee should be able to make adjustments at any time according to the changes with corresponding freedom. Therefore, cohesion is not based on rules and regulations, but on spontaneous impulse and entrepreneurial passion.

For most successful people, being passionate and persistent matters more than being smart. As the foundation of perseverance, passion is very important for a winner as it can inspire and motivate a person to take action in their work. Passion is a state of consciousness with significant power. Therefore, a person can never be defeated if they have passion. A person with passion can gather talented people around them, so passion is also the source of success and achievement. The stronger your willpower and passion, the more likely you are to succeed.

How can he make his employees retain the passion of starting a business? And how can he maintain the purity of the entrepreneurial culture, especially since *Baidu* has expanded its personnel and business scale? Li says that these two questions bother him enormously whenever he talks about them.

"I've been very careful to maintain *Baidu*'s entrepreneurial culture," Li told Talents. "It was a start-up when *Baidu* had dozens of people, or a few thousand people, or even tens of thousands of people — at least that was my wish. However, since 2000, the number of employees in the company has soared significantly every year with more new employees than old ones. In these circumstances, it is very difficult to maintain the original entrepreneurial culture."

To this end, *Baidu* has taken corresponding measures to improve cultural construction, business expansion and other aspects to ensure employees' entrepreneurial passion.

Firstly, the company's mission should be deeply rooted in the hearts of people; secondly, the spirit of sharing will be carried forward; and thirdly, greater space and more opportunities for development will be provided.

ADVANCING WITH THE TIMES AND ADAPTING TO THE ENVIRONMENT

To survive, enterprises must adapt to the external environment. The external environment is always changing rapidly, and it is not within the control of personal ability. Only the fittest can survive. "The change in the external environment is really out of our control, so I always tell my team that we must create a small environment and adapt to the big environment. The small environment is the company itself, which we can change and create. However, we really have no ability to control the external environment, so we have to find a way to adapt to it. *Baidu* must adapt to the changing internet industry, because no one can control the external environment," Li said.

Li believes that enterprises must keep pace with the times and reflect their economic value in innovation. Innovation regarding enterprise mechanisms and technologies is the driving force of enterprise development. As a technology-oriented company, *Baidu* becomes more vigorous and competitive with technological innovation. Only by constantly introducing new technologies can enterprises take the lead in market competition and seize business opportunities.

In 2008, the global financial crisis spread rampantly. In such an external environment, entrepreneurs across the world began to think about how to enable their enterprises to get through the crisis smoothly. Many media outlets reported that some big companies were laying off employees in order to relieve the pressure of declining profits. Li believed that when they are facing a financial predicament, managers should have the courage to go forward and learn evidence-based and reasonable solutions with a positive and healthy mentality.

In such an external environment, some enterprises have gone through ups and downs with stimulating and thrilling experiences. In November 2008, influenced by the "affair of bidding" and the global financial crisis, *Baidu*'s stock price dropped by 25%, reaching an all-time low, and its market value was reduced by USD1.4 billion. As a result, *Baidu* encountered unprecedented difficulties. The socalled affair of bidding was China Central Television's report in its *News in 30 Minutes* (15 and 16 November 2008) of the long-standing shortcomings of *Baidu*'s advertising bid-ranking system. *Baidu* has become one of the most important choices for internet search engines. Every day, hundreds of millions of searches are conducted by *Baidu* users to find the information they need. *Baidu*'s success today largely benefits from the rise of online media and the advertising bid-ranking system. As the internet and search engine have become increasingly important channels for people to look for information, many enterprises have promoted themselves through increasing their click rates and page views. *Baidu*'s advertising bid-ranking system was launched to meet such demands of enterprises by putting the websites of the companies that paid enough to *Baidu* at the top of the search results. It is with this business model that *Baidu* has become a dazzling internet star.

After the outbreak of the affair of bidding, Li actively thought about how to solve the difficulties facing *Baidu* and seek the best way to adapt to the external environment so as to enable *Baidu* to get through the difficult period and continue to develop.

In Li's eyes, *Baidu* has always been in a very healthy development environment, because the search engine is a young and rapidly developing industry that still has huge development potential. Moreover, various sources of data show that the new economy represented by the internet and search engines developed rapidly despite the financial crisis. In the words of Li, "We are just on our way."

Li's emphasis on creating a small environment within *Baidu* is because *Baidu* has developed well since its foundation. Therefore, all the external negative impacts on the company can be controlled if *Baidu* can still carry out its work within the positive trends in this small environment. He thinks that the development trend of *Baidu* in the small environment is favorable. Therefore, some adverse factors encountered by *Baidu* wouldn't have any disruptive impact on the company.

After the traditional Chinese New Year of 2009, *Baidu* saw bullish development with increasing revenue, more network traffic and a rising company share price. At the end of July 2009, *Baidu* continued to gain momentum as the Chinese search market began to expand horizontally toward the third-tier and fourth-tier cities. At the same time, Li launched the Phoenix Nest plan to replace the advertising bid-ranking system step by step, which gradually eliminated the adverse impacts of the affair of bidding.

SHIFTING THE WAY OF THINKING AND DOING A GOOD JOB IN A ONE-STOP SERVICE

Baidu Search is the first Chinese search engine in the world and currently the world's largest Chinese search engine with the biggest Chinese information database. According to an authoritative report by a third party, in China, *Baidu* has a total market share of 73.5% on PC and mobile devices and covers more than 97.5% of the country's netizens with 600 million users and an average of 6 billion daily search responses, and there is still a rapid growth momentum. *Baidu*'s search engine has the characteristics of high accuracy, high recall factor, fast updates and a stable service, which can help netizens quickly find the information they need in the vast amount of information available on the internet.

In the era of rapid development in internet technology, e-government, e-commerce and enterprise information services sprang up all over the country. Li believed that the method of search in the future was bound to become more and more accurate, helping internet users to save time and increasing the efficiency of advertisers' marketing. This required *Baidu* to change its service strategy to a one-stop service as early as possible.

A one-stop service involves the integration of services, which helps to solve the problems of customers who visit *Baidu*. Essentially, a one-stop service is a systematic sales service.

The one-stop service proposed by Li has not only improved *Baidu*'s service quality and efficiency but also increased the satisfaction rate of its customers. Such a practice is helping *Baidu* considerably in defeating its competitors. *Baidu* will soon have a monopoly in this industry without a competitor with the same philosophy and strength. This is because customers prefer such services to be provided by a single professional entity, so that they only need to think about their own needs and leave the rest to be dealt with by *Baidu*.

In 2011, when online travel services began booming in China, Li joined hands with several companies to launch *Baidu*'s one-stop travel service. *Baidu* quickly upgraded its existing travel information community service website. The upgraded tourism service website provided users with more convenient and efficient services, and became a service platform for pretravel decision-making, product purchases and the ability to share travel details with others. It offered a complete set of processes, providing customers with a new tourism strategy.

The thinking was that when customers gained the benefits brought by *Baidu* Travel, surely more businesses would come to *Baidu*. *Baidu* has cooperated with Qunar, Tongcheng, Tuniu, Lvmama, Air China, China Southern and other enterprises, and launched one-stop tourism service platforms with pretrip decision-making, air ticket and hotel reservation, travel strategy sharing and so on. Especially in the aspect of pretrip decision-making, *Baidu* Travel can provide users with more than 50,000 pieces of information on route selection. This information is supported by multi-dimensional clear classification and advanced automatic IP address identification technology.

In order to provide a better one-stop service, *Baidu* Travel has attended to each and every aspect of the matter. In terms of tickets, *Baidu* Travel works with more than 1,000 of the most popular attractions to offer users the best prices. And for some attractions, tourists can get tickets directly when they arrive without an advance payment. *Baidu* Travel cooperates with Qunar by configuring corresponding functions on Qunar with the advantage of search engine technology, and users can acquire all the air ticket information about Qunar. In addition,

Baidu Travel provides supporting services relating to accommodation, visas, car rental and other aspects. What's more, *Baidu* Travel has also increased its efforts at diversifying and generalizing service links in terms of the mobile end and the seamless synchronization of PC and mobile products. It can be said that *Baidu* Travel users enjoy a full one-stop service.

In April 2014, *Baidu* launched the *Baidu* Wallet brand business, making *Baidu*'s one-stop service finally form a closed loop. *Baidu* Wallet provides key links between mobile life services and promotes the further development of the mobile environment, thus bringing users a very good one-stop service experience.

Baidu Wallet is more than just a mobile payment app. For users, *Baidu* Wallet is a wallet with mobile payments and discounts. It provides life services such as transfers, payments, charges and recharges, and also offers asset appreciation tools such as *Baidu* Finance, allowing users to do things easily on their mobiles. For partners of *Baidu*, *Baidu* Wallet is an open platform for payment that connects all kinds of mobile life services directly with users through O2O platforms and presents useful information to consumers to enable them to purchase merchandise conveniently, which makes business more efficient.

It is worth mentioning that *Baidu*'s unique Photo Payment technology also appears in *Baidu* Wallet. In the future, if a user sees a product they like on an advertisement poster, they will be able to start *Baidu*'s Photo application to scan the product picture to get information about the target product. Once it has been matched by the system, the user can purchase the product directly with *Baidu* Wallet.

For users, *Baidu* Wallet is a "wallet with discounts", through which users can enjoy the goods and services they prefer. With *Baidu*'s search engine and payments through *Baidu* Wallet, *Baidu* became an e-commerce platform that provides goods and services.

CHAPTER 9

TAKING THE INITIATIVE IN SOCIAL RESPONSIBILITY

BEING SOCIALLY RESPONSIBLE TO SERVE THE PUBLIC

In the internet age, it has become the preferred way for many netizens to solve problems by using search engines. By June 2018, China had 802 million internet users, including senior intellectuals, researchers, ordinary people and stay-at-home parents, many of whom use *Baidu* every day. *Baidu* Search allows every family to have a large encyclopedia and an excellent library.

"For thousands of years, not all Chinese had equal access to information," Li said, when he was asked why *Baidu* chose to focus on the search engine. "Before the emergence of search engines, professors from Tsinghua University and Peking University could easily go to the National Library of China or the school library to consult all kinds of materials they needed, while people in remote areas couldn't get any useful information even with the utmost effort. Even if they knew that they could obtain the information from the National Library, they might not be able to go. However, search engines have completely changed this situation. All the people from ordinary farmers to state officials with access to the internet have exactly the same information. It is *Baidu*'s biggest social responsibility to make everyone equal in terms of information."

He continued, "For entrepreneurs, corporate social responsibility is not just about creating jobs, contributing taxes or doing charity work, but also making people equal in terms of their access to information. Since I was young, I have had a dream for all people, no matter how remote they are, to have access to the information they need as easily and equally as professors from Tsinghua University and Peking University."

On 4 May 2017, *Baidu* released its new mission: "making the complex world simpler with technology." Over the previous 17 years, *Baidu* had signified its cultural mission on its official website as follows: "*Baidu*'s mission: making it easier for people to access information and find what they want; *Baidu*'s responsibility: making the world more efficient and equitable."

As for *Baidu*'s corporate cultural mission, Robin Li explained it this way: search engines basically have a natural mission. Before the emergence of search engines, no power appeared to enable people to access information in such an easy and equal manner.

In August 2007, *Baidu* participated in a national cultural information resource-sharing program and became the exclusive internet search engine partner. Later, *Baidu* released a related cultural sharing search facility. This was the first time the national cultural construction project had cooperated with internet search engines. It also marked a crucial step forward for *Baidu* in promoting the dissemination and utilization of digital information in China.

Baidu is committed to promoting the dissemination of digital information in Chinese on the internet. It has cooperated with dozens of large domestic libraries (such as the National Science Library, the Chinese Academy of Sciences and Peking University Library) and well-known electronic publishers to launch *Baidu*'s book search service. *Baidu* has also set up Guoxue Channel as an effective attempt to promote Chinese traditional culture.

Li is an entrepreneur who has the courage and ability to take on social responsibilities and keep them in mind all the time.

After the Wenchuan earthquake hit in 2008, the *Baidu* search engine almost perfectly interpreted *Baidu*'s social responsibility. Because of the earthquake and geographical factors, it was difficult to send rescuers, equipment and medicine to the disaster area immediately. At that time, a Sichuan girl posted on *Baidu* Post Bar saying that she knew a perfect place for helicopters to land. Unexpectedly, after the news was released on the internet, relevant departments soon paid great attention to it, and ultimately saved precious time in the rescue, creating a miracle in the history of rescue.

"It has always been my dream to make it as easy as possible for people to access information and find what they want," Li has said. "Moreover, such a concept is not limited to Chinese or to the internet; instead, we hope that all Chinese, Asians and even people all over the world will share the idea that all human beings can access information as fast as possible, allowing everybody to have freedom in the information ocean without being inundated by the wind and waves." In April 2009, *Baidu* launched *Baidu* Search for the Elderly, which was the company's first public welfare search product specially tailored to the middle-aged and the elderly. Li expressed at the associated press conference that *Baidu* had the responsibility and ability to do something practical for society with its advantages, and help the elderly to lead a more colorful life.

WILLING TO CONTRIBUTE AND ENTHUSIASTIC ABOUT PUBLIC WELFARE

After the Wenchuan earthquake in 2008, in order to support the people in the worst-hit areas to help them resume production and rebuild their homes, *Baidu* responded quickly and invested a lot of human and material resources to carry out relevant public welfare activities. Additionally, *Baidu* teamed up with the China Foundation for Poverty Alleviation to help folk artists in Mianzhu City set up online stores. At the same time, *Baidu* hired professionals to guide them to produce various New Year pictures.

Baidu produced and promoted related web pages on its popular search platform, which aroused a comprehensive upsurge of concern about the reconstruction of disaster areas and led to purchases of Mianzhu New Year pictures. On 12 May 2009, the first anniversary of the Wenchuan earthquake, *Baidu*'s online store for Chinese New

Year picture artists received more orders than it had in the whole of the previous year. To this end, the online store 'Mingsheng Painting Workshop' specially increased the number of its staff for the production of hard-to-get goods.

More importantly, the online promotion (supported by *Baidu*) of Mianzhu New Year pictures not only effectively guided the people in the disaster area to rely on themselves but also greatly enriched their reconstruction ideas on the governmental level. The Mianzhu municipal government expected to further cooperate with *Baidu* to improve brand awareness of Mianzhu New Year pictures, expand the sales channels of New Year pictures, create a complete cultural industrial chain for Mianzhu and speed up the reconstruction of disaster areas.

In addition to helping quake-hit areas, *Baidu* tried to make a difference in the public welfare sector. Through these efforts, *Baidu* launched the "*Baidu* Star Public Welfare" interview in March 2009 to enable celebrities to interact with the public, making the public welfare cause more appealing to the people.

In the first "*Baidu* Star Public Welfare" Welfare interview, the international martial arts superstar Jet Li attended as a guest. Jet Li described how he spent seven years studying human nature and achieving happiness in life. From a young actor who played a monk in his first film to a Buddhist-like sage in life today, and from a world-famous international martial arts superstar to the philanthropist who founded One Foundation, Jet Li can be said to have led a life thoroughly focused on public welfare. Since launching One Foundation, Jet Li has devoted himself to public welfare and called on more people to join so that everyone in the world can enjoy a happy life.

It is not hard to see from *Baidu*'s efforts to rebuild the spiritual home of the people in Mianzhu and launch the "*Baidu* Star Public Welfare" that Robin Li is very enthusiastic about public welfare. He hopes that *Baidu* is not only a tool for people to access information conveniently online but also a close friend in daily life, especially a friend to talk to in times of difficulty. In Li's mind, dedication to public welfare undertakings should be the obligatory responsibility of every responsible enterprise, which is the best example of *Baidu*'s affinity for and solicitude towards the public.

In 2009, Li donated CNY10 million to his alma mater, Peking University, and set up the "Return Funds of Robin Li" to fund education at the university. Li said that he received an education at Peking University, after which he studied abroad, so he always cared about the university. In 2018, he donated CNY660 million to celebrate the 100th anniversary of Peking University. In addition, Li has deep love for his home town. In 2010, he donated CNY10 million to the Yangquan municipal government of Shanxi Province to support construction and upgrading work on educational buildings.

In June 2014, Li was invited by the United Nations Development Programme (UNDP) to serve as the UN Messenger for World Environment Day. This was the first time in 43 years that the United Nations had invited celebrities to serve as global ambassadors.

In *Green*, the first public-interest animated short film released online by the UNDP, Li, together with UN Secretary-General Ban Ki-moon, UN Messenger of Peace pianist Lang Lang and National Goodwill Ambassador of UNDP China Xun ZHOU expressed their yearning for a green environment. They called on people to protect the environment, to change their non-environmentally friendly lifestyles and consumption habits, and to deal with environmental problems with practical actions to protect the green earth.

"Robin Li is a very public-minded entrepreneur who has been actively advocating for a healthier and more environmentally friendly lifestyle. The power of new internet technologies represented by him has profoundly changed our lives and the world. We look forward to working together with Li to inspire more people to pay attention to environmental protection, take good care of the environment and contribute to a better future for humankind," expressed Patrick Haverman, former Deputy Country Director and project advisor for the UNDP.

Starting in 2011, for three consecutive years, Li worked with former Microsoft chairman Bill Gates to advocate a smoke-free environment, promote public health, and drive the healthy development of China and the whole world. Li previously taught Gates to say "I don't want to be smoked on" in Chinese, which was hailed as the year's most watched moment of public service. In

2018, Li, a member of the CPPCC Standing Committee, directly put forward the proposal that "Tobacco control policies should be implemented across China as soon as possible."

CREATING NEW CHANNELS FOR THE REVIVAL OF TRADITIONAL CHINESE LEARNING

Li continually considered the creation of "*Guoxue* Channel" to facilitate the revival of Chinese studies, meaning traditional Chinese learning. After *Baidu* went public, Li's desire to do something for the revival of Chinese studies became increasingly strong. Despite his academic background in science, Li respects Chinese studies very much.

In January 2006, *Baidu* announced the official release of *Guoxue* Channel at the China Century Altar in Beijing, which meant that *guoxue*, the main carrier of Chinese civilization, would be revived through the internet.

Guoxue refers to the traditional Chinese cultural system, which has three schools (Buddhism, Taoism and Confucianism) as its backbone, as well as literature, art, drama, music, martial arts, cuisine, folk customs, marriage and funeral rites as branches. It is the main carrier of Chinese civilization and the concentrated embodiment of Chinese national spirit.

Mostly supported by the website www.*guoxue*.com, data from *Baidu*'s *Guoxue* Channel offers internet users free online access to Chinese classical reading materials and a research service. At the time of its launch, there were 100,000 web pages and 140 million characters on *Guoxue* Channel. It collected most of the ancient books written using Chinese characters from the preQin dynasty to the late Qing dynasty (more than 2,000 years). In the future, *Guoxue* Channel will include not only texts but also pictures, rubbings, classical music and so on.

Baidu's *Guoxue* Channel is different from relevant academic web pages where the search functionality is based on general keywords or other aspects. It has four characteristics: high accuracy, high quality, high authority and zero interference. All of the contents of *Guoxue* Channel are carefully collated by top-level experts or doctoral supervisors and they have absolute authority as standard. The retrieval is carried out within the channel and is not mixed with the webpage retrieval results, so this channel is very beneficial for academic research.

Li believes that the internet era is the ideal time for the revival of Chinese studies, which has been silent for a hundred years, and *Baidu*, as the world's largest Chinese search engine, has the responsibility to assume the historic mission of reviving the Chinese language and carrying forward Chinese studies. On the day when *Guoxue* Channel was officially released, Li said in his address:

Today is an exciting day, because *Baidu*'s *Guoxue* Channel is officially launched.

Chinese studies, after a hundred years of ups and downs, is the most important part and even the core of Chinese culture. As China embraces rapid development, we are becoming increasingly clear that only a nation with ideas, culture and traditions can become a truly powerful one. And this is the root of the revival of Chinese studies.

Meanwhile, the revival of Chinese studies is coming at the right time. In the internet age, people can easily get the knowledge of traditional Chinese studies we need through internet and search. The internet enables Chinese studies to truly come out of the ivory tower and become accessible knowledge for everyone, which is an ideal state that was impossible to achieve in any previous era of China.

We are often touched when we visit *Baidu* Post Bar and *Baidu* Knows to find that there are so many people discussing and studying Chinese studies, which is the root reason for *Baidu*'s starting *Guoxue* Channel.

In fact, Chinese studies is not "new" on *Baidu*. By searching various keywords, we can obtain a large number of Chinese classics. It can be said that *Baidu* has the most abundant Chinese studies data among all Chinese search engine websites.

However, because of such searches, data about ancient books was mixed with modern information, making it difficult to access required ancient documents quickly. For this reason, this simple electronic data channel for ancient books came into being.

All the data stored in *Baidu*'s Guoxue Channel are obtained through repeated checks by Chinese studies experts one by one. Among all the relevant electronic ancient book databases in China, *Baidu*'s *Guoxue* Channel provides the best data. I'd like to thank Xiaolin YIN, an expert on electronic versions of ancient books, who has worked so hard on these databases, for providing *Baidu* with a lot of data.

I, as well as all other *Baidu* staff, feel gratified to be able to provide this Chinese studies search service for Chinese people and all those who love and use the Chinese language.

As the world's largest Chinese search engine website, *Baidu* has been committed to reproducing the beauty of the Chinese language, and experts say that through the search platform *Baidu*, more people can learn the essence of Chinese culture. *Baidu* will engage itself in attracting more people to learn Chinese studies, so as to make itself a modern disseminator of Chinese studies by making use of *Baidu*'s large network traffic and people's enthusiasm for *Baidu*.

Let us who love Chinese and China promote and celebrate the revival of Chinese studies.

Li said that *Baidu* intended to make efforts to integrate the data of various websites in order to better promote the popularization and improvement of Chinese studies.

All of the contents of the original *Baidu Guoxue* Channel (both refined versions and original classics) have been selected by experts. The texts that have been strictly reviewed and proofread have reached the national standards for official publication. *Baidu* plans to make its *Guoxue* Channel into a modern "Complete Library in Four Sections," and within a few years digitize all valuable ancient books with a total of 3 billion characters.

ENTREPRENEURIAL SPIRIT IS INDISPENSABLE TO SUCCESS

With a spirit of adventure, Li makes his life colorful and has become a leading figure in the IT industry in China and even the world. He believes that adventure is not opposed to plain sailing, but makes life go smoothly. It is only by taking bold risks that we can achieve success of the kind that is usually beyond our reach.

Looking back, Li has concluded, "As an entrepreneur, it is almost impossible to succeed if you are afraid of failure. Every big decision made in *Baidu* faces risks. In 2001, *Baidu* seemly offended all the early customers by transforming the business from a technology provider of websites to a search engine for end users. Later, many companies wanted to purchase *Baidu*, but we firmly refused and insisted on going public, which was also risky. Then *Baidu* took another risk by proposing and implementing an international strategy. However, this adventure was about entering a market outside China. In my opinion, *Baidu* has the DNA of risk-taking, and the past several adventures seem to have been relatively successful. As a fast-growing company in a rapidly changing market environment, *Baidu* would have no chance to make the company bigger and stronger without taking risks."

One of Li's most risky ventures in running *Baidu* has been the launch of the advertising bid-ranking system in the company's search for a new business model. At that time, in August 2001, the internet bubble had burst during the financial crisis, so nobody was willing to invest in the internet again. *Baidu* relied on selling search technologies while operating with dozens of employees; however, it was hard to make a profit even when the company achieved the highest level of sales. Li, ill in hospital and looking at his intravenous drips, felt that it was high time that *Baidu* sought out new business models to expand its development in addition to providing search services for portal websites.

Li called Jiping LIU, the manager of *Baidu*'s SHENzhen branch, and said, "Pick me up from hospital and I'm going to hold a conference call." Later, Li, despite his illness, rushed to *Baidu*'s SHENzhen branch to hold the conference call with the *Baidu* team. Li cut to the chase and proposed that *Baidu* would launch a brandnew business model, namely internet advertising, to transform *Baidu* from a provider of search engine technology to a provider of internet advertising services. This seemingly mere change of form was in fact a change of substance.

Without prior notice, Li's proposal was opposed by other *Baidu* directors, particularly some early investors. "If we do as you say, it will affect the sales of our search engine technologies," his partner Eric Xu told Li. Apparently, Xu didn't support Li's proposal.

In this situation, Li used "Overture" (an initiating move toward negotiations) to illustrate the purpose of the implementation of his proposal and tried to persuade all those with opposing opinions. In fact, the directors' strong opposition to Li's proposal was not groundless. At that time, *Baidu* relied on portals for 80% of its revenue, which would disappear immediately if it launched internet advertising instead.

Li's proposal was based entirely on *Baidu*'s circumstances and the existing situation in the market. At that time, China had millions of SMEs, but there was no marketing platform for them, and internet advertising could fill the gap. In such an internet advertising business model, the higher ranking the enterprise was on the internet, the higher the possibility for it to facilitate transactions and considerable returns with user visits. With the increasing popularity of the internet and the rapid growth of internet users, such motivation would be increasingly large, and *Baidu*'s internet advertising market would also have more potential.

Although the conference call ended in a debate, Li's proposal was finally accepted by all. They were forced to nod when Li threw down his phone while saying emotionally in an almost angry manner, "If we don't make the transition, you won't need to work on anything else. Why not shut down *Baidu*?!" For *Baidu* at that time, Li's proposal was extremely risky. If the decision went awry, *Baidu*'s future would be unpredictable.

In September 2001, *Baidu* officially launched the internet advertising bid-ranking system. At the time, not only did the vast majority of advertisers in China have no idea what the internet ads meant but also *Baidu*'s salespeople could not clearly explain their meaning. Later, they simply told customers that they could have their company names seen on Sina, Sohu and NetEase if they bought internet ads from *Baidu*, avoiding the need for the customer to understand what the ads were exactly. Many people did so. *Baidu* made a profit of CNY1.9 on the first day, CNY3.0 on the second day, more than double digits on the fourth day and over CNY200 on the fifth. By the end of December in the same year, only four months after *Baidu* launched its internet advertisements, there were more than 800 websites using this internet ads business. *Baidu* had earned CNY120,000, with an average daily income of more than CNY1,000. *Baidu*'s internet advertising bid-ranking system showed its huge potential with a growth rate of 200%. Meanwhile, it also stood as an example of the success of Li's adventurous spirit.

DREAMING OF INTRODUCING CHINA'S FIFTH INVENTION TO THE WORLD

In Li's mind, the opening ceremony of the 2008 Beijing Olympic Games was a spectacle that showcased the four great inventions of ancient China (papermaking, printing, gunpowder and the compass). It interpreted the splendid civilization of the Chinese nation, which has lasted for more than 5,000 years, in an impressive art form. With colorful and varied dances, it expressed China's sincere wishes to people all over the world, as well as the best wishes of the Chinese people for "One world, One dream."

The opening ceremony aroused Li's deep thought. He wondered — why could China only show the world the four great inventions of its ancestors from hundreds, even thousands of years ago? Why did modern China have nothing new to present? Why didn't it have a "fifth invention"?

Li suddenly realized that it should be the responsibility of his generation to make products that could be China's fifth invention. Li's dream of making China's fifth invention was not groundless. First of all, *Baidu* already had an absolutely dominant market share in the Chinese search market, and had strong market support and funding sources.

Secondly, China is the country with the largest number of internet users, and *Baidu* is the world's largest Chinese search engine with the largest number of daily search requests. Li said, "When you become number one, you are quite close to your dream. You will have a better platform to develop and do more things, and then you will discover the needs of customers in advance, and better solve problems and innovate earlier."

Many netizens use *Baidu* every day but are unfamiliar with some of its products. For example, *Baidu* has *Baidu* Translate, which can support translations between 28 languages (including classical Chinese) in more than 700 combinations. *Baidu* Translate is based on sentence-tosentence rules rather than word-to-word rules. If both languages are unfamiliar to us, we must seek technical support to complete a translation. This is socalled "machine learning" with AI. The more the machine sees, the better it can understand. It is through technology that *Baidu* does what others can't do.

The development of *Baidu* Cloud marks *Baidu*'s technical peak. Thanks to its strong user base in the company's search engine, *Baidu* Cloud had a head start in the personal cloud service market. In addition to powerful cloud storage services, *Baidu* Cloud provides individual users with a contact book, album, notepad, mobile phone retrieval, games, health record and other innovative functions, and offers services such as online video, file decompression, online editing, multi-terminal synchronization, offline downloads and so on. Meanwhile, *Baidu* Cloud also frequently cooperates with other manufacturers in the field of intelligent hardware and health-recording, continuously launching new products and applications to enrich the user experience.

In the new era, when Chinese enterprises began to build data centers and customize servers, *Baidu* launched a common cloud computing platform at the right time. *Baidu* invested CNY4.708 billion to build its own cloud computing center in Yangquan, Shanxi Province, and made a big push into the healthcare market. It disassembled the original cloud computing technology framework that only served search engines and packaged it into three parts: *Baidu* application engine, *Baidu* Cloud storage service and *Baidu* mobile test platform. Such services attracted many developers to *Baidu*, because the rise of smartphones and wireless internet brought a rare development opportunity for *Baidu*.

Undoubtedly, *Baidu* Cloud boasts the three core capabilities of cloud storage, cloud computing and big data intelligence, all of which were developed to provide powerful intelligent support for developers.

In September 2012, Li announced at the annual conference, *Baidu* World, that with the coming era of cloud development, *Baidu* would open up its core cloud capabilities including cloud storage, big data intelligence and cloud computing so as to maximize developers' wisdom and creativity. Li's strategy meant that the mobile internet, open platforms and cloud technology became *Baidu*'s development focus. At the beginning of 2012, there were only just over 300 employees in *Baidu*'s mobile cloud business unit, but after only half a year, the number of employees had increased to nearly 1,000. At the same time, *Baidu* Open Platform was renamed as *Baidu* Developer Centre, which, together with *Baidu* Wireless, was put under the new *Baidu* mobile cloud business unit.

In 2018, *Baidu* announced a new round of strategic upgrades and organizational restructuring. Under the strategy of "consolidating the mobile foundation in the AI era," *Baidu* would further upgrade the core advantages of the technology platform and accelerate the upgrading of industrial intelligence in the AI era. The biggest organizational restructuring in *Baidu* has been the establishment of the intelligent cloud business group by upgrading the intelligent cloud business unit and covering the development of AI-to-business transactions and cloud business. In relation to this, Li said that after the organizational upgrade, the intelligent cloud business group would make full use of *Baidu*'s technological advantages in AI, big data and cloud computing and would focus on key tracks so as to build a new growth driver for *Baidu*.

10 CHAPTER

EMBRACING THE WORLD WITH AMBITION AND ABILITY

GOING ABROAD TO DEVELOP THE MARKET WITH AMBITION

Robin Li always sticks to the idea that *Baidu*, as the world's largest Chinese search engine, should stick to its ambition to do great things with a strong sense of pride and mission, and go global in a bold and steady manner.

Nowadays, the competition between enterprises is becoming fiercer. Given the pattern of the comprehensive, multilevel and wideranging opening up of China to the world, it is the inevitable responsibility of national leading enterprises to go global at the right time. As the leader of China's internet giant, *Baidu*, Li feels responsible for promoting his Chinese internet company to the world.

In February 2007, Li attended the 2006 Ernst & Young Entrepreneur of the Year China Awards and was awarded with this honorary title, together with some of the world's top entrepreneurs such as Lenovo chairman Yuanqing YANG and Focus Media chairman Jason Jiang, which made Li feel thrilled.

At the prize-giving ceremony, a foreign investor posed a very strange question: "When will there be a truly global internet company coming from China?" Li felt quite annoyed at this question. Though the foreign investor asked the question in quite a friendly tone, the question itself was rather sharp, pointing out the irrefutable fact that China's internet market was still relatively backward with limited real internet users. Due to insufficient development of the internet infrastructure, many problems existed in the application of the internet. However, no companies could come up with effective solutions to these problems. All these factors suggested that the existing Chinese internet companies couldn't exert a great influence outside China and that there was a long way for them to go to become global.

In response, Li said, "A truly influential Chinese internet company will appear when China becomes the largest internet country in the world." The foreign investor's question filled Li's mind with myriad thoughts and ideas. It came to him that only by acting bravely and based on reality could Chinese internet companies go global.

In the next annual meeting held by *Baidu*, Li mentioned this thought-provoking question to explain the meaning and purpose behind *Baidu*'s internationalization and move towards the Japanese market. In his opinion, *Baidu*, as China's internet giant, has a responsibility to help build brand awareness of Chinese internet companies around the world.

Li thought that the local advantage of the Chinese market was not enough for *Baidu* to become globally influential. He believed that *Baidu*, as the leading internet company in China, a promising developing country with numerous technical and management talents among its 1.3 billion people, had the responsibility to build *Baidu* into a multinational internet company to realize his long-planned strategy of internationalization.

Li predicted that *Baidu* would encounter difficulties in the process of internationalization since no similar efforts were being made by its counterparts in China. In spite of this, Li was determined to explore the outside world with an adventurous spirit. He chose to begin with the Japanese market and believed that with *Baidu*'s absolute dominance in the Chinese market, *Baidu* would have its international competitiveness and influence greatly enhanced if it could win the Japanese market.

In June 2008, the number of internet users in China surpassed that of the United States for the first time, making China the largest internet country in the world. This goal was achieved much earlier than Li had expected, which made him extremely excited. "I am very happy that China has become the largest internet country in the world. It is fated to be so and no one can change the fact," Li said. "And the fact will stay unchanged now it has come true. Because the United States can never have more than 300 million people. As a result, China's position as 'the largest internet country' will be stable and indestructible." In December 2008, *Baidu* opened its R&D center in Shanghai and launched the Aladdin platform, which had been secretly worked on for several years. "We feel it necessary to attract the best talents globally to improve internet technology with the development of the company and the expansion of the Chinese search market. That's also why we are choosing this time to set up our R&D center in Shanghai," Li said, in a speech at the grand unveiling ceremony. He added that after the launch of the Shanghai R&D center, *Baidu* would continuously invest more in technology and build an R&D center in Tokyo in the future so as to ensure *Baidu* would go global.

THINKING DEEPLY TO IMPLEMENT THE INTERNATIONAL STRATEGY

Li believed that it was a new task and an inevitable trend for Chinese internet enterprises to go global in the 21st century for their own development. They would have no alternative but to enter the international market at the right time if they were to achieve greater development.

In December 2014, the second China Cultural Industry Summit and Northeast Asia Regional Cultural Development Forum was held in Changchun, Jilin Province. During the forum, Li delivered the keynote speech, "Vertical Integration of the Cultural Industry for Prosperity and WinWin." "The world is changing," he said. "Entrepreneurs need to be forward-looking. Such an ability is more necessary for entrepreneurs in the cultural industry. Real entrepreneurs should create an industry rather than follow others blindly. In other words, new industries, markets and opportunities won't be produced if entrepreneurs are not sensitive to new phenomena."

As modern network technologies rapidly develop, people's lives and work in all countries are becoming closely linked. No country, company or person can escape from this trend, and China has also quickly embraced globalization. More and more Chinese companies are considering the strategy of internationalization. Li, one of the best of these forward-looking entrepreneurs, quite early anticipated the need for *Baidu* to develop and go global.

As *Baidu* grew stronger and the domestic market gradually became saturated, Li shifted *Baidu*'s strategic focus to the global market. He deemed internationalization to be a trend in the development of modern enterprises, partly determined by the reduced obstacles caused by space and time in the information society. In addition, the increasingly global allocation of resources, the less obvious boundaries between regional markets and the frequent exchange of information together made internationalization inevitable.

Li realized that *Baidu* expected a market share of more than 70% in China's local search engine market, which was by no means its ultimate goal. In the process of internationalization, *Baidu* was required to have a global vision and to consider the Chinese market as a part of the global market. While planning for and consolidating the Chinese market, *Baidu* had to consider the global market of the future. Otherwise, it would be impossible for *Baidu* to expand significantly in the international market, and difficult to preserve its achievements in China. With such a calm and mature analysis, Li became more and more determined about *Baidu*'s international strategy.

In 2003, *Baidu* took the lead in the Chinese search engine market. Subsequently, *Baidu* put forward the idea to develop search engines abroad. In 2004, Li presented *Baidu*'s plan to pursue an international strategy at a board meeting. In August 2005, *Baidu* was successfully listed on the NASDAQ in the United States, marking the formal integration of *Baidu* and international capital, which laid the capital foundation for *Baidu*'s international strategy. *Baidu* raised about USD1.2 billion in its first public offering, and the company has been profitable every quarter since then. This marked the formal start of *Baidu*'s internationalization process.

In November 2006, China Central Television launched a 12-episode documentary television series The Rise of the Great Powers, which explained the developing history of the world's great powers since the 15th century and explored the reasons behind their rises; it was very popular throughout China. The TV series also thrilled Li, and soon he made the first substantial international strategic step by leading *Baidu* to enter the Japanese market.

Baidu's international strategic thinking was the result of Li's evidence-based judgement and rational analysis of the current situations of *Baidu* and China, and it was also the obvious choice for a mature enterprise with great changes in its business environment. With sufficient capital and strength to go global, it would become inevitable for *Baidu* to implement internationalization.

"It is not only necessary but also important for business operators to have an international vision," Li said. "Even if it is difficult for the company to go global at the moment, the operators must have the awareness of internationalization and be able to conduct business in accordance with the international form, so as to lay a solid foundation for its future rapid development and expansion."

AIMING TO MAKE BAIDU AN INDUSTRY LEADER IN THE WESTERN PACIFIC REGION WITH STRATEGIC PLANNING

In an internal email in 2014, Li expressed that it was time to accelerate the internationalization process of *Baidu*. As early as 2010, Li had written that internationalization was likely to be a long-term job that required a large investment. But no matter how hard it was, one day the work would be worthwhile, as in the next ten years *Baidu* would become a household name in more than half of the world's countries.

Instead of directly launching its search service in the Japanese market, *Baidu* gradually adopted a range of overseas strategies with the exception of search technologies. To be specific, it promoted applications such as Hao123, *Baidu* Post Bar, *Baidu* Knows, *Baidu* Antivirus and *Baidu* Browser in Vietnam, Thailand, Indonesia, Malaysia, Brazil and other countries to lay a solid foundation for the future development of the search engine.

"We have local language services in Egypt, Thailand, Malaysia, Brazil and other countries, and there are about 30 million overseas users using *Baidu* every month," said Li as a member of the CPPCC Standing Committee during China's Two Sessions in 2013.

In 2014, Arabic, Portuguese and Thai versions of *Baidu*'s search service were launched, and *Baidu*'s Hao123 had ten localized versions in eight languages worldwide, with more than 35 million active users. At the same time, *Baidu*'s security products, such as Security Guard, *Baidu* Antivirus and Spark Browser, had many language versions, such as Thai, Indonesian, Portuguese and so on.

In the Brazilian market, there were more than 30 million desktop users of *Baidu* Hao123, 10 million of *Baidu* Guard and millions of *Baidu* Browser and other mobile products. In July 2014, the Portuguese version of *Baidu* Search was launched in Brazil to provide this service, not only using *Baidu*'s own technologies and products to provide quality internet services but also cooperating with major national Brazilian projects that had promoted Brazilian internet science and technological innovation. Li said that *Baidu* would also set up a world-class technology R&D center in Brazil dedicated to training local internet technology professionals.

In October 2014, *Baidu* purchased a share of Peixe Urbano, Brazil's largest group-buying website. From launching Portuguese-language searches to investing in Brazilian internet companies, *Baidu* was exploring more localization methods in the Brazilian search market with a user growth rate of more than 30% per year.

"What *Baidu* needs to do is to dominate all the markets in the western Pacific Ocean," Li said. This had been Li's plan for the next few years of *Baidu*'s international strategic goal — making *Baidu* a search market leader in the western Pacific region from 2012.

Li explained this strategy at *Baidu*'s annual conference in 2006: "In the first six years of *Baidu*, we only focused on Chinese search, and we did it successfully. As you can see, in terms of network traffic to Chinese search, we have accounted for nearly 70% of the market share. However, *Baidu*'s ambition is much more than that. What we need to do is to take the Pacific as the boundary and dominate all the markets on the west coast of the Pacific, while we can leave the markets on the eastern side of the Pacific to others."

In the eyes of Li, the search engine is the most popular internet technology but it faces very fierce competition across the whole of the high-tech field in the world today. He deemed that *Baidu* had been founded rather late (in 2000) in China, and *Baidu* lagged behind its global rivals. As for the accumulation of internet technology, the famous internet companies active on the world stage were all born before 1998. Meanwhile, no internet company can blossom all over the world in a short time.

Li is very pragmatic. Even though he has the ambition for *Baidu* to become the number one search engine in the world, he will not take action casually before the appropriate time comes. To be number one in Asia is not a hard goal. With more than 70% of the local market share in China, Li has enough confidence to propose the international goal of "making *Baidu* an industry leader in the western Pacific." As a result, Li decided to focus *Baidu*'s internationalization in the western

Pacific Ocean, aiming to build *Baidu* into the largest search engine in Asia.

Li set the launch date of that international strategy for 2012 because he believed that it would take at least three years for any mature search engine to develop and gradually build a competitive advantage, which applied to *Baidu*'s development in China.

Baidu's highly successful world conference *Baidu* World Conference is an industry event held by *Baidu* for users, customers and partners. It is one of the most influential events in China's internet industry. Every year, *Baidu* announces its new technologies or strategic products at the conference. Since 2006, *Baidu* World Conference has been held 13 times, and each event has a new theme with new ideas and new knowledge for people to take away.

The 2006 *Baidu* World Conference had the theme "The World Begins with You." The conference held a series of theme forums and industry exchange activities about topics such as web searches, innovative technology (which featured a comprehensive display), products, services and business models, and further deepening the strategic cooperation with value chain partners.

In 2007, the theme of the *Baidu* World Conference was "Impact the World from You." "People in the 21st century will be divided into those who master information and those who cannot, and *Baidu* will help everyone have the power to master information," Li said in his keynote speech. In 2008, the conference was themed "Marketing the World from You." It was the first and only time the conference was held in Shanghai rather than in Beijing. *Baidu* invited the girl who helped the People's Liberation Army (PLA) helicopter land in the Wenchuan earthquake through *Baidu* Post Bar (see *Chapter 9*). Li said in his keynote speech, "One of the most interesting phenomena in this era is that search engines determine who you are."

In 2009, the theme of the conference was "Starting with You, Innovate the World." The conference held five forums respectively for search technology trends, ecommerce, internet search marketing, wireless internet and high-tech investment. Senior experts, as well as renowned international and domestic guests, discussed the development of internet technology trends together with *Baidu* senior engineers to share their understanding of the cutting edge of technology and innovation experience in related fields.

In 2010, the conference had the theme "Innovation, Openness and Win-Win." Li shared with the industry his observations and thinking on the future development trends of the internet industry, and delivered a wonderful keynote speech on how *Baidu* and its industrial partners could mutually benefit.

In 2011, the conference was themed "Shining on *Baidu*'s Home Page." The forum invited various groups of people to join the conference, which included six topics: investment, development, cloud computing, network marketing, wireless, and scientific research. Technical internet experts, developers, entrepreneurs and investors gathered at the conference to discuss the future development of the internet industry.

In 2012, the theme of the conference was "Creating the Cloud Future Together with You." In his keynote speech, Li said that with the rapid development of the mobile internet industry, *Baidu* had witnessed change in the mobile era together with millions of developers and built an open and win-win mobile cloud world together with developers through continuous technological innovation.

In 2013, the conference's theme was "Mobile Technology Innovation." Li said that as the world's leading internet company, *Baidu* continued to drive innovation through technological advancement. Driven by the mission of "providing the best and most equitable way for people to find what they're looking for," *Baidu* had insights into users' needs and was driving innovation through technology to provide new solutions in the mobile era.

In 2014, the theme of the conference was "Connecting People with Services." When the mobile internet became the trend in the mobile era, Li said, *Baidu*, as a pioneer in technological and commercial innovation, would help traditional enterprises to seize opportunities to achieve successful transformation.

In 2015, the theme was "Indexing the Real World and Connecting the Internet with All Sectors." With specific examples, Li shared with nearly a thousand guests his thoughts on how to deal with the explosion of online services and meet the personalized needs of users in the era of mobile internet. *Baidu* would meet people's needs in a more intelligent way and build a fully open mobile internet ecosystem, he said.

In 2016, the theme of the conference was "Artificial Intelligence." *Baidu* presented its new achievements in AI for the first time, covering areas such as finance and driverless cars. The conference was divided into ten forums: connecting people with services (the primary forum), mobile distribution, *Baidu* Post Bar, medical services, internationalization, marketing, *Baidu* Nuomi O2O, open cloud, big data and AI.

In 2017, the theme of the conference was "Bring AI to Life," and Li announced in his keynote speech that *Baidu*'s self-driving car would be mass-produced in 2018.

In 2018, with the theme of "Yes, AI Do," the conference fully demonstrated the application of AI technology and the release of innovative products to the public. In addition to AI technology hotspots such as driverless cars, *Baidu* also announced that it would increase support in the field of short videos, launching a number of upgrade plans for creators to encourage them to stay on *Baidu*'s short video platform with cash-sharing and other benefits.

When the conference themes are considered, the internationalization strategy determined by Li cannot be emulated by others, which fully reflects his extraordinary courage and imaginative strategy. As the largest global Chinese search engine and the most influential instance of new media with the largest number of users in China, *Baidu* is changing the way people get information through the powerful influence of new media, thus changing people's lifestyles.

DARING TO EXPLORE WITH AMBITION AND STRENGTH

In Li's mind, ambition is good. And for an entrepreneur, ambition is necessary, because it is the most essential difference between entrepreneurs and ordinary people. If you don't have strong ambitions, you're definitely not a start-up candidate. "I think I'm a very ambitious person," Li once said. "In my entrepreneurial career, I am as ambitious as I can be. The outside world always tends to underestimate our ambitions."

When he was quite young, Li wrote, "I don't want to be a stone at the bottom of a stream. If I can choose, I want to be the towering upright tree, whose roots go deep into the dark earth and whose branches reach high into the bright sky."

"I'm a very ambitious person. I've always felt that way," Li told reporters after completing *Baidu*'s listing in the United States, "and I think my ambition is as important as my strength."

After going public in the United States, *Baidu* began to lay out plans in many fields, such as e-commerce, community, instant messaging, media and even online game businesses. In particular, since 2017, *Baidu*'s investment has focused on logistics networks, the internet of vehicles, autonomous driving and other fields. According to *Baidu*'s investment record in 2018, 60% of its investment events related to the early stage of a project, 28% to the development stage and only 2% to the D round or later. In addition, *Baidu*'s strategic investment events accounted for 10%. From the perspective of industry distribution,

Baidu's investment has been concentrated on intelligent hardware, the internet of things, the internet of vehicles, autonomous driving, AI+ medical care and other fields, with a very high industry concentration.

In a "Member Passage" interview on 15 March 2018, Li, as a member of the CPPCC Standing Committee, expressed that with the rapid development of autonomous driving technology, driverless cars would completely replace drivers on open roads in the next three to five years. He said, "The auto industry has been around for almost 100 years and nobody has ever faced the challenges of today's AI and autonomous vehicles. Since last year, people have seen smart speakers come into their lives. In the past, the speaker was just a small appliance, while now it can talk to you, and soon there will be smart speakers with screens. We cannot imagine the products of the future. One of the major drivers of China's economic growth in the next 20 to 50 years is AI, and we are very much looking forward to playing a role in that."

Faced with the ever-changing market environment, *Baidu* has to improve its internal performance and reshape its enterprise structure with a long-term view, setting up a mobile services enterprise group, an emerging business enterprise group and a search business group. Whether due to sustainability-or profit-related pressures, *Baidu* may have to face up to the current challenge for industry development and research to meet people's new demands.

Li said, "The vision goes as far as your ambition, and the future is so vast." Li created *Baidu*'s glory by constantly accumulating influence and by continuing his childhood curiosity and perseverance. Today, *Baidu* is still in the process of rapid growth, and it could not go further without such an excellent entrepreneur in a rapidly changing market.

CHAPTER 11

EMBRACING THE TIMES, AND DEVELOPING AND APPLYING ARTIFICIAL INTELLIGENCE

BAIDU UNION MEMBERS' GROWTH FACILITATED BY INTELLIGENT REVOLUTION

On 23 May 2017, a grand event — the 2017 *Baidu* Union Summit — was held in Chongqing, known as China's "Mountain City." The theme of this summit was "Intelligent Revolution and Ecological Evolution." In his speech, Li said that there was a surging and unstoppable "new generation of technological revolution" with AI as the core, and this was a new beginning in the transformation and development of human society. For the majority of entrepreneurs, embracing the changing times and trends is crucial to their own development. *Baidu* Union, with 15 years' development, used this summit as a starting point to focus on creating a new ecology of borderless intelligence and winwin results, thus driving 800,000 partners in AI to open the door to the new world of AI.

"AI will be the 'main course' while the internet is 'the appetizer,'" Li said regarding the mode of thinking in the age of AI. He pointed out that the arrival of the AI era would have epoch-making significance. The arrival of the internet era has improved the efficiency of interpersonal communication, while the AI era has fundamentally solved the problem of communication between humans. From abandoning the remote control to watching smart TVs, to scanning faces in order to process shopping payments, and from voice technology no longer limited to mobile phones to visual technology moving from online to offline, AI is rapidly changing the lives of ordinary people. But for *Baidu*, the steps to make our complex world easier with technology go far beyond these examples. *Baidu*'s new positioning is reflected in initiatives from the "Apollo" project to popularize driverless cars to *Baidu*'s efforts to 188 help lost families quickly reunite, and it is heralding the arrival of the AI era.

Li once noted with some anxiety that mobile phones would still be used for a long time, whereas the opportunities for the mobile internet were running out. After the arrival of AI, mobile internet only based on the mobile phone became unable to keep up with the pace of the times. In an internal meeting held at *Baidu*, Li explained that product managers in charge of mobile products tend to pay more attention to the user experience in terms of fonts, buttons and other things, while product managers in charge of AI products introduce products by pulling chips out of their pockets to explain the application of technology.

Li believes that in the AI era, all devices and content have great potential to reach users. However, in this process, it is necessary to overcome such shortcomings as imperfect media capability, single-coverage channels, data fragmentation, a weak AI level and few advertising resources. In this regard, *Baidu* Union will actively take corresponding measures by sharing the massive advertising resources accumulated by *Baidu* over more than ten years, becoming a one-stop platform with tools and an excellent service ability, with partners to help fill gaps in shortages and promote an exchange between network traffic and revenue. Specifically, *Baidu* will expand content production and distribution channels for online and offline partners through media, guide advertising with powerful online data acquisition and processing abilities, as well as the complete offline hardware and software layout, and improve the effect of the advertising through the application of two-way interactive technology, cross-channel links and other intelligent means.

On this basis, and in line with a belief in "Making partners stronger," *Baidu* Union will continue to output the core capabilities accumulated over the past 15 years, establish an intelligent alliance in the era of AI, and lead partners to accelerate the embrace of AI. *Baidu* Union's partners in the AI era will include web media, content partners, mobile phone manufacturers, and operators and apps covering the ubiquitous screens and terminals. With the help of the core technology of *Baidu* AI, *Baidu* Union will aggregate all types of screen and terminal to provide the ability to connect online and offline media, thus realizing an intelligent evolution.

Li pointed out that as the earliest, largest and most influential alliance of the whole internet industry in China, *Baidu* Union has not only moved from 0 to 1, but also realized a leap from 1 to *N*. Over the past 15 years, its partners have gone forward hand in hand with *Baidu*, experiencing countless challenges and creating countless marvels. Stationed at the entrance to the AI era, *Baidu* Union, adhering to the belief that "tolerance makes an ocean," is bringing the leading edge of AI technology to industry partners to explore, upgrade and expand more new business models together, which is leading to a widespread intelligent upgrade and leap for the internet industry and even the whole of society.

SHARING AND COOPERATION

On 5 July 2017, *Baidu* AI Developer Conference, the world's first conference focusing on AI developers, was held at the China National Convention Centre. At the conference, Li, representing *Baidu* in front of more than 4,000 developers, gave the first comprehensive demonstration of the AI strategy, and presented all the innovations *Baidu* had made in the field of AI over the past six years. Li clearly stated, "Sharing and cooperation are the 'cornucopia' of the AI era."

In his speech, Li said that the era of AI belonged to developers, and opening up would allow everyone to gain more from it. In the new era of double-wheel-driven AI with data and algorithms, developers need not reinvent the wheel, nor can they be lone heroes any longer. Instead, they should actively cooperate and keep innovating on the shoulders of giants. Li mentioned the sharing and cooperation of the great sailing era as an example, pointing out that openness can beat a closed attitude, which is *Baidu*'s belief about the era of AI and the future. To this end, he called on all developers to join hands and use AI technology to create a new era.

The wheel was first invented in the area of the Tigris and Euphrates rivers around 4000 BC. In 3000 BC, the wheel was invented again in ancient India and Mexico. And then, in 2000 BC, ancient Egypt and ancient China invented the wheel again ... Almost every thousand years, the wheel was invented in a different location around the world. Li believes that in today's world, there is no need to reinvent the wheel. When the AI era comes, developers can put all the accumulated things into the "cornucopia" of sharing and cooperation. All innovations — no matter their focus in terms of natural language understanding, voice recognition, user portraits or image recognition — are welcome to be shared. The more developers share, the more they will gain.

Li said he was a firm believer in sharing the "cornucopia", and this approach led to *Baidu*'s Apollo project and DuerOS operating system. Why were so many people willing to support Apollo? Including Dongfeng, Chery, BAIC, Faw, Ford, Daimler, Intel and NVIDIA, many domestic and foreign vehicle manufacturers and internet companies were willing to join the Apollo project, because they felt that the more they invested, the more they would harvest. Li said wittily that the 4,000 guests invited to *Baidu*'s AI developer conference all seemed to be partners, and none of them were competitors.

Li believed that, looking back on the course of the past decades or even centuries, the progress of human society was mainly driven by technology and innovation. From the invention of the steam engine to the spread of electricity to the development of the internet, technological innovation has always driven human development. Until today, when the world is entering the AI era, technological innovation remained the main driving force of the world economy. Ever since computers were invented, he said, innovators and technologists had been called "developers", and developers are the greatest force for human progress.

And when developers promoted the AI age, it signalled the end of an old era. Li reiterated that the era of the mobile internet would not last long. With the penetration rate of the internet exceeding 50% and the popularization of smartphones, and there would be few opportunities to rely on the mobile internet alone. With the development of AI technology, the mobile internet would soon be replaced by AI technology, which would reveal the limitations of the mobile internet.

Li said with confidence that the AI era was the era belonging to the developer, and there were many technologies to be improved. These technologies could be applied in many areas, such as voice recognition, image recognition and natural language understanding. Thus, the era of AI has revitalized technological innovation. "The road to the future is the road to AI, so we think that AI is the only way to the future. Sharing and collaboration will give us, *Baidu*, and all developers more," Li said.

"The ultimate ideal of the AI era is not to replace human beings, but to make technology loyal to and serve human beings, bringing more freedom and possibility to human beings, and making life better," Li said on 27 May 2018 at the China International Big Data Industry Expo 2018. He pointed out that people had a lot of misconceptions about AI technology. Some regarded it as a kind of bionics, and some thought that it would threaten the safety of human beings. As an optimist, Li believed that AI wouldn't threaten the safety of human beings.

Li believed that AI technology would bring more freedom and possibilities to human beings. The AI era was a completely different era, where new rules, new values and new ethics would be needed. Li was concerned about the current inequality caused by AI technology, pointing out that companies such as *Baidu*, Alibaba and Tencent in China, as well as Facebook, Google and Microsoft in the United States, all had strong AI capabilities. But there were thousands of other companies, organizations and institutions that needed AI technology as well. Therefore, it was necessary to seriously consider and explore how to ensure all enterprises and all people have equal access to AI technology in the new era, so as to prevent people from becoming more unequal in life, work and other aspects due to technological inequality.

ARTIFICIAL INTELLIGENCE IS THE MIND IN THE NEW ERA

From 7 to 9 November 2018, the fifth World Internet Conference was held in the beautiful town of Wuzhen, Zhejiang Province, cosponsored by the State Internet Information Office of China and the People's Government of Zhejiang Province. A total of 20 sessions of forums were held at the conference, focusing on hot topics such as AI, 5G, big data, network security and the digital silk road.

At the opening ceremony of the conference, Chinese President Xi Jinping said in a congratulatory letter that the world was undergoing a broad scientific and technological revolution and industrial transformation. Breakthroughs had been made in modern information technologies such as the internet, big data and AI. The digital economy was booming. Different countries have different national conditions, are in different stages of development regarding the internet and are experiencing different challenges, but they share the same desire to promote the development of the digital economy, the same interest in meeting cyber security challenges and the same need to strengthen cyberspace governance. Countries should strengthen their practical cooperation, treat common progress as the driving force and winwin results as the goal, and find a road of mutual trust and common governance to make the community and shared future of cyberspace more dynamic.

The theme of the fifth World Internet Conference was "Creating a Digital World of Mutual Trust and Collective Governance — toward a Community with a Shared Future in Cyberspace." At this conference, a total of 1,500 Chinese and foreign guests stayed in Wuzhen and experienced intelligent technologies such as face recognition and AI, and various other technologies such as guest registration, conference services and information release in the newly opened Yunzhou Guest Centre.

The forum "Entrepreneurs' Summit Dialogue: The Digital Economy in the New Era," held at the conference, was undoubtedly the most popular one, with the floor at the entrance of the conference hall full of people who were directly forbidden to enter if they came late. In this forum, Li expressed his views in terms of the current hot discussion around the integration of the industrial internet and the consumer internet, AI and other issues.

"Some people say that AI is a branch of the internet," Li said. "I totally disagree with that." He said AI and the internet belonged to completely different times — for example, self-driving technology should theoretically be able to operate without the internet. "Nowadays, many people often talk about AI and the internet together. In the past 20 years, human society has been in the internet era, but in the next 30 to 50 years, human society will enter the era of AI."

Looking to the future, Li believed that AI would not only change and influence the consumer sector but also completely change the industry and business-to-business (B2B) sector, bringing many new opportunities and spaces for innovation. "The internet started as a B2B marketplace 20 years ago, only to find it hard to develop the market. But in the era of AI, we find that we have much in common when we talk to people from different industries. I found that AI can be applied in many processes to improve efficiency," Li said.

Li pointed out that the transition from the internet era to the era of AI called for new thinking and a new strategy; only by constantly adapting to the new era would it be possible to seize the new opportunities brought by AI. AI is like the brain and especially the cerebellum, whereas the internet is like a neural network. In the future of AI, the "appetizer" of the internet will eventually become a complete side dish. Li said that *Baidu* must build a relatively basic platform — *Baidu* Brain — where all technologies, such as AI, deep learning frameworks, voice recognition technology and image recognition technology, are collected so as to be open to the public.

At the application level of AI, Li was optimistic about two sectors: intelligent family and intelligent transportation.

Li said that the intelligent family was a big opportunity, building on how AI had been developing. There have been important turning points for human–computer interaction, from the original mouse and keyboard to touch screens and then to voice dialogue. In the past, voice dialogue was not possible at all, because human language and computers could not understand each other. Today, human language computers can communicate through intelligent audio, which has greatly reduced the human-computer interaction threshold. Li said that in the future, people could interact with a variety of devices with natural language, which would be a major feature of the era of AI.

Li also pointed out that there were many opportunities in intelligent transportation, including autonomous vehicles. Autonomous driving was a dream for many people and a potential market as well, and a lot of companies were researching driverless technology. Li believed that infrastructures must be transformed accordingly to develop intelligent transportation — for example, transforming the pavement to greatly improve traffic efficiency. He said *Baidu* was already working with many cities to make transportation smarter.

How can we keep up with the pace of the digital economy era? Li said, "Firstly, do not be afraid of AI, but bravely embrace and understand it. Once we open our arms to embrace it, many problems will be solved and work efficiency will be greatly improved."

ACHIEVING REVENUE OF OVER CNY100 BILLION WITH AN INNOVATIVE BREAKTHROUGH

At the Chinese New Year of 2019, Li announced in an internal information release that in 2018, *Baidu*'s revenue had exceeded CNY100 billion for the first time. "This is a milestone for *Baidu* in terms of accelerating its growth and serving its users," Li said. "It is also a milestone for *Baidu* in terms of breaking through innovation and fulfilling its mission."

Li believes that for today's *Baidu*, achieving revenue exceeding 100 billion has special significance, because *Baidu* has six products and technologies to drive revenue: search and information flow, simple search, *Baidu* App, the short video platform Haokan, the Xiaodu Smart Display series and intelligent driving technology. "*Baidu* has come back with good products and is popular with users," Li said proudly.

Baidu witnessed high-growth development by successfully entering China's internet industry and subsequently achieving revenue of CNY100 billion. This proved that *Baidu* had gradually developed to overcome the limitations of mobile internet in the early days.

The year 2017 was the key watershed in *Baidu*'s survival and development. On the one hand, *Baidu* rapidly returned to its main business, moving away from the previously wavering O2O model by selling *Baidu* Take-out and dismantling *Baidu* Nuomi. On the other hand, *Baidu* changed its growth focus and realigned its business priorities with the clear strategy of "information flow plus AI" as the main channel and the search engine as a complement.

These changes corrected *Baidu*'s direction of development and represented a new start. In just one year, with its focus on AI and other forward-looking plans, *Baidu* made a huge leap forward in the driverless business, which quickly transformed the giant company. After two consecutive quarters of declining revenue in the second half of 2016, the growth rates of *Baidu*'s revenue in the four quarters of 2017 increased successively, reaching 6.8%, 14.3%, 29% and 29% respectively, and growth reached 31%, 32%, 27% and 22% respectively in the four quarters of 2018. In 2018, *Baidu* not only made great achievements in the commercial realization of information flows but also in intelligent hardware, autonomous driving, *Baidu* Cloud and other fields. Li has repeatedly been the "spokesman" of China in the AI field around the world.

At the beginning of 2019, Li stressed in an internal letter that *Baidu* was a platforming company, and the historic transformation of AI was accelerating to influence all walks of life, with huge development opportunities and upgrade space. Li stated that *Baidu* had created the AI DuerOS operating system and developed the Apollo project of intelligent driving, which had become a calling card of China's ability in the AI era in the global field.

After studying and analysing *Baidu*'s outstanding performance, Chunsheng XIE, chief computer systems analyst of Zhongtai Securities, pointed out that most of the CNY100 billion in revenue achieved by *Baidu* had been contributed by the internet business. It can be said that in the internet era, *Baidu*'s technology has achieved great success. However, people are even more optimistic about *Baidu*'s huge commercialization potential in the era of AI in the future. AI is expected to create *Baidu*'s next revenue of CNY100 billion and realize the maximum bonus of AI technology. Chunsheng XIE said, "With the road map of content, intelligent hardware, intelligent driving and other scenarios, *Baidu* has presented short-, medium-, and long-term strategies. In the short term, *Baidu*'s information flow and short video will become *Baidu*'s main sources of income. In the medium term, *Baidu* Cloud and *Baidu*'s small intelligent program relating to the industrial internet have shown strength. For the long term, *Baidu* has become a global leader in intelligent driving and the DuerOS intelligent AI voice operating system."

Obviously, Li's AI road map is very broad, covering many different fields. In terms of driverless technology, Li not only drove around Beijing's 5th Ring Road in a driverless car to launch the Apollo driverless system but also announced that he would unconditionally open driverless technology to all partners, indicating that rapid popularization of driverless technology was likely in the future. DuerOS, *Baidu*'s conversational AI operating system, which can communicate with humans and execute commands, has partnered with a number of companies. In the future, when people want to turn on the TV or the air conditioner, they will just need to speak. Meanwhile, *Baidu* also has a cooperative road map for AI technology in agriculture, medical care and urban areas.

Li has stated that the historic transformation brought about by AI is accelerating to influence all walks of life, with huge development opportunities and space for upgrades. In terms of taking the lead in investment and exploring applications of AI and other technologies, *Baidu* has possessed a confidence and competence to grasp this era that others do not have.

AIMING TO CHANGE THE WORLD WITH CHINA'S LEADING AI TECHNOLOGY

At the beginning of 2018, Li was the first Chinese internet entrepreneur to appear on the cover of *Time* magazine. In this regard, the American media predicted that perhaps in the future, China would become the world's leading force in AI technology.

During China's Two Sessions in March 2019, Li, a member of the CPPCC Standing Committee, submitted three proposals, all related to AI, covering aspects including AI ethics, intelligent transportation and intelligent medical applications.

Li had submitted proposals closely related to AI during China's Two Sessions for five consecutive years. In 2015, Li proposed setting up a national "China Brain" program to promote the development of AI and seize the commanding heights of a new round of scientific and technological revolution. In 2016, Li suggested speeding up the formulation and improvement of policies and regulations related to driverless cars to gain industrial development opportunities. In 2017, Li submitted three proposals on using AI and big data technology to help solve the problem of lost children. In 2018, Li proposed two proposals involving AI, including national policies to encourage open platforms for AI and accelerating legislation related to autonomous driving.

Referring to the challenges faced in the field of AI, Li said that the process of survival of the fittest would lead the industry to become mature and rationalized. He added that there were a variety of misconceptions about AI, mainly divided into two groups, with one holding the opinion that AI would threaten humans by surpassing them and the other thinking that AI couldn't yet do enough meaningful things.

Li pointed out that China had led the world in the number of patents granted in the fields of AI, voice recognition, machine vision, intelligent internetconnected cars, intelligent service robots and other innovations. By 2020, the scale of relevant industries driven by AI in China would exceed CNY1 trillion. "We see AI in almost every industry we can think of," Li said. "AI has gone through a long period of technological research and development, algorithm cultivation and computing power improvement. The industry is entering a period of rapid application growth and will be in a stage of rapid growth for a long time to come."

In a speech delivered on 23 March 2019 at the China Development Forum, Li said that in the past 20 years, China had constantly been changed by computers, the internet and mobile phones, which had also changed the direction of the world's technology. China had ranked first in the world in the number of patent applications for five consecutive years. The number of papers on the topic of AI had accounted for 25% of the global total, and financing in the field of AI had accounted for half of the global total.

"The investment and the potential in science and technology in China today are exciting. I saw a number a while ago indicating that China's overall R&D spending reached 2.5% of GDP this year, which was close to the 2.7% or 2.8% seen in the United States," he said.

Li believes that there are huge differences visible between China and the United States, not only in the field of the internet and AI but also in terms of automatic driving. With the development of innovative intelligent voice interaction applications and cloud computing technology, China has created a different path in the field of AI, with many technical indicators surpassing those of the United States. China is leading the development of world science and technology. Li said that China, with its four advantages of "scene," "data," "talent" and "infrastructure," was bound to introduce more innovations and become the world leader in the promotion of AI technology.

During preparations for the 2019 Spring Festival, when *Baidu* collaborated with China Central Television in the activity of "shaking red envelopes," Li asked *Baidu*'s team to ensure that there would not be any downtime. This requirement sounded simple, but it was very difficult to realize. So much network traffic, load and data at the same time had never been seen before in the world. Thousands of *Baidu* engineers worked for more than a month to ensure there would be no downtime during the shaking of the lucky envelopes. *Baidu* once set a record for putting in place 10,000 servers in a data center in eight hours. In those days, there was a car carrying the servers every 100 kilometers along the highway from the server manufacturer to *Baidu*'s data center. At the end of the day, the elevator in the data center broke down, so *Baidu* employees moved the servers with their hands on a rack to ensure the red envelope shaking for the Spring Festival would go smoothly for the gala audience.

Li has pointed out that China has obvious advantages when it comes to the application of AI. In the field of autonomous driving, *Baidu* began to develop technologies before 2015 and launched the world's first L4-class driverless mass production car in 2018, creating the world's largest intelligent driving industry. In the field of smart homes, China's commercialization achievements are abundant. In the field of cloud computing, *Baidu*'s intelligent cloud has realized industrial vision solutions of end, side and cloud, which has not only helped the manufacturing industry to improve its efficiency but also greatly reduced workforce requirements.

Li is confident in the unique advantages of China's massive market, saying, "The scale everywhere in China is quite large. By creating opportunities through large-scale market and big data, China contributes technological innovations to the world." He firmly believes that China will contribute more far-reaching technological innovations to the world.

APPENDIX

SPEECHES OF ROBIN LI

BAIDU KNOWS YOU BETTER TODAY

On 16 November 2017, Robin Li delivered a keynote speech titled "*Baidu* Knows You Better Today" at the 2017 *Baidu* World Conference in Beijing. Here is the speech.

Hello everyone. Distinguished guests, partners and friends from the media, good morning.

Welcome to 2017 *Baidu* World! As you know, *Baidu* World is our annual *Baidu* technology and product innovation conference. This year, *Baidu* World comes a bit late in winter — it used to open in August or September — because we just had a *Baidu* AI Developer Conference this July. A lot of things have changed after only four months. There are many new technologies, products and things worth sharing with you.

So, what impressed you most at *Baidu*'s AI Developer Conference in July? What questions have people asked me most often since the developer conference? "Did you get a ticket?" I'm here to give you a unified reply. We did get a ticket for our driverless cars, but what I'm saying is, if the ticket for driverless cars is already here, will the production of driverless cars be far behind? Since we officially opened Apollo, our driverless technology platform, we have had more than 6,000 developers vote for it. More than 1,700 partners have joined Apollo and started using Apollo's open code. More than 100 partners have applied to use Apollo's open data. So, it has become a very active open platform that many people can benefit from. The only time when I was spotted at a mall after July, the first question I received was, "Mr Li, when can I ride in your driverless car?" I said, "We're still working on it."

At the moment, what is the industry's judgement and timetable for this innovation? By 2020, our driverless cars will be ready for mass production. But we will not be satisfied with that — we want to be able to produce driverless cars with mass production earlier. Recently, we announced that we would cooperate with King Long Motor Group to produce a driverless minibus, which would achieve mass production in July 2018. On the big screens on both sides, you can see that the minibus has no steering wheel and no driving seat. It is a real driverless car. Of course, when it is launched next year, it will operate on relatively closed roads. In addition to King Long Motor Group, we have all kinds of new partners. In 2019, for example, JAC Motors will produce autonomous vehicles based on Apollo. BAIC will also produce the L3 autonomous vehicle based on Apollo in 2019; Chery, which was the first to cooperate with *Baidu* to produce self-driving cars, will introduce self-driving cars by 2020. If you have a chance to visit Beijing Olympic Forest Park today, you can see that Orson's 'Smart Walker' sweeper is already supported by Apollo. The selfdriving car industry is growing fast, and *Baidu* is very excited to be part of it and still be making relevant efforts and contributions.

AI will be quite influential, not only for cars but also for all aspects of human society. Therefore, we will announce a strategic cooperation with Xiong'an New Area very soon, where we hope to help Xiong'an become a city free of congestion, with the best travel efficiency, simple security checks and identity authentication. *Baidu* has similar partnerships with many cities. For example, we are cooperating with Baoding, Wuhu, LIANGjiang New Area in Chongqing, Beijing Economic Technological Development Area and Shanghai International Automobile City. The future city will be very different from the city you see today. It will be characterized by zero congestion, haze, queues or complicated processes. These developments are supported by something we talked about last year at *Baidu* World, which you may recall as '*Baidu* Brain', which has four basic capabilities: voice recognition, image recognition, natural language understanding and user portraits. Since last year, we have developed more than 80 core AI abilities, mainly in the form of an application programming interface (API) for everyone to use, and more than 370,000 partners have joined the *Baidu* Brain open platform, which offers various capabilities. What about the frequency of use? Every day, *Baidu* Brain's various functions are invoked 218.8 billion times. Therefore, we use a variety of apps, electrical appliances and equipment with the support of *Baidu* Brain.

Here is an example. As you can see, there are text screens on both sides with both Chinese characters and real-time English translation. Voice recognition, one of *Baidu* Brain's abilities, is applied here. Especially in environments like meeting places, it still needs to be specially adjusted. But as you can see, it's about 95% accurate. The English translation is actually very good — at least you can understand it. To what extent? If we take the College English Test 6 (CET-6) translation test, for example, *Baidu* Brain can achieve 13.6 points from a total of 15 translation questions. This result far exceeds the average score of ordinary college students taking the CET-6.

Therefore, the technical ability of AI, especially *Baidu* Brain, is improving rapidly, and it is increasingly able to be applied in a variety of practical fields. AI is not only used in mobile phones, cars and other scenarios, but it also has many applications in the home. For example, I often joke that most of us don't know how to use the remote controller on our TV, because we don't know what those 20-plus buttons are for. But when a TV is combined with *Baidu*'s AI technology, especially DuerOS, it becomes a "smart TV" that can understand people.

Of course, many *Baidu* Brain abilities are applied here, such as voice recognition, natural language understanding and the important ability to understand video content. For many smart speakers we see on the market today, when you communicate with them, you usually need a four-word "wake-up word" to interact with them, which is still not a natural interaction. In our daily lives, when people interact with each other, we don't need to hold hands to communicate or call a name every time to say a word. So, could there be a more natural way to interact with a machine? Let's look at a video on the mobile phone service *Baidu* TTS (Text-to-Speech), which says "Coming Soon," but how soon? When we release the mobile *Baidu* voice version later this month, people will be able to interact with their phones naturally. When your eyes need to look elsewhere or when your hands need to do something else, you can still naturally communicate with the machine, the mobile phone and all kinds of devices in natural language, which is a clear convenience brought by AI.

AI has a variety of other applications, especially in graphics. Let me show you another example, which is called "Getting Everyone Home Safely." Now, I want to connect to the offsite exhibition area, where there's a demonstration of a big truck, and let's look at the big screen for a demonstration of the fatigue driving monitoring system in the external exhibition area. This is to show you how *Baidu*'s Apollo fatigue driving monitoring system works. There is an engineer driving his van on the road, and there may be cell phones texting him. First of all, we recognize that he's the driver, and the mobile phone begins to disturb him. When he is looking at the phone, we remind him not to look at the phone any more. After driving for two hours, he feels sleepy and begins to yawn. We start reminding him to "be careful about driving safely." Then he starts to nod off. We begin to play cheerful songs to help him refresh himself. Later, the driver comes to a sunbelt, where the sun is very harsh. So, he puts on his dark glasses, making the view darker. But that's fine with us. We can detect if he's tired. We automatically detect and provide navigation to the nearest rest area when he is driving with severe fatigue. Why is our fatigue driving monitoring system able to detect when a driver is wearing sunglasses with his eyes unable to be seen clearly? Because we have infrared. Often, AI's ability is beyond a human's in a given situation. Now, when the driver is seriously tired, we'll navigate him to the nearest rest area. In the future, we hope that not just the navigation but the car will be able to drive to the rest area by itself. And that is the end of the connection to the offsite exhibition area.

This is an obvious example of how AI can get everyone home safely. When I show many different usage scenarios, people are excited and interested, and have great expectations. But in my opinion, this is just the very beginning, and we are still at the dawn of the AI age with huge potential. This reminds me of the first *Baidu* World Conference in 2006. At that time, *Baidu*'s ideal and mission was "to provide the best and most equitable way for people to find what they're looking for." Twelve years later, the appeal of "finding what they're looking for in the best and most equitable way" is no longer a dream for many people. Even primary school students can easily get the information they want. Today, with the continuous evolution of technology, the world is becoming more and more complicated. New appliances, equipment and tools are invented every day. In fact, the history of human society is basically a history of tools being invented, but every time a new tool is invented, we human beings have a new burden, because we have to learn how to use the tool. The world is inevitably becoming more complex with congestion, queuing, identity verification, high $PM_{2.5}$, etc., making our life not as beautiful and tidy as we hoped. But with the advent of AI, *Baidu* believes that we can change these things with technologies.

With the development of AI technology, machines can better learn to use all kinds of tools, listen to and adapt to people's needs, and help people reduce the burden. Twelve years ago, because of knowing Chinese better, *Baidu* gradually made people feel it was no longer difficult or complicated to obtain information. Today, with the advent of the AI era, *Baidu* is expecting to make the complex world simpler with AI technologies. All this is because today, *Baidu* knows you better.

Thank you very much!

ARTIFICIAL INTELLIGENCE HAS COME OF AGE

The 2018 World Artificial Intelligence Conference was held on the West Bund of Shanghai from 17 to 19 September 2018. On the day of the opening ceremony, Robin Li delivered a keynote speech titled "AI Has Come of Age." Here is the speech.

It gives me great pleasure to attend the 2018 World Artificial Intelligence Conference in Shanghai. Shanghai is unarguably the most modern city in China, not only as it is now, but also as it was 100 years ago. However, the definition of modernization varies from time to time. One hundred years ago, several textile machines and a textile factory would make a city modern. And 50 years ago, when we saw smoking chimneys in a city, we thought of it as modern.

I remember when I was a kid, around 40 years ago, I thought of a city as modern when I smelled gasoline on the streets. How did we define modernization 20 years ago? We equated informatization with modernization, using Excel instead of handwriting, and regarded our enterprise as a modern one if it had its own website. For that reason, today we have a ministry called the Ministry of Industry and Information Technology, which was actually the Ministry of Modernization in the past.

But today, the definition of modernization needs to be changed. What does today's modernization mean? As far as I am concerned, it is AI, which is increasingly influencing our lives. With the explosive progress of AI technology in recent years, the virtuous cycle between algorithms, computing power and data is having an increasingly prominent impact on industrial upgrading and economic transformation, and will provide 'new drivers' for industrial and economic development in the coming decades. It can be said that in the future, no company will be able to claim that it has nothing to do with AI.

However, there are only a few enterprises that have the ability to do AI technology R&D, and have an AI platform. For most enterprises, what matters most is how to take the lead to embrace AI under the current trend of the times, become a successful user of AI technology, and make themselves AI-based as soon as possible, so as to win at the starting line and provide development impetus for the future.

Life in the AI era is different from the past, and companies in the AI era will also be different. In my view, a true AI company is three-dimensional, which means it should have AI thinking, AI ability and AI ethics.

So, what does it mean to have AI thinking? AI thinking means that companies must rethink their strategies based on the internet. Today, enterprises must find their own positioning in a society full of sensors. The internet improves the efficiency of communication between people, while AI will solve the problem of communication between people and things. Pony Ma shared this view just now.

Therefore, from the point of view that 'the internet connects everything,' dimensionality reduction in network attacks is completely possible. For example, finance, medical care, travel and other industries, which are the most popular application fields for AI at present, bring users a completely different experience. In addition, the main focus of the enterprise will still be on the software level for a long time, whether it is the PC internet or the mobile internet. However, in the era of AI, enterprises must pay more attention to the combination of software and hardware to find new innovation opportunities. For example, driverless cars not only include laser radars, which should be equipped with various sensors, capture radars, cameras and so on, but also need various kinds of software to support them, and even to help them cooperate with new systems amid the transformation of the urban infrastructure.

Therefore, a few days ago we announced the open source *Baidu* Apollo driverless vehicle–road cooperation program. Not only should cars have AI ability but roads should also be smart roads with AI ability. Only in this way will their cooperation greatly reduce the cost of autonomous driving and improve travel efficiency.

Then what does it mean to have AI ability? This refers to the ability of enterprises to use AI technology, but not to invent it. Today, there are a lot of open source technologies and platforms in the field of AI, with large long-term investments from the world's leading technology companies. To this end, there is no need for us to reinvent the wheel.

Enterprises should be able to strengthen their own businesses based on the basic AI abilities of open and mature third parties, comprehensively understanding the scene, and combining industry characteristics in the competitive environment to develop unique AI application capabilities and advantages. This means that enterprises should fully understand what AI can do, what resources they have, what data they have, and what resources and data they can obtain. In this way, it is also beneficial for enterprises to pay more attention to their own advantages, and to obtain relevant data and relevant calculation algorithms, which will help to distinguish them from their counterparts, who may have long-term advantages.

Therefore, for every company committed to AI, on the one hand, it is necessary to have the ability to continuously and efficiently accumulate a large amount of high-quality and unique data, making this data useful for AI application innovation. On the other hand, companies should also have the ability to connect AI technology and AI platforms, and mine "gold" from data in an open way with AI.

Finally, companies are expected to follow AI ethics. A true "AI company" is not only technically integrated with AI but also has an

"AI-based" culture. This means that the development of companies must follow the four principles of AI ethics. First, the highest principle of AI is safety and controllability; second, AI's innovative vision is to promote more equal access to technological capabilities; third, the value of AI is to teach people to learn and grow, rather than to replace or surpass them; and fourth, the ultimate ideal of AI is to bring more freedom and possibilities to humankind. This is because the goal of AI is to make the world a better place, to free humans from existing cognitive limitations. Meanwhile, the wide availability and application of data may lead to increasingly prominent privacy issues. Therefore, enterprises must keep in mind their original intention and integrate safety, ethics and extensive social care into their own development course.

Many people worry that the development of AI will lead to serious unemployment because machines will replace human labor on a large scale. Unlike them, I'm not so worried about that. You know, every technological revolution in the past was accompanied by a large number of people being replaced by machines, and, at the same time, lots of new opportunities were created as new industries vigorously emerged. Our lack of AI knowledge limits our imagination, but the introduction of AI won't limit job opportunities. Of course, having stable job opportunities won't mean that all companies can survive. On the contrary, those enterprises that are not AI orientated won't be able to adapt to the new era and are bound to be replaced by a new generation of enterprises.

AI will make our society better. As more and more companies embrace and integrate AI, AI technology will more quickly penetrate into all parts of society, enabling our people to enjoy intelligent wellbeing. At the same time, it will also open up new ways to solve social problems.

For example, AI technology can greatly improve efficiency with face recognition to find lost or abducted children, which took decades in the past as it could only be conducted by checking people one by one. What's more, autonomous driving and vehicle-road cooperation technology can effectively improve and govern urban traffic congestion, which not only causes economic losses but also gives rise to air pollution, friction, disputes and all kinds of traffic accidents.

For a big city like Shanghai, we estimate that the GDP loss caused by traffic congestion is around 5%. Every driver or person sitting in a car may be in traffic congestion for 100 hours per year. Many people may say that they feel comfortable driving by themselves so they don't need driverless cars. However, it is less enjoyable to look for a parking space than driving really fast on the freeway, and this effort can totally be replaced by driverless technology, which may save you a lot of time, say about 30% of your time in the last kilometer in finding a parking space.

Although it is not necessary in a more complex and open environment, driverless technology with driverless driving and automatic driving can help to solve the parking problem in the last kilometre. So, next time you can just leave your car in front of the gate when you arrive at your company for work, and the car will do the rest. What a nice world it would be.

We can fully foresee that *Baidu* will be the most promising enterprise as we can solve these social problems with AI technology. This is because we are trying to bring about a simpler and better world where we may feel happier and full of hope. To achieve such a world, we need to work together, seize opportunities and join hands to create things.

Thank you!